BACH, MENDELSSOHN UND SCHUMANNS

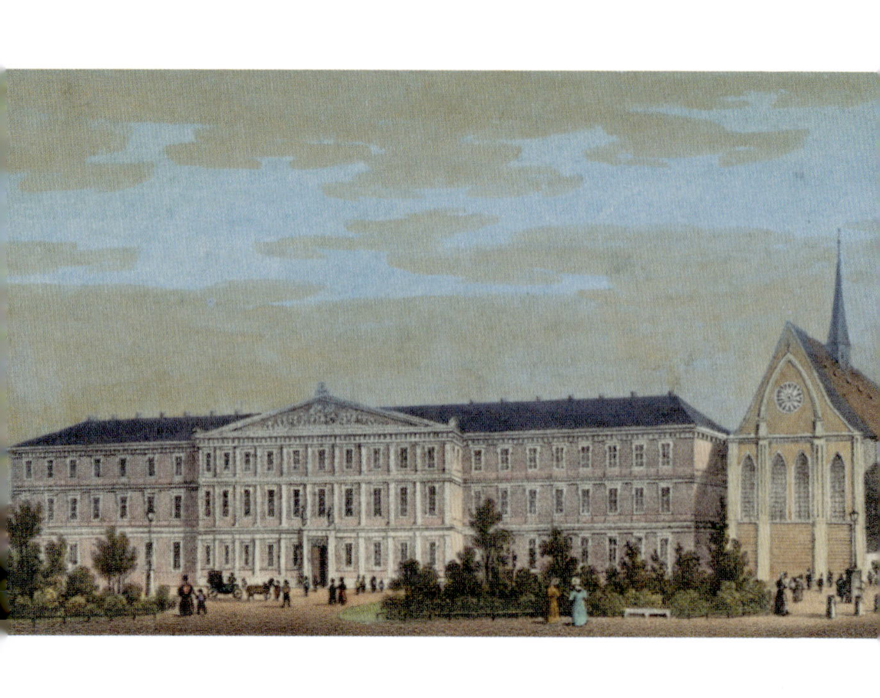

Petra Dießner
Anselm Hartinger

SPAZIERGÄNGE DURCH DAS MUSIKALISCHE LEIPZIG

BACH, MENDELSSOHN UND SCHUMANNS

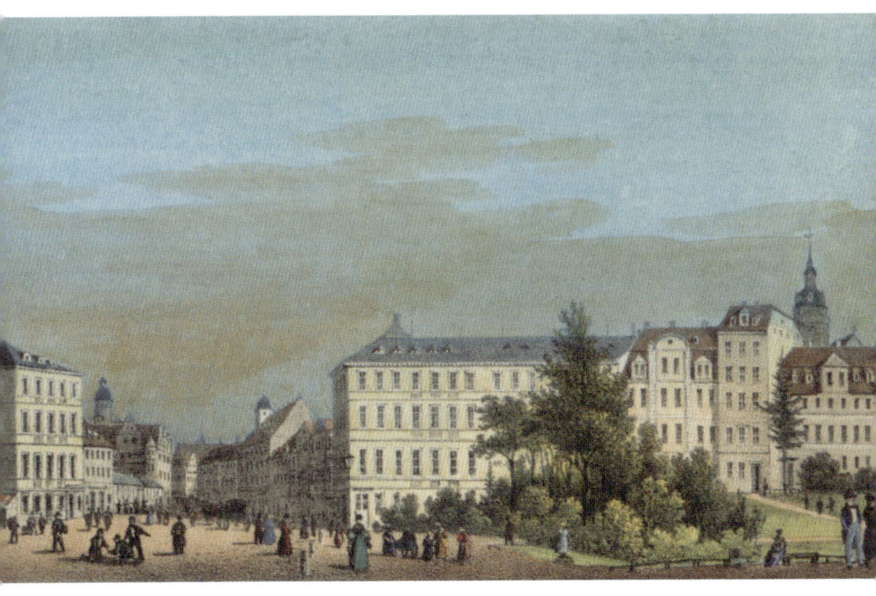

HENSCHEL

Bibliografische Information der Deutschen Nationalbibliothek:
Die Deutsche Nationalbibliothek verzeichnet diese Publikation in der Deutschen Nationalbibliografie; detaillierte bibliografische Daten sind im Internet über http://dnb.dnb.de abrufbar.

Bei diesem Buch handelt es sich um die 5., gründlich überarbeitete, korrigierte und ergänzend bebilderte Auflage des ursprünglich bei Edition Leipzig erschienenen und nicht mehr lieferbaren Buches »Bach, Mendelssohn & Schumann. Spaziergänge durch das musikalische Leipzig« (2005).

Cover-Vorderseite, im Uhrzeigersinn: Altes Gewandhaus, Aquarell von Felix Mendelssohn Bartholdy, 1836; Johann Sebastian Bach, Gemälde von Elias Gottlob Haussmann, 1746; Felix Mendelssohn Bartholdy, Aquarell von James Warren Childe, 1839; Robert und Clara Schumann, Lithographie von Eduard Kaiser, 1847; Gewandhaus, 2016; Cover-Rückseite (von oben nach unten): Zweites Gewandhaus, Photocrom um 1895; Altes Rathaus mit Siegessäule, kolorierte Postkarte 1917; Arbeitszimmer Felix Mendelssohn Bartholdys, 2005; Nikolaikirche, 2012

ISBN 978-3-89487-814-6

Redaktion: Petra Dießner, Thomas Förster, Miriam Grabowski, Anselm Hartinger, Martina Heuer, Frans Jansen
Co-Autoren: Hermann Backes, Ulrike Dura, Andreas Glöckner, Alexander Hiller, Patrick Kast, Hans Joachim Köhler, Sabine Schneider
Umschlaggestaltung: Maria Rajka, flamboyant
Gestaltung und Satz: Dietmar Senf
Lektorat: Sabine Melchert
Printed in the EU

www.henschel-verlag.de

INHALTSVERZEICHNIS

VORWORT

»Von deinen musikalischen Studien erhole dich fleißig durch Dichterlectüre. Ergehe dich oft im Freien!«

Diese Lebensregel Robert Schumanns lädt förmlich dazu ein, Musik und Musikgeschichte nicht nur als bloßes Buchwissen zu begreifen, sondern sie mit offenen Augen und poetischem Einfühlungsvermögen zu »erwandern«. Der als ausdauernder Spaziergänger bekannte Schumann beschreibt damit eine Weise, sich der Vergangenheit und Gegenwart mit Neugier, Sinnenfreude und geistiger wie körperlicher Beweglichkeit zu nähern. Genau dies ist das Anliegen unseres Buches. Der Spaziergang durch Leipzig, unterwegs zu Bach, Mendelssohn, Clara und Robert Schumann, möge Anlass und Auftakt für vielfältige und bereichernde Entdeckungen sein.

Zum Spaziergang gehört das angeregte Gespräch. Zum angeregten Gespräch aber gehört Phantasie, die unentbehrliche Begleiterin auf einem Weg, der oft genug einer veritablen Zeitreise gleichkommen wird. Es ist das besondere Konzept dieser Spaziergänge, zwischen Orten, Menschen, Geschehnissen und Gedanken verschiedener Zeiten zu wandern, Gestern und Heute, hohe Kunst und burlesken Alltag, aber auch historische Dokumente und Bildzeugnisse mit modernen Momentaufnahmen ins Gespräch zu bringen. Auf unseren Wegen durch die barocke, gründerzeitliche und moderne Stadt begegnen wir bedeutsamen Baudenkmälern ebenso wie verlorenen und verwüsteten Orten. Konzertsäle und Kneipen, Kirchen und (Verlags-) Kontore ziehen im gemächlichen Sauseschritt der Zeiten an uns vorüber. Auf den Spuren der großen Meister, aber auch ihrer Freunde, Liebsten, Kollegen und Rivalen treffen wir auf die Stätten denkwürdiger Aufführungen, deftiger Gelage und geselliger Zerstreuung. Musik brachte Unterhaltung und Trost, diente der Erbauung und Repräsentation. Und so nimmt es nicht Wunder, wenn Treffen in den Freundeskreisen bei Härtels, Freges, Gerhards, Brockhaus', Voigts, Schumanns, Mendelssohns »Musikparthien« genannt wurden.

Scheint das »angenehme Pleiß-Athen« der Gärten, Wasserläufe und Ausflugsdörfer heute auch verloren zu sein, so können wir doch in den Briefen Mendelssohns, den Tagebüchern der Schumanns und den galanten Liedern des Barock noch so manchen »angenehmen Ton« davon vernehmen. Und mehr als nur ein bauliches und musikhistorisches Kleinod wurde in den letzten Jahren durch das Engagement von Bürgern und Vereinen der Öffentlichkeit wieder zugänglich gemacht. Die Kunsthistorikerin Sabine Schneider weist mit ihrem Beitrag über die Baugeschichte und Restaurierung der Leipziger Erinnerungs- und Wohnstätten der Komponisten nachdrücklich darauf hin. Und mit etwas Zeit und offenen Augen lässt sich auch heute noch so manch idyllischer Platz wandernd entdecken – oft mitten im Herzen der hektischen Stadt.

Kulturgeschichtlicher Stadtführer, Musikerbiografie und touristischer Ratgeber – dieses Buch versucht nicht nur einen unangestrengten Mittelweg zwischen diesen allzu oft getrennten Genres zu gehen, es ist auch aus diesem praxisnahen Geist heraus entstanden. Eigene Forschungen, aber auch unzählige Gespräche mit Gästen in den Leipziger Komponistenhäusern ließen die Idee zur Ausführung reifen.

Als erfahrene Museums- und Gästeführer haben wir alle Wegvorschläge selbst erkundet und mit großen und kleinen Gruppen ausprobiert. Dabei ist jeder Spaziergang auf den Spuren Bachs, Mendelssohns und Schumanns so aufgebaut, dass er deren wichtigste Lebens- und Arbeitsstationen als gut zu erwandernde Wegfolge arrangiert. Kartenskizzen, Leitsysteme sowie ein ausführliches Register machen Buch und Spaziergänge gleichermaßen leicht handhabbar.

Auf thematisch anschließende Museen und Sehenswürdigkeiten wird ebenso hingewiesen wie auf Möglichkeiten der Einkehr und Kontemplation. Wissensdurstige Leser werden in den von Fachkennern geschriebenen Vertiefungstexten weitere Anregungen finden.

Als Musikwissenschaftler, Historiker und Kulturfachleute waren wir bemüht, unter Vermeidung gängiger Klischees jeweils den neuesten Kenntnisstand in die Darstellung einfließen zu lassen. Die gemeinsame Arbeit im Kooperationsprojekt »Bach – Mendelssohn – Schumann« der drei Leipziger Komponistenhäuser hat uns darüber hinaus den ganzen Reichtum des musikalischen Erbes der Stadt entdecken lassen – weit über die genannten »Großen Drei« hinaus.

Im Vordergrund der Spaziergänge vier bis sechs stehen deshalb einerseits bekannte, in der öffentlichen Wahrnehmung allerdings viel zu selten mit Leipzig verbundene Persönlichkeiten wie Wagner und Mahler. Andererseits geht es um verdrängte Köpfe, Traditionen und Institutionen des Leipziger Musiklebens, eben um jene vorschnell als »Kleinmeister« bezeichneten Komponisten, Kapellmeister, Chorleiter, Dichter und Verleger, die doch zu allen Zeiten für den musikalischen Alltag wichtig waren. Zu einem (selbst-)kritischen Seitenblick auf alte und neue Fehlentwicklungen und den bereits im 19. Jahrhundert legendären Leipziger Konservatismus bekennen sich die Autoren ausdrücklich.

Das musische Klima Leipzigs ist nicht nur Teil der lokalen Entwicklung. Mit dem Schaffen Bachs, Mendelssohns und Schumanns ereignete sich in einer mitteldeutschen Bürgerstadt Musikgeschichte von Rang. Werfen Sie einen Blick auf diese lebendigen Traditionen, vertiefen Sie sich darin, besuchen Sie Leipzig und seine herausragenden Musikstätten. Und für die Leipziger unter den Lesern gilt die alte »Meß-Weisheit«: »Wer sich hier nicht will entfernen, kann die Welt doch kennenlernen, weil sie Leipzig in sich hält.«

Wir danken den Förderern: der Beauftragten der Bundesregierung für Kultur und Medien, dem Freistaat Sachsen, Sächsisches Staatsministerium für Wissenschaft und Kunst, sowie allen Autoren, Bibliothekaren, Museumskollegen, Freunden und Bekannten, die uns mit Rat und Tat beim Schreiben zur Seite standen.

Petra Dießner
Anselm Hartinger

VORWORT ZUR ÜBERARBEITETEN 4. AUFLAGE

Nicht nur die Musikmetropole mit ihren gewachsenen Themenorten, sondern ganz Leipzig hat sich in den letzten Jahren dynamische entwickelt. Einwohnerzahl und touristische Nachfrage sind deutlich gestiegen; neue Angebote und Attraktionen haben in den Leipziger Musikerstätten Einzug gehalten – auch die lange unterschätzten Musikerinnen Clara Schumann und Fanny Hensel werden wieder stärker wahrgenommen. Zudem verbindet mittlerweile das Leitsystem »Notenspur« mit elegant geschwungenen Metallbögen viele Musikplätze der Innenstadt.

Es ist ratsam, die Fülle möglicher Besuchsziele in schlüssige Erzählstränge und vor allem realistisch erwanderbare Rundgänge einzubetten. Das umfänglich überarbeitete und aktualisierte Buch bleibt dabei dem Grundgedanken eines unterhaltsamen Spaziergangs treu. Welche der vorgeschlagenen Routen Sie auch einschlagen – die von Neugier und Offenheit geprägte Begegnung mit der musikalischen Geschichte und Gegenwart erweist sich als inspirierendes Geschenk für Körper, Geist und Seele.

Anselm Hartinger, 2020

SPAZIERGANG 1 AUF DEN SPUREN JOHANN SEBASTIAN BACHS

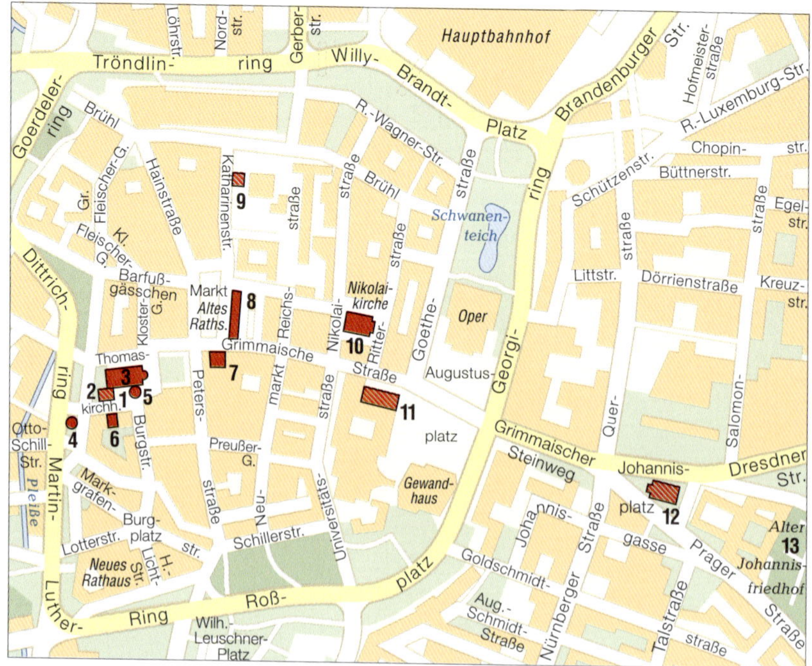

- **1** Thomaskirchhof
- **2** Ehem. Thomasschule
- **3** Thomaskirche
- **4** Altes Bach-Denkmal (1843)
- **5** Bach-Denkmal (1908)
- **6** Bosehaus (Bach-Archiv und Bach-Museum)
- **7** Apels Haus (Königshaus)
- **8** Altes Rathaus (Stadtgeschichtliches Museum)
- **9** Ehem. Zimmermannisches Kaffeehaus
- **10** Nikolaikirche
- **11** Ehem. Paulinerkirche
- **12** Ehem. Johanniskirche
- **13** Johannisfriedhof

Ein Rundgang zu Johann Sebastian Bach in Leipzig kann kaum einen besseren Ausgangspunkt finden als den Thomaskirchhof **1**. Hier – zwischen Schulgebäude, Kantorenwohnung und Thomaskirche – befand sich das unmittelbare Lebens- und Arbeitsumfeld Bachs und trotz mancherlei Veränderungen hat der Ort viel von seinem barocken Flair behalten. Der zentral gelegene und dennoch ruhige Platz wird ganz von der Person Johann Sebastian Bachs beherrscht. Neben der Thomaskirche und dem Nachfolgebau der Thomasschule erinnern gleich zwei Denkmäler an den großen Kantor. Dazu lädt das im Bosehaus befindliche Bach-Archiv mit seinen dem Thomaskantor gewidmeten Museumsräumen, seiner Bibliothek

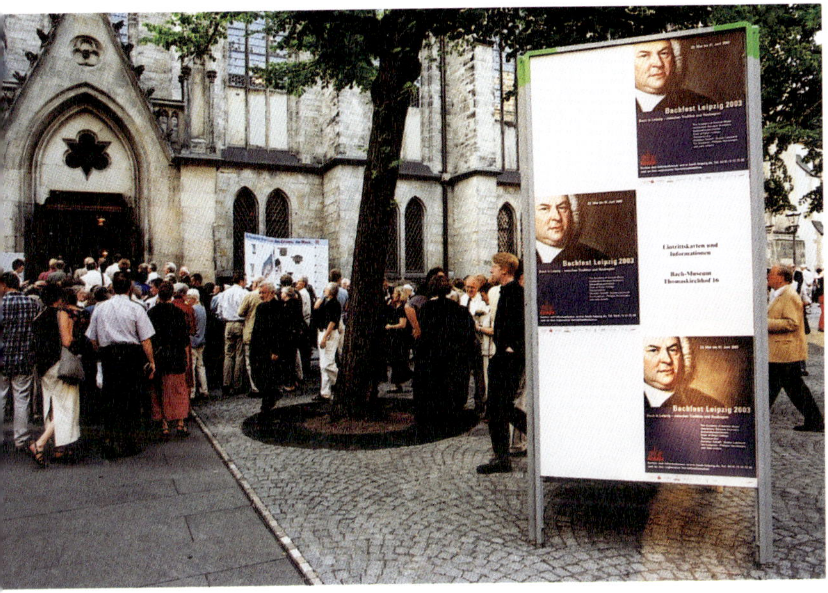

Der Thomaskirchhof während des Bachfestes

und seinen Kammerkonzerten zur vertieften Beschäftigung mit Bach ein. Während des alljährlichen Bachfestes schlägt hier das Herz der weltweiten Bach-Gemeinde. Straßenmusiker jeder Herkunft und Qualität blasen oder zupfen sommers wie winters unverdrossen ihr »Air« und ihre »Badinerie«, mehr oder minder stimmgewaltige Chöre intonieren am Denkmal ihr Ständchen. Wer genau hinhört, kann manchmal aus der Kirche die Orgel hören und mit etwas Glück eine Bach'sche Fuge identifizieren. Selbst die Gastronomie ist mit »Café Gloria«, »Johann S.« und »Kandlers« leckeren »Bachtalern« ganz auf den trinkfesten Thüringer und guten Esser Bach eingestellt. Auf dem Thomaskirchhof ist Bach allgegenwärtig …

Zunächst wenden wir uns der Westseite des Platzes zu. Das 1902/03 im historistischen Stil errichtete Gebäude beherbergt heute das Pfarramt St. Thomas. Zuvor jedoch befand sich an dieser Stelle die Alte Thomasschule **2**, deren schon damals viel beklagter Abriss ein nicht wieder gutzumachendes Unglück darstellt, wie überhaupt die städtebauliche Modernisierung Leipzigs um 1900 mit einer massiven Zerstörung der historischen Bausubstanz einherging.

Alte Thomasschule. Fotografie, vor 1900

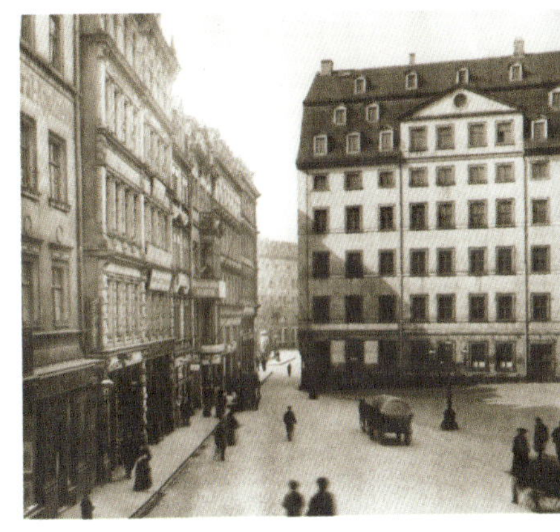

Zwar entsprach der Umzug der Schüler in ein großzügiges Schulgebäude außerhalb des Innenstadtringes den gewachsenen Ansprüchen der modernen Pädagogik; mit dem Fall der Thomasschule verschwand jedoch der zentrale Erinnerungsort an so bedeutende Musiker und Gelehrte wie Johann Sebastian Bach, Sethus Calvisius, Gottfried Stallbaum, Johann Hermann Schein, Johann Gottfried Schicht und Moritz Hauptmann.

Erhaltene Abbildungen zeigen, dass die Thomasschule mit ihrem hoch aufragenden und überaus stattlichen Bau den Platz dominierte. Noch zu Bachs Amtszeit wurde das Gebäude 1731/32 unter dem Rektorat Johann Matthias Gesners aufwändig saniert und erweitert. Bach bewohnte danach mit seiner Familie einen ganzen Flügel des Gebäudes. Sein Arbeitsraum befand sich im ersten Obergeschoss der mehrere Etagen umfassenden Kantorenwohnung. Allerdings musste diese weiträumige Wohnung, von der viele Kantorenkollegen Bachs höchstens träumen konnten, dann auch den verschiedensten Funktionen gerecht werden. Sie war Aufenthalts-, Wirtschafts- und Schlafraum der beständig anwachsenden Familie. Sie war aber auch Unterrichts-, Übe- und Komponierstätte für Bach, seine Kinder und Schüler sowie Aufbewahrungsort für Hausrat, Noten, Bücher und zahlreiche Instrumente. Bei seinem Tod hinterließ Bach nicht weniger als fünf Cembali, zwei Lautenklaviere, zehn Streichinstrumente, eine Laute und ein Spinett. Dass Bach in der lärmenden Thomasschule überhaupt Gelegenheit für das Ersinnen und die Niederschrift von Kompositionen fand, kann wohl nur mit seinem außergewöhnlichen musikalischen Vorausdenken und der zeittypischen Gewöhnung an wenig »individualisierte« Lebensverhältnisse erklärt werden.

Die Kantorenwohnung bildete auch den recht engen Lebensrahmen, auf den sich Bachs Ehefrau Anna Magdalena nach dem Wegzug der Familie aus Köthen verwiesen sah. Für die gleichfalls aus einer Musikerfamilie stammende und ehedem gut bezahlte Sopranistin des Köthener Hofes gab es in Leipzig keine offiziellen Auftrittsmöglichkeiten. Ihre durch zahlreiche Handschriften belegte Kopistentätigkeit für Bach und das gelegentliche Mitwirken beim häuslichen Musizieren oder auf Reisen konnten sie für den aufreibenden Alltag mit zahlreichen Schwangerschaften und der Erziehung sowohl der eigenen als auch der Stiefkinder sicher kaum entschädigen.

Grundrisse der Alten Thomasschule

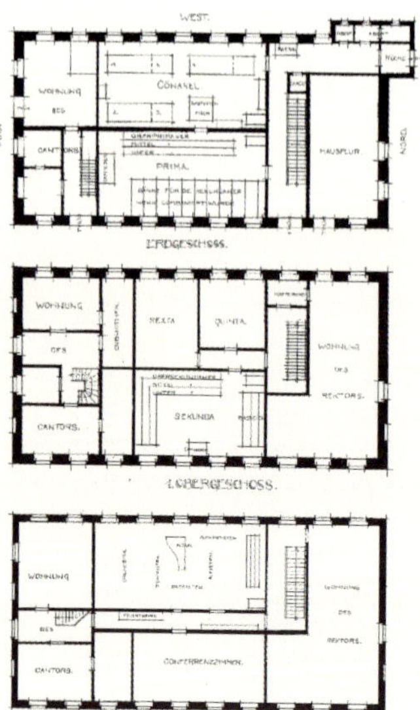

Insgesamt aber sind sie [die Kinder] gebohrene Musici, u. kan versichern, daß schon ein Concert Vocaliter u. Instrumentaliter mit meiner Familie formiren kan, zumahln da meine itzige Frau gar einen sauberen Soprano singet, auch meine älteste Tochter nicht schlimm einschläget.

Brief Johann Sebastian Bachs an Georg Erdmann, 28. Oktober 1730

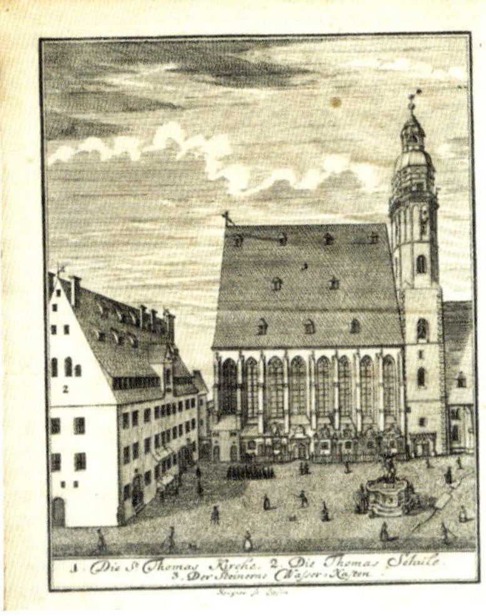

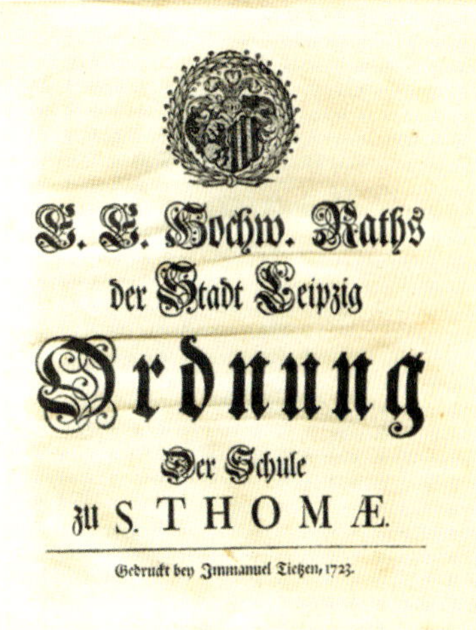

E. E. Hochw. Raths
der Stadt Leipzig
Ordnung
Der Schule
zu S. THOMÆ.

Gedruckt bey Immanuel Tietzen, 1723.

Thomasschulordnung, Leipzig 1723

Anna Magdalena, die nach dem Tod ihres Mannes auf familiäre Netzwerke und städtische Unterstützung angewiesen war, starb bereits 1760 in relativer Armut. Eine Gedenktafel am Pfarramt und eine Sitzbank in der für eine Sängerin allerdings seltsamen Form eines Klaviers erinnern an diese bemerkenswerte Frau.

Zu Bachs familiärem Umfeld zählten auch Privatschüler und durchreisende Musiker wie die Dresdner Hoflautenisten Weiß und Kropffgans, deren Besuch für 1739 belegt ist. Wertvolle Einblicke in das Familienleben Bachs gewähren die Briefentwürfe Johann Elias Bachs, eines Schweinfurter Vetters, der von 1737 bis 1741 als Sekretär und Privatlehrer im Haushalt untergebracht war. Mit der Beschaffung von fränkischem Wein, gelben Nelken und weiteren Annehmlichkeiten machte er sich vor allem bei Anna Magdalena unentbehrlich.

Da die Thomasschule sowohl Unterrichtsgebäude als auch Alumnat für die nicht-externen Schüler war, befanden sich unter dem Dach des Gebäudes auch die Schlafsäle der Thomaner. Für Bach, der als »Cantor« regulärer Angehöriger des Lehrkörpers war, spielte sich mit der Leitung von Singstunden und Proben ein wichtiger Teil des Arbeitslebens in der Thomasschule ab. Die mit seiner Anstellung übernommene Verpflichtung zur Erteilung von Latein- und Katechismusstunden konnte er zwar auf seinen Lehrerkollegen Pezold abwälzen; allerdings bedeuteten die dafür jährlich aufzuwendenden 50 Reichstaler eine beträchtliche Schmälerung seines Einkommens.

Mit der Thomaskirche **3** betreten wir die jahrzehntelange Arbeits- und Aufführungsstätte Bachs. Der spätgotische Hallenbau war seit der Reformation 1539 eine der beiden Hauptkirchen der Stadt. Bach, dem es nach eigener Aussage zunächst »gar nicht anständig seyn wolte, aus einem Capellmeister ein Cantor zu werden«, wirkte hier von 1723 bis zu seinem Tode 1750. Dieser Amtsantritt war nicht nur für die Leipziger Kirchenmusik, sondern auch für den auf der Höhe seiner Schaffenskraft stehenden siebenunddreißigjährigen Musiker ein bedeutsamer Neuanfang. Zwar hatte Bach im Dienste des Weimarer Hofes zwischen 1714 und 1717 bereits zahlreiche Kantaten komponiert, dennoch bedeutete der Wechsel von der intimen

Schlosskapelle mit ihrem exklusiven Publikum hin zu den ästhetischen und akustischen Besonderheiten einer großen Stadtkirche eine erhebliche Umstellung. Dazumal unterschied sich das orthodox-lutherische, von der Universität geprägte Leipzig auch in seiner liturgischen und theologischen Ausrichtung erheblich von den Weimarer Verhältnissen – mit weit reichenden Folgen für die der Kirchenmusik zugrunde liegenden Texte und die nur in modifizierter Form mögliche Wiederverwendung älterer Kantaten.

Insbesondere die glanzvollen und ausgedehnten Kantatenschöpfungen des ersten Jahres sowie die ganz auf die melodische und textliche Substanz des evangelischen Kirchenliedes ausgerichteten Choralkantaten des zweiten Jahrganges legen Zeugnis ab von Bachs Bemühen, auch im Bereich der geistlichen Vokalmusik exemplarische Kompositionen vorzulegen. Mit einem beispiellosen Kraftakt schuf sich Bach zwischen 1723 und 1727 einen Fundus an Kirchenstücken, von dem er bis ans Ende seiner Dienstjahre zehren konnte. In späteren Jahren rundete er sein kirchenmusikalisches Œuvre durch einzelne Neuschöpfungen und gezielte Übernahmen ursprünglich weltlicher Kantatensätze nach und nach ab. Werke wie das »Weihnachtsoratorium« (1734) oder die Messe in h-Moll wären ohne die weit reichende Anwendung dieses »Parodie«-Verfahrens nicht denkbar, weisen in ihrer neu gewonnenen gültigen Gestalt jedoch weit darüber hinaus.

Zahlreiche Werke Bachs, vor allem die groß angelegten Passionen, boten den Gottesdienstbesuchern sicher bis dato »unerhörte« Eindrücke, werden mit ihren gesteigerten Dimensionen und Ansprüchen die Aufnahmefähigkeit von Ausführenden und Zuhörern allerdings auch bis zum Äußersten strapaziert haben. Umso bedauerlicher ist es, dass so gut wie keine Zeugnisse über Bachs Aufführungen und deren Resonanz beim Publikum vorliegen. Die vor allem erhaltenen dienstlichen Dokumente zeichnen also möglicherweise ein eher negatives, von Auseinandersetzungen und Unzufriedenheit geprägtes Bild, das allerdings die zunehmende Enttäuschung eines Spitzenmusikers zeigt, dem man die finanziellen und strukturellen Grundlagen seiner Arbeit offenbar systematisch entzog. Eine besonders plastische Beschreibung der außergewöhnlichen musikalischen Fähigkeiten des Kantors hat uns der mit Bach befreundete Thomasrektor Gesner als Randbemerkung in einem lateinischen Rhetorikbuch hinterlassen. Nachdem er vor allem Bachs Fähigkeit gelobt hatte, selbst in den größtbesetzten Kompositionen und »mitten im lautesten Spiel der Musiker« jederzeit die Übersicht und musikalische Führung zu behalten, gipfelt sein Kommentar in der bemerkenswerten Aussage: »Sonst ein begeisterter Verehrer des Altertums, glaub' ich doch, dass Freund Bach allein, und wer sonst ihm vielleicht ähnlich ist, den Orpheus mehrmals und den Arion zwanzigmal übertrifft.«

Johann Matthias Gesner. Stich von J. J. Haid nach einem Gemälde von C. N. Eberwein

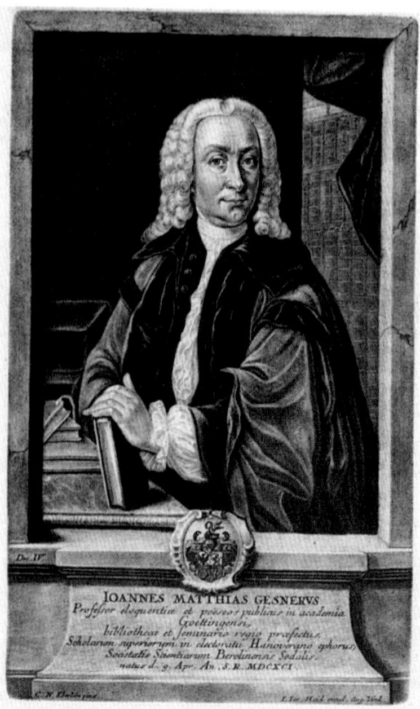

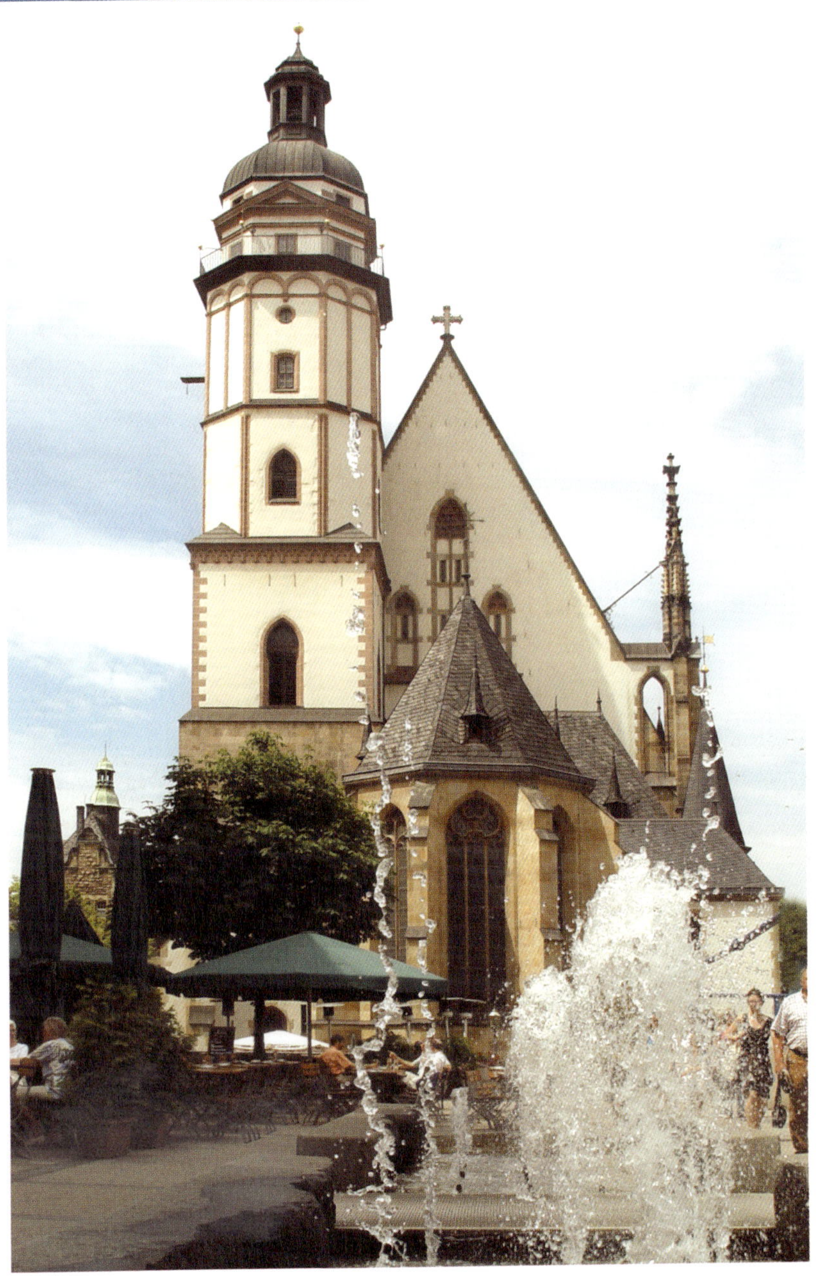

Thomaskirche

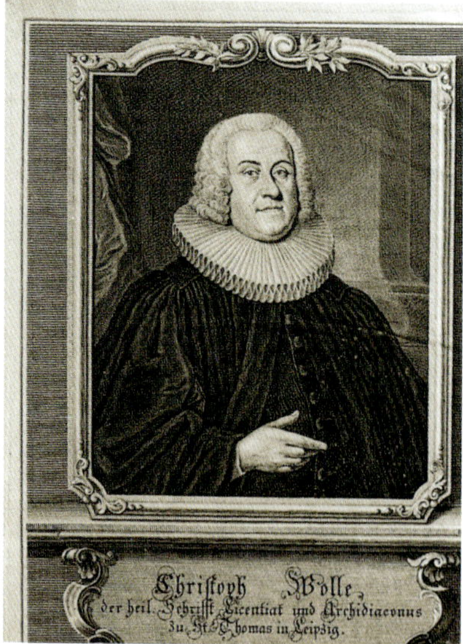

Christoph Wolle. Stich von J. M. Bernigeroth, 1745, nach einem Gemälde von E. G. Haussmann

Die Thomaskirche war aber nicht nur eine der Arbeitsstätten Bachs, sie war auch die Leipziger Pfarrkirche seiner Familie. Hier empfingen er und seine Angehörigen die Kommunion, hier ging er zur Beichte, hier wurden seine Kinder getauft. Einzelne Geistliche der Thomaskirche waren deshalb für ihn nicht nur Kollegen und Vorgesetzte wie der langjährige Superintendent Salomo Deyling, sondern auch seelsorgerische Vertrauenspersonen. Dazu zählten u. a. Christian Weise d. Ältere, Romanus Teller und der Archidiakon Christoph Wolle, aus dessen Händen Bach am 22. Juli 1750 das letzte Abendmahl empfing.

Inneres und Äußeres der Thomaskirche haben seit der Zeit Bachs erhebliche Veränderungen erfahren. Der Besucher findet heute nicht nur neue Orgeln, sondern auch eine völlig veränderte Emporensituation und eine Reihe farbenprächtiger Glasfenster vor, die ab 1889 bis in die jüngste Zeit hinein zu Ehren bedeutender historischer Persönlichkeiten gesetzt wurden. Dass sich im Reigen illustrer Monarchen und Reformatoren auch Bach und Mendelssohn befinden, betont die musikalische Tradition dieser Kirche. Das 1886 anstelle der ursprünglich schmucklosen Westfassade neu errichtete Hauptportal ist Ausdruck dafür, dass sich St. Thomas heute nicht mehr am Mauerrand der mittelalterlichen Stadt, sondern frei zugänglich im Zentrum Leipzigs befindet. Und doch sind Leben und Schaffen Bachs in der Thomaskirche allgegenwärtig, steht seine Musik im Zentrum der Arbeit des traditionsreichen Thomanerchores. Durch umfangreiche Restaurierungsarbeiten im Rahmen der Aktion »Eine Tat für Bach« wurden im Vorfeld seines 250. Todestages die Voraussetzungen geschaffen, dass die in Vorwendezeiten noch »rußschwarze« Thomaskirche auch im 21. Jahrhundert das Zentrum der weltweiten Bach-Pflege bleiben kann.

Wie auch immer man das Verhältnis der Leipziger zu Bach und seiner Musik bewerten will, über mangelnde Denkmalspräsenz kann sich der Thomaskantor nicht mehr beklagen. In unmittelbarer Nähe der Kirche befinden sich zwei Denkmäler, die allerdings kaum unterschiedlicher sein könnten. Dabei sind beide nicht nur Ausdruck der Ästhetik ihrer jeweiligen Entstehungszeit, sie widerspiegeln auch konträre Aspekte des Umgangs mit Bach: auf der einen Seite die unscheinbare und mit allegorischen Darstellungen versehene Denksäule der frühen 1840er-Jahre, auf der anderen Seite das repräsentative, überlebensgroße Standbild der wilhelminischen Zeit, das Bach als nationalen Heroen und titanischen Kraftmenschen der Musikgeschichte zeigt.

Tatsächlich entsprang die Idee, einen ersten Ort des Gedenkens für den vor der Mitte des 19. Jahrhunderts auch in Leipzig noch keineswegs unumstrittenen Meister zu schaffen, der privaten Initiative eines Kreises von Bachverehrern um Felix Mendelssohn Bartholdy. Dementsprechend blieb der von den befreundeten Malern Eduard Bendemann und Julius Hübner vorgelegte Entwurf einer dezidierten Bescheidenheit und einem eher kirchenmusikalisch-christlichen Bildprogramm verpflichtet. Der einer Mariensäule nicht unähnliche Stein **4**, dessen von Hermann Knauer gefertigte Basreliefs in allegorischer Form auf Bachs Tätigkeit als Kantor, Organist und Komponist der Passion verweisen, war eben nicht als massenwirksame und bildnerisch »realistische« Sehenswürdigkeit, sondern als sehr persönlicher Erinnerungsort für Kenner und Freunde Bachs konzipiert und vertrat in gewisser Weise seine zur damaligen Zeit nicht mehr auffindbare Grabstelle.

Ganz anders zeigt sich das nach langen Vorbereitungen 1908 fertig gestellte Standbild **5**, dessen festliche Einweihung die seit dem Vormärz erreichten Fortschritte in der Anerkennung Bachs auch äußerlich dokumentieren sollte. Das neue Standbild sollte allerdings nicht nur durch schiere Größe die überragende Bedeutung des Meisters vor Augen führen, nein, diesmal sollte es auch der »wahre« Bach sein und nicht nur das Mendelssohn'sche »Perückengesicht«. Der verantwortliche Bildhauer Carl Seffner stützte seinen Entwurf deshalb auf anatomische Forschungen an einem auf dem Johannesfriedhof ausgegrabenen Schädel, der nach allgemeiner Meinung Bach zuzuordnen war. In der Hand hält der bronzene Koloss eine Notenrolle. Die nach außen gekehrten Taschen symbolisieren nach der unausrottbaren Meinung von Volksmund und Fremdenführern das (längst widerlegte) Vorurteil von der vermeintlichen Armut Bachs in Leipzig. Ebenso ist es Legende und optische Täuschung, dass Bach mit grimmigem Blick in die Fenster des erst seit 1985 gegenüberliegenden Bach-Archivs schaut – schließlich gibt es kaum eine Institution, die sich um die Bewahrung und Erschließung seines Werkes so verdient gemacht hat.

Beiden Denkmälern ist übrigens gemeinsam, dass die auf ihnen abgebildeten Orgeln mehr Phantasieprodukte als wirkliche Instrumente darstellen. Insbesondere das auf dem Orgelrelief des alten Bach-Denkmals dargestellte »Positiv mit 2 Manualen und Pedal« dürfte es in dieser Miniaturausführung kaum je gegeben haben. Noch bizarrer wirkt die Orgeldarstellung auf der an der Nordseite der Kirche befindlichen Reliefplatte für Johann Adam Hiller – dem einzigen Überbleibsel seines 1832 gesetzten Denkmals. Hier finden sich die Orgelpfeifen gar auf einen säulenartigen Kubus »aufgewickelt«. Im Einklang mit den musikalischen Vorlieben der Romantik verehrte man offenbar mehr die archaisierende »Aura« der Orgel als das wirkliche Instrument.

Eine Rasur gefällig, Meister Bach? Restaurierungsarbeiten am Bachdenkmal, 1973

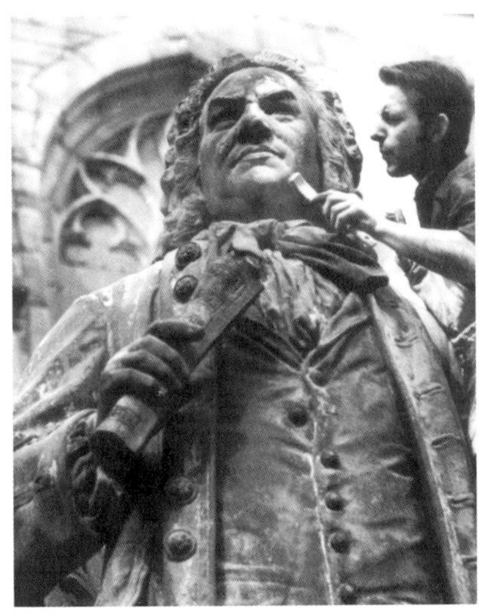

Unter dem Dach des Bosehauses **6** befindet sich seit 1985 das Bach-Archiv-Leipzig in einem stimmungsvollen und historisch überaus »passenden« Ambiente, nur wenige Schritte von Thomaskirche und ehemaliger Schule entfernt. Angehörige der benachbarten Leipziger Patrizierfamilie Bose übernahmen mehrfach Patenschaften für Kinder Bachs; mit Christiana Sybilla Bose war Anna Magdalena offenbar eng befreundet.

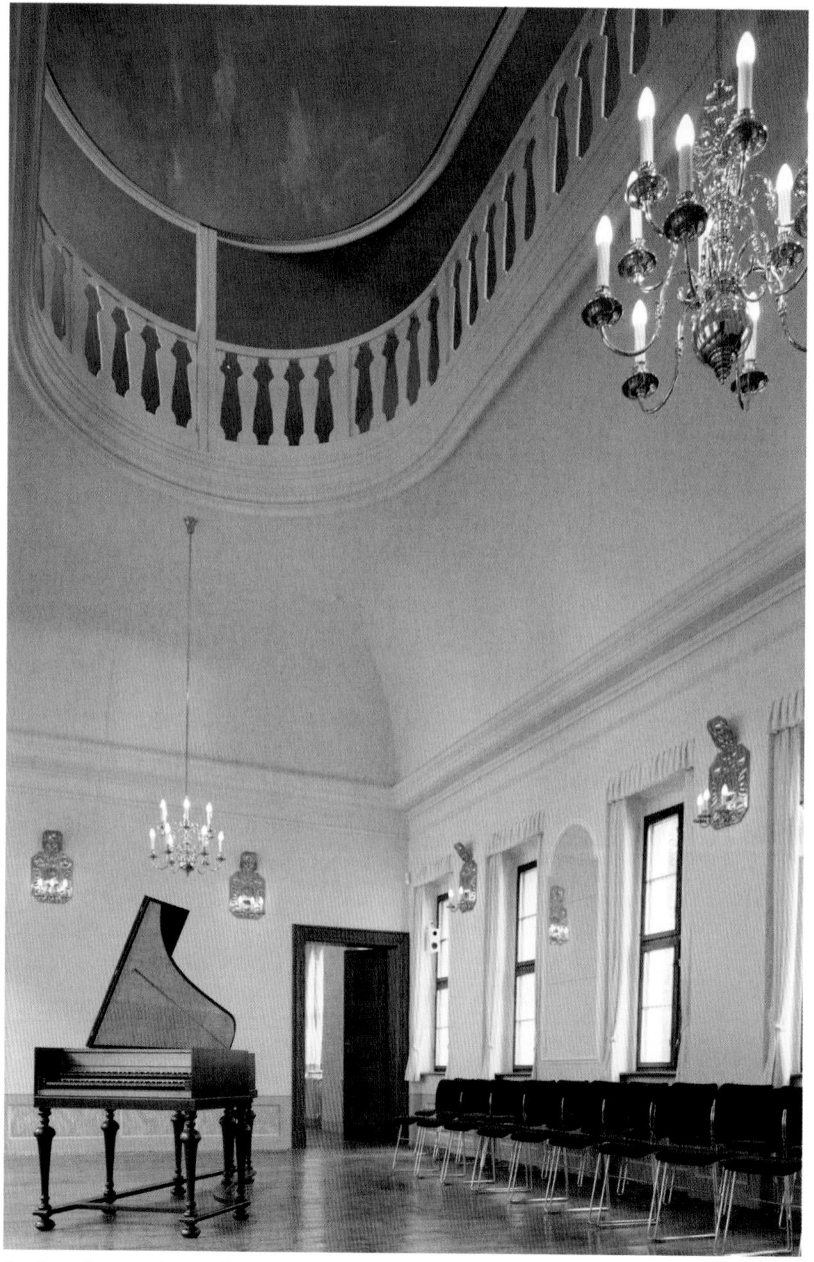

Bosehaus, Sommersaal mit geöffneter Schallkammer

Das Bach-Archiv Leipzig vereinigt in sich die Funktionen eines Forschungsinstituts, einer Spezialbibliothek mit Archiv, einer Veranstaltungsabteilung und eines Museums. Als Referenzinstitution widmet es sich der umfassenden Erforschung und Dokumentation des Lebens und Wirkens von Johann Sebastian Bach, beantwortet Anfragen von Bach-Freunden aus aller Welt und gibt gegenwärtig neben einzelnen revidierten Bänden der 2004 vollendeten Neuen Bach-Ausgabe auch die Kompositionen seiner Söhne und Vorfahren heraus. Gleichzeitig beherbergt das verwinkelte Haus auch Räume für die Museumspädagogik und nicht zuletzt werden von hier aus sowohl das jährliche Bachfest als auch der Internationale Bach-Wettbewerb organisiert.

Der Besuch des Bach-Museums im Bosehaus gehört zu den Höhepunkten jedes kulturhistorischen Leipzig-Aufenthalts. Nach abgeschlossener Sanierung hat das völlig neu konzipierte und um einen Anbau erweiterte Museum seit März 2010 wieder geöffnet. Die Museumsräume im Erdgeschoss und im ersten Stockwerk widmen sich ganz dem musikalischen Wirken Bachs und seiner Familie; zugleich werden aus erster Hand Einblicke in die Arbeit der Bachforschung geboten. In der Schatzkammer entfalten einzigartige Bach-Autographen – darunter im Wechsel je ein vollständiger Stimmensatz des Choralkantaten-Jahrgangs von 1724/25 –, Erstdrucke, Originalporträts von Johann Sebastian und seinen komponierenden Nachkommen sowie Erinnerungsstücke an Bachs Frau Anna Magdalena ihre besondere Aura. Die mit wechselnden Expositionen bestückte Sonderausstellungsfläche akzentuiert immer wieder neue Facetten aus dem Schaffen oder der Nachwirkung Bachs. Ein Klangexperiment führt in die Welt des barocken Orchesters ein, das Hörkabinett bringt gar das gesamte Bachwerk zum Klingen. Auch dem Leben der vielköpfigen Bach-Familie wird gebührend nachgegangen. In unmittelbarer Nachbarschaft zur Thomaskirche entstand so ein lebendiges Bild barocken Musiklebens.

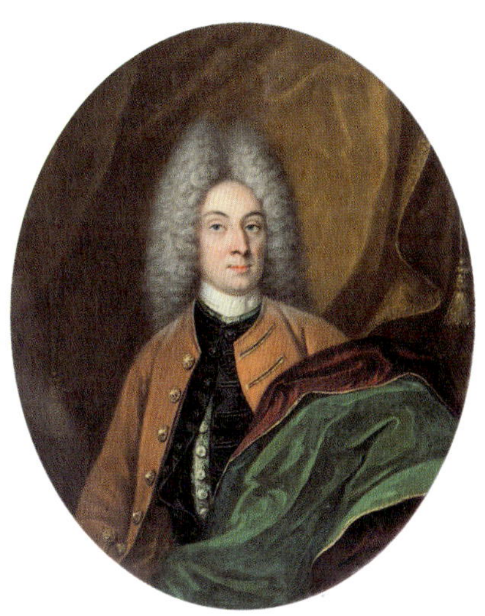

Georg Heinrich Bose. Gemälde von D. Hoyer, 1710

Der im zweiten Stockwerk gelegene historische Sommersaal gehört zu den schönsten Barock-Räumen in Leipzig überhaupt und ist gleichzeitig ein architektonisches Kuriosum. Mit Hilfe einer offenen Deckenkonstruktion wird es möglich, im Saal sitzende Zuhörer von einer verborgenen Schallkammer aus musikalisch zu unterhalten. Klar, dass diese einzigartige Aufführungsvariante in die Konzertveranstaltungen gern mit einbezogen wird. Aber auch sonst unterbreiten die regelmäßigen Kammerkonzerte im Sommersaal ein exquisites Angebot vor allem für Liebhaber Alter Musik und historischer Instrumente.

Nach Verlassen des Bosehauses führt der Weg vorbei am Chor der Thomaskirche in Richtung Markt. Die mittlerweile von Kaufhausbauten umstellte große Freifläche östlich der Thomaskirche dient als willkommene, von den Leipzigern zäh verteidigte Oase im großstädtischen Trubel. Sie gewährt zwar regelrechte »Postkartenblicke« auf Rathaus und Kirche, entspricht allerdings nicht dem barocken Straßenverlauf. Wollte man wirklich »mit Bach« aufs Rathaus zugehen – vielleicht höchst ergrimmt über eine

Vermahnung der »wenig kunstsinnigen Obrigkeit« – müsste man sich das ganze Karree dicht bebaut vorstellen. Erst direkt vor dem Rathaus öffnete sich der Raum für städtische Repräsentation und Messetreiben. Leipzigs Marktplatz war wie in jeder vormodernen Stadt der Platz, auf dem sich vornehmlich das öffentliche Leben abspielte. Er bildete die Kulisse für Musikaufführungen und Händlerbuden ebenso wie für Hinrichtungen und Aufmärsche jeder Art.

Rechter Hand vom Rathaus befindet sich mit »Apels Haus« **7** einer der ehemals größten und prächtigsten Bürgerpaläste Leipzigs. Seinen Beinamen »Königshaus« verdankt er der Tatsache, dass er immer wieder gekrönten Häuptern und hoch gestellten Gästen als vornehme Absteige diente – bis hin zu Napoleon Bonaparte, der sich am 19. Oktober 1813 nach der verlorenen Völkerschlacht hier von seinem unglücklichen Verbündeten, König Friedrich August von Sachsen, verabschiedete. Vor allem die Angehörigen des sächsisch-polnischen Königshauses pflegten sich regelmäßig zur Messe in Leipzig zu vergnügen und wohnten unterdessen im Hause Dietrich Apels, der ersten Adresse am Leipziger Markt. Den Leipzigern waren die Besuche ihrer Landesherren stets teuer – um sich an allerhöchster Stelle zu empfehlen, überboten sich Stadtobere, Studenten und ambitionierte Privatleute mit immer neuen Illuminationen und festlichen Aufzügen. Auch in Bachs Bemühungen um königliche Protektion nahmen Freiluftaufführungen zu Ehren- und Geburtstagen königlich-kurfürstlicher Prinzen eine

»Das Apelische Haus, worinnen Ihre königliche Majestät zu logiren pflegen.«
Stich aus: »Das jetzt lebende und florirende Leipzig«, 1720

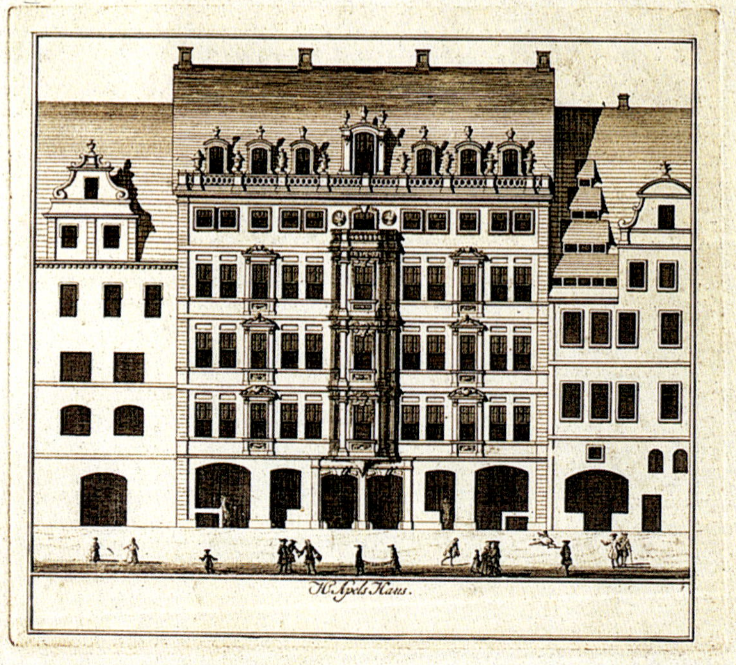

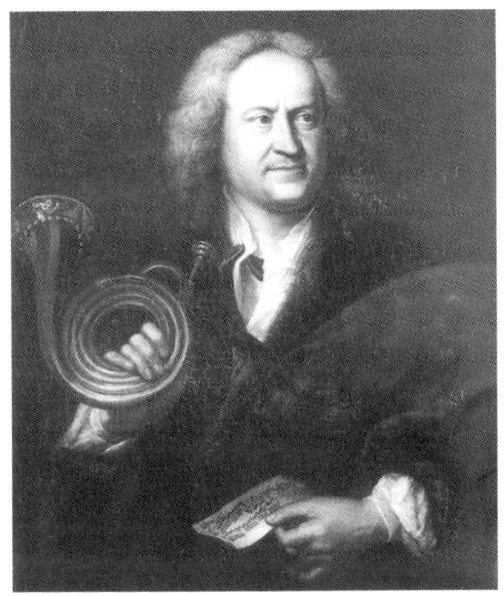

Gottfried Reiche. Ölgemälde von E. G. Haussmann, um 1725

> *An eben diesem Tage wurde der Wohlerfahrne und Kunstreiche Musicus u. StadtPfeiffer Herr Gottfried Reiche … Senior der Mus: Stadt Compagnie alhier, als er nach Hause gehen wollen im StadtPfeiffergäßgen ohnweit seiner Wohnung vom Schlag gerühret, daß er niedergesuncken und todt in seine Wohnung gebracht worden. Und dieses soll daher kommen seyn, weil er Tages vorhero bey der Königlichen Musique wegen des Blasens große strapazzen gehabt, und auch der Fackel Rauch ihm sehr beschwerlich gewesen.*
>
> Riemersche Chronik

zentrale Rolle ein. Diese oft unter großem Zeitdruck geschriebenen und einstudierten Werke waren meist mit einer Vielzahl allegorischer Figuren besetzt und erforderten dem Anlass entsprechend einen besonders großen Orchesterapparat. Es bedurfte allerdings jahrelanger Bemühungen sowie eines Regierungswechsels und kostete neben erheblichen Geldsummen in gewisser Weise sogar das Leben von Bachs bewährtem Trompetensolisten Gottfried Reiche, ehe Bach 1736 den ersehnten Titel eines königlich-sächsischen Kapellmeisters erhielt. Die von einem Fackelzug begleitete Aufführung der Huldigungskantate BWV 215 »Preise dein Glücke, gesegnetes Sachsen« am Abend des 5. Oktober 1734 wird deshalb bei Bach trotz des öffentlich bezeigten königlichen Wohlgefallens einen bitteren Beigeschmack hinterlassen haben.

Dieser Titel bedeutete zwar weder eine eigentliche Anstellung noch war er mit materiellen Vergünstigungen oder der Garantie von Auftragskompositionen verbunden, doch stärkte er Bachs Rechtsstellung und Ansehen in der Auseinandersetzung mit seinen städtischen und kirchlichen Dienstherren ungemein.

Johann Pezel, »Hora Decima«. Leipzig, 1670

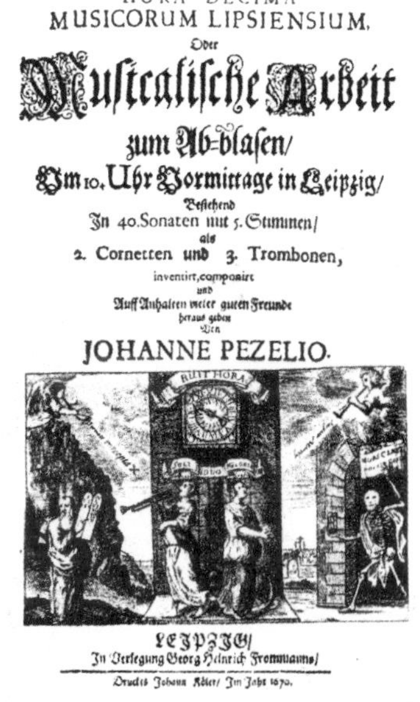

HORA DECIMA
MUSICORUM LIPSIENSIUM,
Oder
Musicalische Arbeit
zum Ab-blasen/
Um 10. Uhr Vormittage in Leipzig/
Bestehend
In 40. Sonaten mit 5. Stimmen/
als
2. Cornetten und 3. Trombonen,
inventirt, componirt
und
Auff Anhalten vieler guten Freunde
heraus geben
Von
JOHANNE PEZELIO.

LEIPZIG/
In Verlegung Georg Heinrich Frommanns/
Druckts Johann Köler/ Im Jahr 1670.

Johann Sebastian Bach, »Kurtzer, iedoch höchstnöthiger Entwurff einer wohlbestallten Kirchen Music«. Leipzig, 23. August 1730

Zu den Leipziger Bach-Stätten gehört deshalb auch das Alte Rathaus **8**. 1556/57 innerhalb weniger Monate unter dem Bau- und Bürgermeister Hieronymus Lotter errichtet, bildete der ausladende Renaissancebau jahrhundertelang das politische und verwaltungsmäßige Zentrum der Stadt. Vom Balkon des Rathausturmes wurde täglich zur zehnten Stunde von den Stadtpfeifern Musik »abgeblasen« – Johann Pezels berühmt gewordene Sammlung anspruchsvoller Bläserstücke erinnert mit ihrem Titel »Hora decima« genau daran. Der am Dachfirst des Gebäudes umlaufende Textfries verweist allerdings mit seiner Aufzählung der wettinischen Herrschertitulatur auf die Tatsache, dass Leipzig als einer der ersten Handelsplätze des Reiches zu allen Zeiten fest in den sächsischen Staatsverband eingegliedert blieb, mithin Kurfürst und Dresdner Hof immer in der Lage waren, in die Belange des Rates und der Messestadt hineinzureden.

In diesem Spannungsfeld verschiedener Instanzen hatte sich auch Bach zu bewegen, der in den Räumen des Rathauses am 5. April 1723 mit einem auf die Ratsbibel geleisteten Eid seinen Anstellungsvertrag beschwor. Bachs Verhältnis zu seinen Dienstherren hatte im Laufe der Jahre einige Belastungsproben zu überstehen; wenn er sich in seinen Rechten verletzt sah, ging der selbstbewusst auftretende Musiker keiner Konfrontation mit den städtischen, schulischen oder kirchlichen Autoritätspersonen aus dem Wege. Die von Bach energisch eingeforderte Besserstellung und Modernisierung der Leipziger Stadtmusik ließ sich allerdings trotz mehrfacher Vorstöße, darunter der berühmt gewordene »Kurtze(r), iedoch höchstnöthige(r) Entwurff einer wohlbestallten Kirchen Music« von 1730, nicht dauerhaft durchsetzen. Das leidige Arbeiten mit Provisorien und aufführungspraktischen ad hoc-Besetzungen sowie die unauflösbaren Widersprüche zwischen schulischen und

Gottfried Lange, Leipziger Bürgermeister und anfänglich Förderer Bachs. Stich eines unbekannten Künstlers

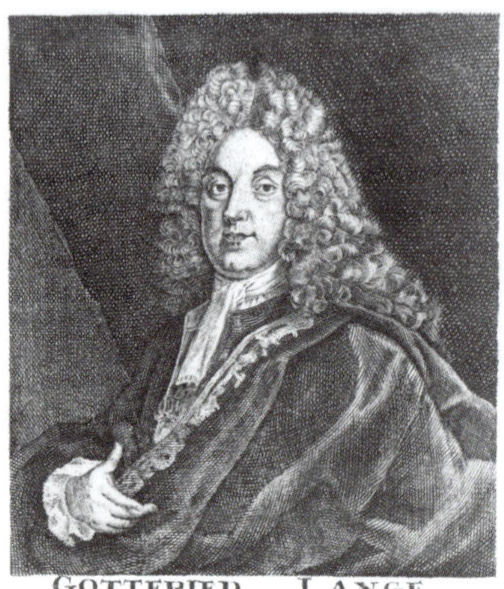

musikalischen Anforderungen – eine Problematik, von der auch Thomaskantoren späterer Jahrhunderte ein Lied singen konnten und könnten – führten auch bei Bach zu Enttäuschungen und Phasen spürbarer Resignation. Aus dem ebenfalls 1730 geschriebenen Brief an seinen Jugendfreund Georg Erdmann spricht die angesichts zunehmenden Alters verständliche Furcht, in eine Lebens- und Karrierefalle geraten zu sein. Andererseits ließ es Bach am schuldigen Respekt gegenüber dem Rat niemals fehlen. Seine besonders prächtigen Festkantaten zum jährlichen Ratswechsel zeigen, dass Bach sehr wohl wusste und erfüllte, was von ihm erwartet wurde. Die demütigende Erfahrung, noch zu Lebzeiten – wiewohl von schwerer Krankheit gezeichnet – einen Nachfolger vorgesetzt zu bekommen, sollte weder dem Leipziger Rat von 1750 noch dem durchaus befähigten Musiker Gottlob Harrer zur Last gelegt werden. Wer mochte schon dem unmissverständlich vorgetragenen »Wunsch« eines Ministers (Graf Brühl) zuwiderhandeln …

Der Besuch des Stadtgeschichtlichen Museums im Alten Rathaus gehört deshalb in einen Stadtgang auf den Spuren Bachs unbedingt hinein. Von besonderer Wirkung ist der prächtige, bildergeschmückte Festsaal im ersten Obergeschoss, der noch heute für öffentliche Anlässe und Konzerte genutzt wird. Allerdings müssen die Musiker heute nicht mehr vom erhöhten »Pfeiferstuhl« aus aufspielen – ein Musizieren unter derart beengten Bedingungen würde mit Sicherheit dem modernen Arbeitsrecht widersprechen.

Die Sammlungen des Museums ermöglichen sehr interessante Einblicke in die Bau-, Alltags- und Kulturgeschichte Leipzigs und seines Umlandes. Vorbei an Kunstschätzen, Fürstenporträts und den Bildnissen der neuzeitlichen Stadtrichter – darunter ausgemachte Kritiker und Vorgesetzte Bachs – führt unser Weg in die historische Ratsstube, in der Bach seinen Anstellungsvertrag auf die heute im Reformationstrakt des Museums gezeigte Eidbibel schwor. Das anschließende Nebengelass wurde unterdessen zu einem eigenständigen Bach-Raum umgestaltet.

Blickfang ist neben originalen Dokumenten, historischen Gesangbüchern und einem Exemplar der Bach bei seinem Dienstantritt verheimlichten neuen Thomasschulordnung von 1723 das Bildnis des Ratsmusikers und ersten Bach-Trompeters Johann Gottfried Reiche, dessen gewundenes Instrument der Forschung noch immer Rätsel aufgibt. Im Zentrum der Präsentation steht aber das 2017 aufwendig konservierte Bach-Porträt Elias Gottlob Haussmanns. 1746 datiert, gehört das einst in den Räumen der Thomasschule hängende und von den vorlauten Knaben offenbar auch malträtierte Altersbildnis zu den wenigen authentischen Darstellungen Bachs überhaupt. Über die Ikonografie des Bildes ist bis hin zur vermeintlich symbolischen Anzahl der Knöpfe manches geschrieben worden. Sicher ist, dass sich auf dem Notenblatt in Bachs Hand ein sechsstimmiger Kanon befindet, der sich stark an das Thema der »Goldbergvariation« anlehnt. Eine 1748 gefertigte zweite Fassung, die sich lange in England und den USA befand, schmückt seit kurzem die Schatzkammer des Bach-Archivs.

Die ältere Populärbiografik insbesondere des 19. Jahrhunderts sah Bach in erster Linie als schlichten, etwas poltrigen Biedermann, dessen ereignisarmes Leben sich zwischen Kirche, Haus und Orgelbank abspielte und dessen Streben sich in der Erschaffung glaubensstarker Kirchenstücke erschöpfte. Dass Bach aber als Mensch und Komponist durchaus weltläufige Seiten hatte, dass er die Annehmlichkeiten des zwar »theüren«, aber auch eleganten »Pleißathen« durchaus zu schätzen und für seine Kunst zu nutzen wusste, belegt eindrucksvoll seine Tätigkeit für das im Zimmermannischen Kaffeehaus **9** aufspielende Collegium musicum.

Musikausübende Vereinigungen, so genannte Collegia musica, hatte es in Leipzig bereits während des 17. Jahrhunderts gegeben – angesiedelt meist im gleichermaßen feuchtfröhlichen wie intellektuellen Umfeld der Universität. Kurz nach 1700 kam es unter so befähig-

BACH-PORTRÄT

1746 malte Elias Gottlob Haussmann in Leipzig das Porträt von Johann Sebastian Bach. Es ist das einzige nachweislich nach dem lebenden Vorbild entstandene Bildnis und wurde weltbekannt. Es hat unsere Vorstellung davon geprägt, wie der berühmte Thomaskantor ausgesehen haben mag; viel wurde zudem geschrieben über die nie ganz geklärten Umstände seiner Entstehung und die zahlreichen Kopien in aller Welt.

Manch Bach-Liebhaber, der sich heute das Original in Leipzig anschauen möchte, reibt sich jedoch verwundert die Augen: Dieses Original wird sowohl im Alten Rathaus als auch im Bach-Museum präsentiert. Ein Gemälde an zwei Orten – wie kann das sein?

Doch die Information ist richtig, denn schon 1748 entstand eine zweite Fassung des Porträts, und auch dieses Gemälde ist ein Original und stammt von Elias Gottlob Haussmann oder aus seiner Werkstatt. Während die erste Fassung 1746 als ein offizielles Porträt entstanden ist, das Bach als Mitglied der »Correspondirenden Societät der musicalischen Wissenschaften« des Lorenz Christoph Mizler ausweist, war die spätere Fassung vermutlich für die Familie bestimmt.

Beide Gemälde legten seit ihrer Entstehung in Leipzig weite Wege zurück. Das Ältere gelangte schon im frühen 19. Jahrhundert nach Leipzig zurück, wurde 1912 aus der Thomasschule als Dauerleihgabe ins Stadtgeschichtliche Museum gegeben und ist seitdem ununterbrochen im Alten Rathaus zu bewundern. Das jüngere Gemälde verblieb zunächst in der Familie, hing dann im Elternhaus des jungen John Elliot Gardiner und ging 2015 als testamentarische Schenkung aus amerikanischem Privatbesitz in den Bestand des Bach-Archivs über. Immer wieder wurden Vergleiche zwischen den beiden Gemälden gezogen, die mehrheitlich ein und denselben Grundton anschlagen: Die spätere Fassung von 1748 sei in einem weitaus besseren Erhaltungszustand, während das ältere Bild in der Vergangenheit stark gelitten habe und im 19. sowie frühen 20. Jahrhundert schlecht restauriert worden sei. Schon 1913 schrieb der Direktor des Stadtgeschichtlichen Museums, Albrecht Kurzwelly, der das Bild eben in seine Obhut übernommen hatte: Die Mangelhaftigkeit der neuen Restauration wurde schon von den Zeitgenossen klar erkannt. Er meinte damit die Versuche der Jahre 1879 und 1894, das Porträt von den Spuren der Zeit zu befreien. Kurzwelly veranlasste seinerseits eine umfassende erneute Restaurierung, über die er auch eine Publikation vorlegte. Einige Jahrzehnte später wurde noch viel verheerender über diese Restaurierung des Jahres 1913 geurteilt: Die ursprünglichen Farben seien ganz verdorben, formulierte der schärfste Kritiker Heinrich Besseler, Direktor des Instituts für Musikwissenschaft an der Universität Leipzig. Auf Basis dieser Bewertungen gelangte Christoph Wolff noch 2017 zur Einschätzung, bei der Urfassung von 1746 handele es sich um ein gewissermaßen entstelltes Bild. Ob im Einzelnen zutreffend oder nicht, diese harten Urteile hatten sich über die Jahre im Bewusstsein der Bachfreunde verankert.

Aber was ist dran an diesem Urteil? Welche Unterschiede sieht der Besucher, der sich die Mühe macht, beide Porträts aufzusuchen? Und was sagen Kunstfachleute heute dazu? Der oberflächliche Vergleich der beiden Gemälde offenbart tatsächlich große Unterschiede: Das Gemälde

EIN KANTORATSWECHSEL MIT HINDERNISSEN

im Bach-Museum wirkt frischer, das Blau der Jacke kräftiger, das Weiß der Perücke klarer, die Augen strahlender, die Gesichtsfarben rosiger. Diese tendieren beim Bild im Alten Rathaus teilweise in einen ungesunden Orange-Ton. Trotz dieser Vorzüge wirkt die 1748er Fassung aber routinierter und durch den dichten Farbauftrag auch ein wenig puppenhaft.

2018 wurden die bisherigen Bewertungen einer nochmaligen Analyse unterzogen und unter fachlichen Gesichtspunkten zurechtgerückt. Restauratoren nahmen das Porträt im Alten Rathaus unter die Lupe und durchleuchteten es mit allen Mitteln der modernen Technik. Die Ergebnisse machten zum einen deutlich, dass Konservierungsmaßnahmen dringend erforderlich waren, zum anderen, dass es tatsächlich Retuschen und Ausbesserungen aus dem 19. und frühen 20. Jahrhundert gibt, die irreversibel sind und heutigen Anforderungen an sachgerechte Restaurierung nicht standhalten. Beim Vergleich von Röntgen- und Infrarotaufnahmen beider Gemälde kam aber auch heraus, dass das frühere Bild von 1746 im Pinselduktus lockerer und malerischer aufgebaut ist. Hier hat der Künstler während des Malprozesses Perspektiven und Proportionen gesucht und verändert. Dagegen erscheint der Bildaufbau des 1748er Gemäldes steifer, kompakter und ohne Korrekturen. Im Anschluss an die Analyse wurde das 1746er Gemälde konserviert. Das Ergebnis ist seitdem im neugestalteten Ausstellungskabinett Der wahre Bach im Alten Rathaus zu bewundern. Von vornherein war klar, dass kein neues Bild herauskommen würde, das Gemälde zeigt weiterhin die Spuren seiner wechselvollen Geschichte. Dennoch sind alle, die den »alten« Bach kannten, verblüfft vom optischen Ergebnis der behutsamen Konservierung. Die Farben sind frischer, die Oberfläche insgesamt glatter und homogener, Konturen und Details wieder besser zu erkennen. Das Bild und damit der Komponist treten in eine lebendige Interaktion mit dem Besucher.

Bei der Konservierung standen zwei Probleme im Vordergrund: Der Zustand des Bildträgers, also der Leinwand, sowie der drohende Farbverlust durch die vielen winzigen aufstehenden und abblätternden Craquelé-Ränder. Diese mussten auf der gesamten Bildfläche niedergelegt und gefestigt werden, um künftig Farbausbrüche auszuschließen. Alle Maßnahmen wurden so konzipiert, dass sie – wie heute üblich – nicht unumkehrbar sind und eventuellen späteren Restaurierungen nicht im Wege stehen. Bei der Sicherung der Farbschichten machte sich der Restaurator die alte Bienenwachstränkung der Leinwand zunutze: Durch vorsichtiges Erwärmen des Wachses wurde auch die hochstehende Farbe elastisch. Auf einem Niederdrucktisch konnten diese Farbpartikel dann niedergelegt werden: Durch den Unterdruck wird die Farbe quasi »angesaugt«.

In der Ausstellung im Alten Rathaus ist ein Film zu sehen, der den Restaurator bei der Arbeit zeigt und verständlich macht, was es mit dem »wahren« Bach auf sich hat. Damit haben musikinteressierte Besucher jetzt die Möglichkeit, innerhalb eines Stadtspaziergangs beide Bilder im heute bestmöglichen Zustand zu sehen.

Ulrike Dura

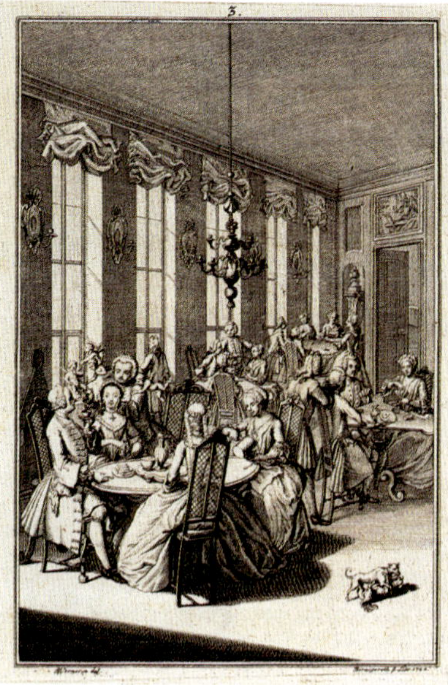

Kaffeehaus-Szene, möglicherweise Darstellung des Zimmermannischen Kaffeehauses. Kupferstich von J. M. Bernigeroth nach A. Wernerin, Leipzig 1744

ten Studenten-Musikern wie Telemann und Graupner zu einem neuerlichen Aufschwung dieser beliebten Institution. In dichter Folge gründeten sich gleich zwei beständige Collegia musica – kein Wunder, dass die Namen Telemanns und Graupners noch 1722/23 bei der Neubesetzung des Thomaskantorats an vorderster Stelle genannt wurden. Dadurch, dass die wöchentlichen Musikdarbietungen im geselligen Ambiente Leipziger Kaffeehäuser abgehalten wurden, entstand naturgemäß eine besondere Atmosphäre, die die Arbeit der Collegia zu einer Attraktion werden ließ. Allerdings darf man sich diese Musikveranstaltungen nicht allzu »rustikal« – übertönt von Geschirrklappern und Gesprächslärm – vorstellen. Die zumindest im Winterhalbjahr erst in den Abendstunden stattfindenden Konzerte genügten durchaus gehobenen Ansprüchen und dienten in gewisser Weise als Ersatz für die Vorstellungen der 1720 eingegangenen Leipziger Oper.

Mit der Übernahme des 1702 gegründeten »Telemann'schen« Collegium musicum schuf sich Bach ab dem Jahr 1729 eine zusätzliche Bühne zur künstlerischen Erprobung und Darstellung in der städtischen und während der Messezeit auch erweiterten Öffentlichkeit. Bach muss die Arbeit mit dem Collegium Freude gemacht haben, denn nach einer längeren Unterbrechung, während der sein Schüler Carl Gotthelf Gerlach das Collegium betreut hatte, übernahm er die Leitung ab 1739 sogar noch ein zweites Mal. Für die Auftritte des Collegiums, die in den Sommermonaten in einem vor dem Grimmaischen Tore gelegenen Garten stattfanden, wurde ein umfangreiches weltliches und instrumentales Repertoire benötigt, das Bach ganz gewiss nicht nur mit eigenen Kompositionen bestreiten konnte. Hingegen kann es als sicher gelten, dass insbesondere die Klavierkonzerte Bachs, die ja zum großen Teil auf ältere Bläser- und Streicherfassungen zurückgehen, ihre Entstehung bzw. Umarbeitung den Bedürfnissen des Collegium musicum verdanken. Auch für die köstliche »Kaffeekantate« (BWV 211), die in unnachahmlich komischer Weise die lässlichen Laster des bürgerlichen

»Perspectivischer Abriß einiger in Leipzig auf der CatherStraße neuerbauten Häuser. 1. Das Hohmannische. 2. Das Schellhaferische. 3. Das Schachersche.« Kupferstich von J. G. Schreiber, um 1720

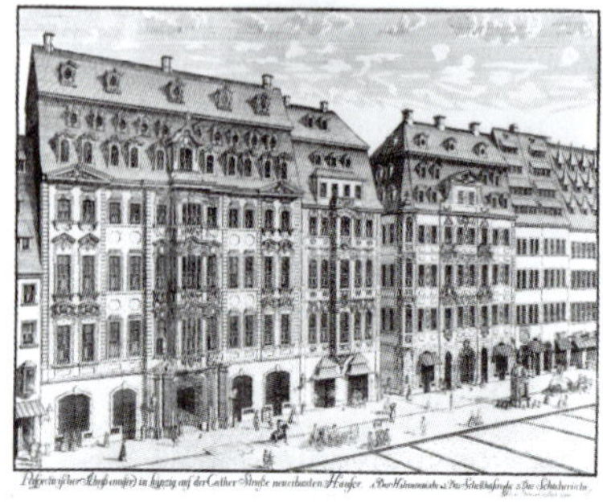

Publikums porträtiert, lässt sich schwerlich ein besserer Auftrittsort denken.

Tragischerweise fiel das Zimmermannische Kaffeehaus ebenso wie die gesamte Westseite der Katharinenstraße dem furchtbaren Bombenangriff vom 3. Dezember 1943 zum Opfer. So künden nur noch wenige Bauten von Leipzigs ehemaliger Prachtstraße. Eine kaum sichtbare Tafel bezeichnet den Standort der so glücklichen Verbindung von musikalischem Genie, städtischer Lebensart und kommerziellem Interesse.

Vorbei an der Alten Handelsbörse, den markanten »Elefanten« des Café »Riquet« und dem ehemaligen Messehaus »Specks Hof« führt der Weg nun zur ehrwürdigen Nikolaikirche **10**. Trotz ihrer auffälligen Marktferne war die dem Patron der Kaufleute gewidmete Kirche bis zur Reformation die eigentliche Stadtkirche und blieb danach gemeinsam mit der Thomaskirche gleichberechtigte Hauptkirche Leipzigs. Dementsprechend war es Tradition, dass die sonntägliche Kantatenaufführung – prominenteste Aufgabe für den Kantor und sein Ensemble – im wöchentlichen Wechsel in einer der beiden Hauptkirchen stattfand. Bachs Kantaten und Passionen wurden also während seiner gesamten Amtszeit abwechselnd in der Thomas- oder der Nikolaikirche aufgeführt; dies galt selbstverständlich auch für die sechs Einzelkantaten des »Weihnachtsoratoriums«. Mit der Aufführung der Kantate »Die Elenden sollen essen« (BWV 75) trat der neu gewählte Kantor am 30. Mai 1723 in St. Nikolai sein Amt an. Genau wie die Thomaskirche ist deshalb auch die Nikolaikirche eine originäre Bach-Stätte von überregionaler Bedeutung.

> *Den 30. dito als am 1. Sonnt. nach Trinit. führte der neue Cantor u. Collegii Musici Direct. Hr. Joh. Sebastian Bach, so von dem Fürstl. Hofe zu Cöthen hieher kommen, mit guten applausu seine erste Music auf.*
>
> Acta lipsiensium academica

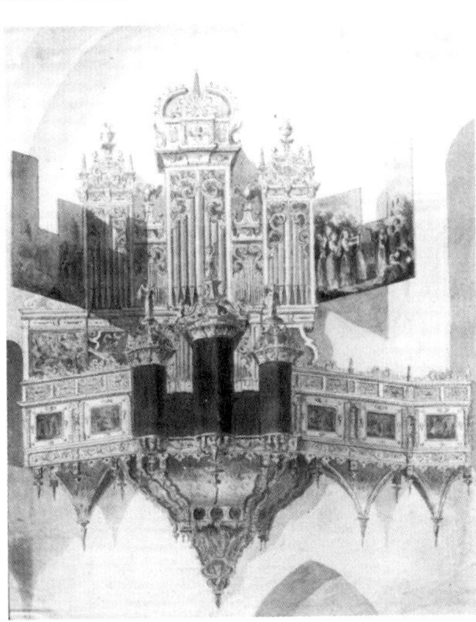

Nikolaikirche zu Leipzig. Orgel vor dem Umbau 1785. Aquarell von C. B. Schwarz

Beim Eintritt in das Kircheninnere überrascht die Weite und Helligkeit des Raumes. Die von Johann Carl Friedrich Dauthe vorgenommene klassizistische Umgestaltung lässt von der Atmosphäre der Bach-Zeit zwar kaum noch etwas spüren, verleiht dem Gotteshaus mit seinen charakteristischen Palmenkapitellen jedoch eine besonders freundliche Atmosphäre. Eine weitere dieser markanten Säulen steht seit einigen Jahren auf dem Nikolaikirchhof. Sie symbolisiert den Aufbruch aus dem geschützten Kirchenraum hin auf die Straßen und Plätze der Stadt und erinnert damit an die Bedeutung Leipzigs und der Nikolaikirche für die friedliche Revolution von 1989.

Auch in St. Nikolai ist das originale Orgelinstrument der Bach-Zeit einem späteren Neubau gewichen. War Bach als Kantor der Thomasschule für die konzertante Kirchenmusik verantwortlich (der jeweilige Kantor der Nikolaikirche amtierte in erster Linie als Lehrer an der Nikolaischule), so verfügte die Nikolaikirche mit Johann Gottlieb Görner und später dem Bach-Schüler Johann Schneider über eigene

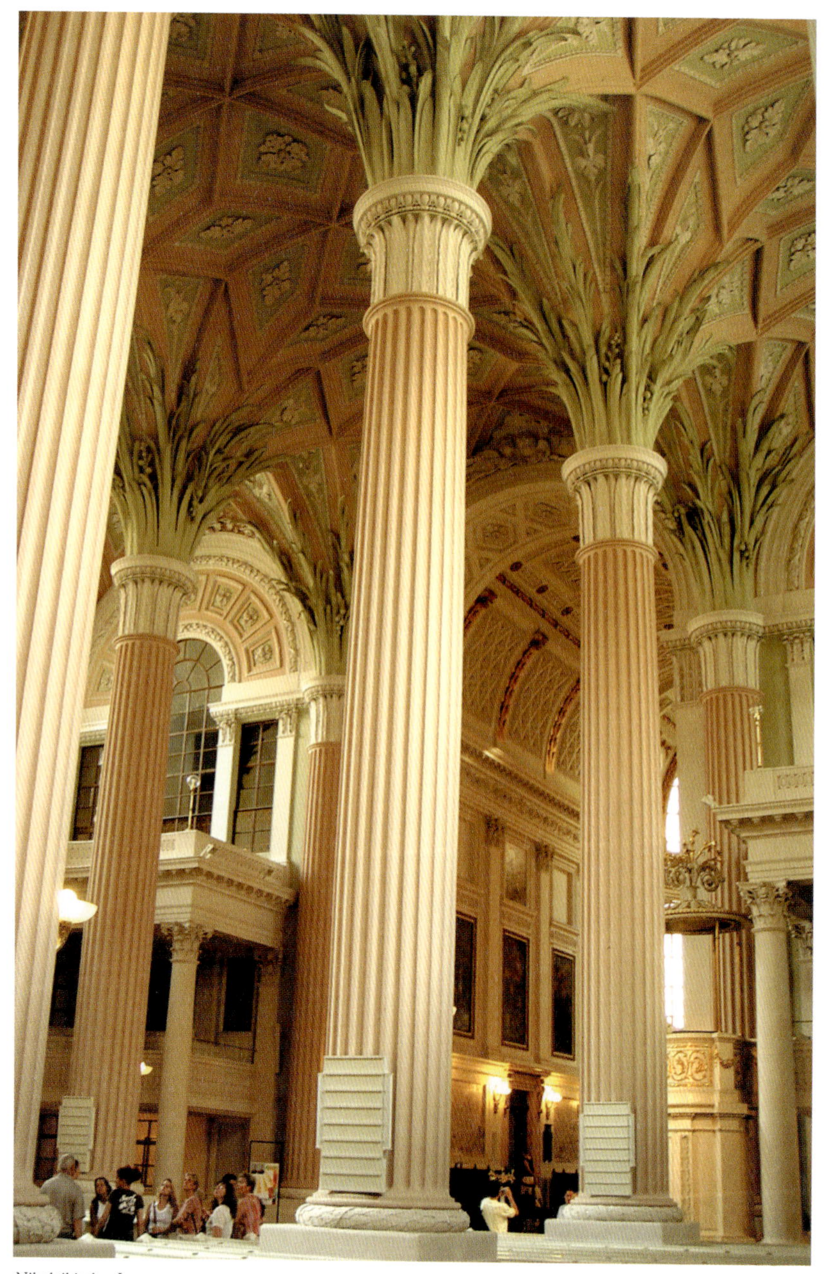

Nikolaikirche, Innenraum

befähigte Organisten, eine Tradition, die im 19. Jahrhundert mit Carl Ferdinand Becker und seinem Schüler Hermann Schellenberg eine würdige Fortsetzung fand. Heute wird das Kirchenschiff überragt von der größten Kirchenorgel Sachsens, einem 1862 erbauten Instrument aus der Werkstatt Friedrich Ladegasts. Die komplizierten akustischen Verhältnisse der Kirche geben im Übrigen eine höchst praktische Antwort auf die viel diskutierte Frage nach der Größe des von Bach vorgesehenen Kantatenensembles: Experimente mit einer konsequent »einfachen« Besetzung auch der Chorsätze gehen im Kirchenschiff von St. Nikolai jedenfalls regelrecht unter.

Nur wenige Schritte sind es vom Nikolaikirchhof bis zum Standort der ehemaligen Paulinerkirche **11**. Das in der Nähe des Grimmaischen Tores gelegene Dominikanerkloster wurde mit sämtlichen Gebäuden, Dörfern und sonstigen Gerechtsamen 1544 der Universität Leipzig übergeben. Die Klosterkirche St. Pauli fungierte danach bis zu ihrer staatlich verordneten Sprengung 1968 als Universitätskirche; das nach langer Umbauzeit und heftigen öffentlichen Diskussionen 2017 wiedereröffnete Paulinum dient heute als Aula, wobei eine umstrittene Glaswand nicht nur den weltlichen Festsaal vom Altarraum als Kirchenbereich trennt, sondern auch als Klimastabilisator für die dort aufgestellten Kunstwerke dient. Dass beim Orgelneubau ausgerechnet die Dresdener Firma Jehmlich zum Zuge kam, die beim Vorgängerwettbewerb 1843/44 noch knapp dem Leipziger Rivalen Mende unterlegen war, darf als Lohn für eine mittlerweile über sechs Generationen und allerlei nicht nur musikalische Systemwechsel hochgehaltene Handwerkstradition gelten.

Die 1409 gegründete Universität nahm im geistigen Leben Leipzigs eine bedeutende Rolle ein; die Aussicht, seine Söhne auf die traditionsreiche Alma mater schicken zu können, spielte bei Bachs Entscheidung für Leipzig durchaus

»Ansicht der Paulinerkirche vom Fürstenhause bis zum innern Grimmaischen Thore.« Kolorierte Federzeichnung von C. B. Schwarz

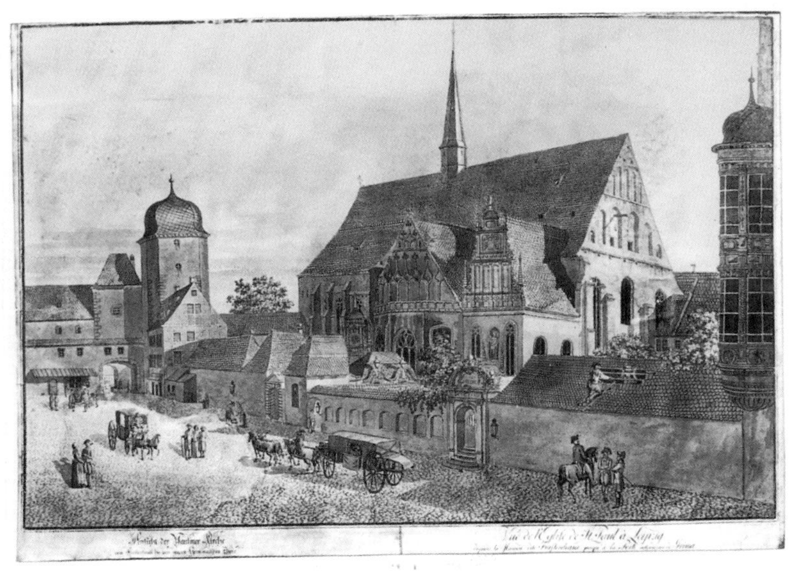

eine Rolle. Wilhelm Friedemann und Carl Philipp Emanuel schrieben sich 1729 bzw. 1731 dort ein. Schon damals galt Bildung als wichtiges Vehikel sozialen Aufstiegs und gerade die Biografie Bachs zeigt das anhaltende und in Teilen auch erfolgreiche Bemühen, Zugang zu höfischen, gelehrten und gutbürgerlichen Kreisen zu erhalten. Dafür spricht nicht zuletzt sein noch im Alter von 62 Jahren vorgenommener Eintritt in die von Lorenz Christoph Mizler gegründete »Societät der Musicalischen Wissenschaften«.

Bachs Beziehungen zur Leipziger Universität waren zunächst einmal rechtlicher Natur. Als gebürtiger Eisenacher besaß er nicht das Bürgerrecht der Stadt Leipzig. Sein offizieller Status war deshalb der eines »Universitätsverwandten«, was sich posthum noch an der Zuständigkeit des Universitätsgerichtes für die Regelung seines Nachlasses bemerkbar machte. Von Amts wegen war Bach für die universitäre Musik nicht zuständig, ja die komplizierten kirchenmusikalischen Verantwortlichkeiten ließen seine Mitwirkung sogar nur bei seltenen Gelegenheiten überhaupt zu. Hatte sich das gottesdienstliche Leben an St. Pauli zunächst nur auf den an hohen Festtagen stattfindenden und prächtig ausgestalteten »Alten Gottesdienst« sowie die vierteljährlichen Quartalsorationen beschränkt, so wurde bei der Einrichtung eines regelmäßigen »neuen« Gottesdienstes der Nikolaiorganist Görner mit der Ausrichtung der Kirchenmusik beauftragt. Bach, der durchaus Interesse an den finanziell einträglichen und ehrenvollen Kompositionswünschen akademischer Auftraggeber hatte, musste sich wohl oder übel mit dem Privileg Görners abfinden, nachdem er beim versuchten juristischen Zugriff auf die Universitätsmusik 1725 gescheitert war.

Johann Christoph Gottsched. Gemälde von L. Schorer, 1744

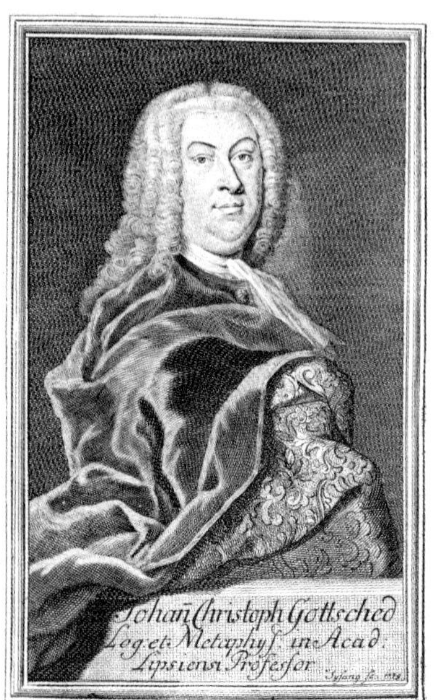

Eine besonders öffentlichkeitswirksame Auftrittsgelegenheit ergab sich im Jahre 1727, als Königin Christiane Eberhardine starb und der adlige Student von Kirchbach eine solenne Trauermusik in Auftrag gab – eine der raren Gelegenheiten, bei denen mit dem »Literaturpapst« Gottsched und dem Thomaskantor Bach die beiden führenden Künstler Leipzigs zusammenarbeiteten. Der Fall stellte in gewisser Weise ein Politikum dar, da Christiane Eberhardine im Gegensatz zu ihrem Mann August am lutherischen Glauben festgehalten und überdies seit Jahren verstoßen auf Schloss Pretzsch gelebt hatte. Ihr allseits betrauerter Tod bot der erzlutherischen Universität und Stadt eine gute Gelegenheit, den verhassten Konfessionswechsel des Dresdner Hofes zu kritisieren, dabei aber den Schein der Treue zum Herrscherhaus zu wahren. Wenn es im Libretto etwa heißt: »Nun trägst du vor des Lammes Throne / Anstatt des Purpurs Eitelkeit / Ein perlenreines Unschuldskleid / Und spottest der verlaßnen Krone«, so war dies als gut christlicher Redetopos zwar nicht zu beanstanden, jeder der Anwesenden wird aber den Hintersinn der

Mit dem Sohn des Orgelbauers, dem Musikschriftsteller und späteren dänischen Hofkapellmeister Johann Adolph Scheibe, war Bach gegen Ende der 1730er-Jahre in eine heftige Kontroverse über die Qualität und ästhetische Modernität seiner Musik verstrickt. Im Namen Bachs setzte sich dessen Mittelsmann Johann Abraham Birnbaum insbesondere gegen den Vorwurf der »Schwülstigkeit und Verworrenheit« und die herabwürdigende Bezeichnung Bachs als »Musikant« zur Wehr.

Anspielung nur zu deutlich verstanden haben. Gottscheds zehnstrophige Ode, die für die Vertonung zunächst in die gewöhnliche Folge von Arien und Rezitativen gebracht werden musste, inspirierte Bach zu einer seiner erlesensten Kantatenschöpfungen, der so genannten Trauerode (BWV 198). Mit ihrer exquisiten Instrumentation – neben dem Streichorchester wirkten paarweise besetzte Oboen d'amore, Traversflöten, Gamben und Lauten mit – traf Bach in perfekter Weise den zu diesem Anlass angemessenen noblen und »vergänglichen« Ton. Der durchgehend »hohe Stil« sowohl der dichterischen Vorlage als auch ihrer von gedämpfter Trauer durchzogenen Vertonung muss die in der Paulinerkirche anwesenden Zuhörer sehr beeindruckt haben.

Ob Bach noch zu weiteren Gelegenheiten, etwa als Orgelvirtuose, in der Paulinerkirche auftrat, kann gegenwärtig nur vermutet werden. Die 1717 von Bach höchstselbst geprüfte Scheibe-Orgel – deren Prospekt der heutigen Bach-Orgel der Thomaskirche als Vorbild diente, galt als die beste der Stadt. Eine Aussage, die sich allerdings relativiert, wenn man berücksichtigt, dass Leipzig zuvor ein Angebot Gottfried Silbermanns ausgeschlagen hatte.

Bachs musikalische Beziehungen zu akademischen Kreisen gingen allerdings über den Festakt von 1727 und die regelmäßige Mitwirkung von Studenten bei der Leipziger Kirchenmusik hinaus. Ernten heute selbst verdiente Hochschullehrer bestenfalls matten Applaus, konnte es zu Bachs Zeiten vorkommen, dass dankbare Studenten ihrem Professor mit einem Fackelzug und einer Geburtstagskantate gratulierten. So schrieb Bach »weltliche« Kantaten nicht nur zu Lobpreis des sächsischen Herrscherhauses, sondern auch – gegen ordentliches Honorar – als Freiluftmusiken zur Ehre akademischer Lehrer. Kompositionen wie »Zerreißet, zersprenget, zertrümmert die Gruft« (BWV 205) oder »Vereinigte Zwietracht der wechselnden Saiten« (BWV 207) rücken dabei in Besetzung und Anspruch gefährlich nahe an die hochfürstliche Sphäre heran, zumal sie sich eines vergleichbaren mythologisch-allegorischen Personals bedienen. Mehr als nur ein Hauch von königlichem Glanz muss durch die »Catherstraße« gezogen sein, wenn der trompeten-knallende Schlusschor sein »Vivat August, August lebe« intonierte – auch wenn damit »nur« Dr. August Friedrich Müller gemeint war.

Am Grimmaischen Tor begann für die meisten Leipziger auch der Weg, der aus der ummauerten Stadt heraus zur letzten Ruhestätte führte. Die Begegnung mit Sterben und Tod gehörte damals zum nur allzu vertrauten Alltag – allein zehn Kinder Bachs starben bereits kurz nach der Geburt oder noch im Kindesalter –, sie gehörte aber auch zum beruflichen Alltag des Thomaskantors. Die Einnahmen aus der musikalischen Ausgestaltung von Begräbnissen bil-

»Grimmisches Thor.« Kolorierter Kupferstich von C. B. Schwarz, 1784

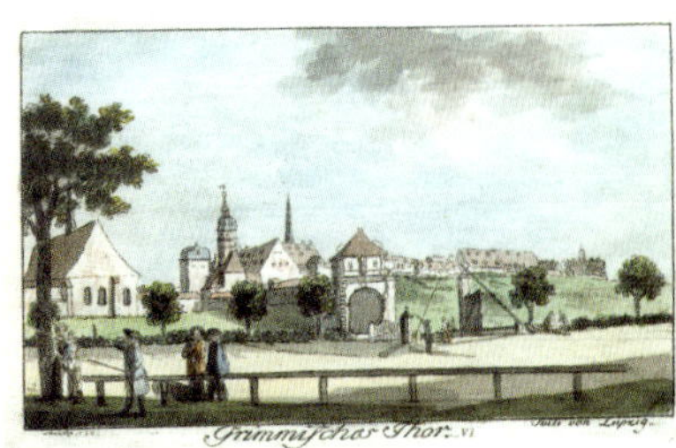

deten neben dem Kurrendesingen einen wichtigen Teil der Einkünfte von Chor und Kantor. Insofern steht Bachs für heutige Ohren herzlos anmutende Äußerung, »wenn es etwa mehrere, als ordinairement, Leichen gibt, so steigen auch nach proportion die accidentia«, wohingegen eine zu »gesunde Lufft« Einbußen bedeute, mitten im selbstverständlichen Kontext seiner Berufsausübung.

Für die von den Thomanern zu bestreitenden Leichenbegängnisse galten verschiedene Abstufungen, nach denen sich der musikalische Aufwand bemaß: Je nach Rang und Vermögen der Verstorbenen konnte das Begräbnis mit »viertel«, »halber« oder »ganzer Schule« ausgestattet werden. Das typische Repertoire bei Beerdigungen blieben Motetten – der ernste und »stille« Anlass und die schon aus praktischen Gründen nur eingeschränkt mögliche Mitwirkung von Instrumenten boten dieser nach 1700 bereits altertümlichen und kaum noch mit herausragenden Neukompositionen bedachten Gattung ein dauerhaftes Refugium. Insofern überrascht es nicht, dass auch die meisten Motetten Bachs Begräbniskompositionen sind – ein Umstand, der bei der späteren Rezeption der Stücke als »festlich-feierliche« Repertoirestücke fast völlig in den Hintergrund trat. So entstand das heute als eher beschwingt empfundene »Der Geist hilft unsrer Schwachheit auf« im Oktober 1729 zum Begräbnis des Thomasschulrektors Johann Heinrich Ernesti. Auch zwei weitere Motetten können mit guten Gründen auf konkrete Traueranlässe bezogen werden. Die ehrwürdige Tradition, Verstorbene mit Choralgesang und Bläserklängen zu Grabe zu tragen, spiegelt sich in Bachs Vertonung der Liedstrophe »O Jesu Christ, meins Lebens Licht« (BWV 118), einem wenig beachteten Meisterwerk, dessen erste Fassung nur mit Chor und Bläsern besetzt ist.

Auch Bachs letzter Weg führte aus der Stadt heraus zum Johannisfriedhof. Am 31. Juli 1750 wurde sein drei Tage zuvor erfolgter Tod von der Kanzel abgekündigt; am gleichen Tag wurde er auf dem Johannisfriedhof beigesetzt.

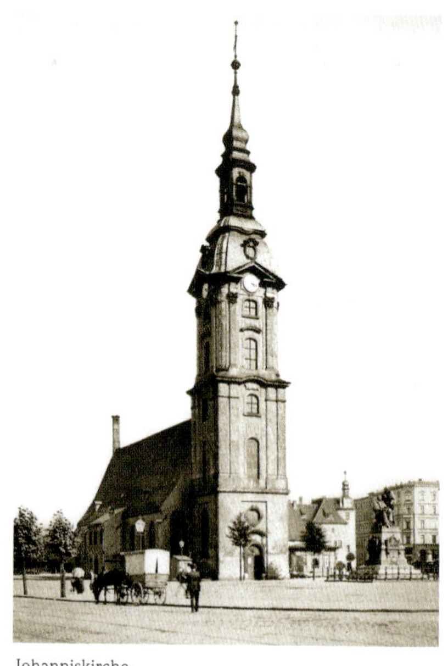

Johanniskirche.
Gravure und Druck von H. G. Brinckmann, um 1880

Trotz der völlig veränderten städtischen Topografie und obwohl über das Begräbnis keine Einzelheiten überliefert sind, lässt sich der Ablauf des Trauerzuges doch im Wesentlichen rekonstruieren. Demzufolge überquerte der von den Lehrern und Schülern der Thomasschule sowie Freunden und Angehörigen begleitete Eichensarg nach dem Passieren der Stadttore zunächst den heutigen Augustusplatz und bewegte sich dann in Richtung Johanniskirche **12**. An dieses barocke Gotteshaus erinnert heute nur noch ein Stück Grünfläche vor dem Eingang zum Grassimuseum. Beim alliierten Bombenangriff im Dezember 1943 schwer beschädigt, wurden Kirchruine und Turm in den sechziger Jahren gesprengt. Unmittelbar hinter der Kirche begann der Alte Johannisfriedhof **13**. Ein Teil des weitläufigen Areals ist heute überbaut. Der parkartige hintere Abschnitt des längst aufgelassenen Friedhofs ist jedoch zugänglich und gewährt den seltenen Besuchern einen Augenblick der Stille mitten im Herzen der Stadt.

Bachs Grabstelle, die sich wohl nahe der Kirche befand und in der 1760 wahrscheinlich auch Anna Magdalena beigesetzt wurde, geriet bereits gegen Ende des 18. Jahrhunderts in Vergessenheit. »Bachianer« der Romantik wie Friedrich Rochlitz und Robert Schumann suchten vergeblich nach der Ruhestätte des großen Kantors und nahmen dies zum Anlass, bittere Klage über die undankbaren Leipziger und ihren Umgang mit dem verstorbenen Meister und seiner Musik zu führen.

Allerdings war nicht dieses musikgeschichtliche Ungemach der Grund, warum Bachs Gebeine noch lange keine Ruhe finden sollten. Nach neuerlicher Suche wurde im Jahr 1894 ein mit hoher Wahrscheinlichkeit Bach zugewiesener Sarg exhumiert und unter den Altar der Johanniskirche gebettet. Die dabei von Wilhelm His vorgenommenen anatomischen Messungen wurden für die Modellierung des Standbildes vor der Thomaskirche genutzt. Nach der Zerstörung der Johanniskirche mussten Bachs sterbliche Überreste unter teilweise dramatischen Umständen erneut geborgen werden. 1950 wurden sie dann – man möchte sagen: endlich – im Chorraum der Thomaskirche zur hoffentlich letzten Ruhe gebettet. Die Bronzeplatte über Bachs Grab ist mit Blumen geschmückt, von nah und fern kommen Musikfreunde und Musiker, um Bach in »seiner« Thomaskirche nahe zu sein – man könnte meinen, Bach sei in Leipzig angekommen. Seine Unduldsamkeit, seine alle lokalen Traditionen und technischen Grenzen sprengende Neugier, seine unablässige Suche nach musikalischer Perfektion und vollstimmiger Harmonie, sein Glaube, dass alles möglich zu machen sein müsse, wenn man nur wolle, stehen nach wie vor im Raum.

Anselm Hartinger

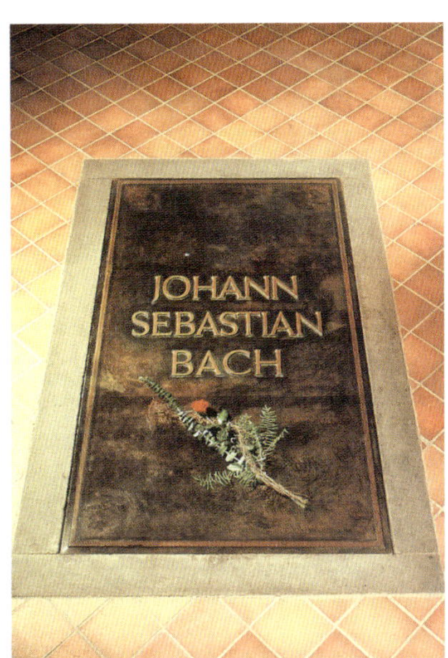

Thomaskirche Leipzig. Bachgrab

Es ist in Gott sanfft und seelig entschlaffen, der WohlEdle und Hochachtbahre Herr Johann Sebastian Bach, Sr. Königlichen Maj: in Pohlen und Chur-Fürstlichen Durchlaucht zu Sachßen HoffComponist wie auch HochFürtslich Anhald Köthenscher CapelMeister und Cantor der Schule zu St: Thomae allhier am Thomas Kirchhoffe, Deßen entseelter Leichnamb ist heutiges Tages Christlichen Gebrauch nach zur Erden bestattet worden. Ist am andern Buß-Tage als den 31. Julii. 1750 abgekündigt worden.

Abkündigung

SPAZIERGANG 2 AUF DEN SPUREN FELIX MENDELSSOHN BARTHOLDYS

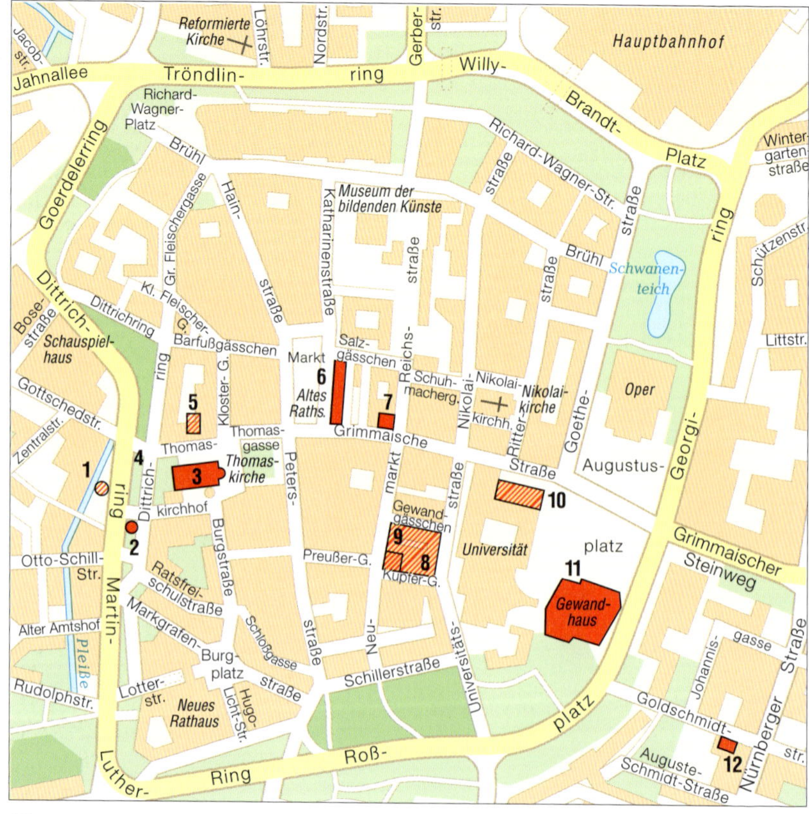

1. Ehem. Lurgensteins Garten
2. Altes Bach-Denkmal
3. Thomaskirche
4. Mendelssohn-Denkmal
5. Ehem. Reformierte Kirche
6. Marktplatz und Altes Rathaus (Stadtgeschichtliches Museum)
7. Ehem. Selliers Hof (Handelshof)
8. Ehem. Gewandhaus (Städtisches Kaufhaus)
9. Ehem. Conservatorium der Musik (Städtisches Kaufhaus)
10. Ehem. Paulinerkirche (heutiges Paulinum)
11. Neues Gewandhaus mit Mendelssohn-Statue
12. Mendelssohn-Haus (Stiftung und Museum)

Felix Mendelssohn Bartholdy war gewiss ein Städter – nicht unbedingt aber ein reiner Stadtmensch. Durch Herkommen, Erziehung und Berufswahl eindeutig auf das bürgerliche Kulturleben verwiesen, zog er doch den Aufenthalt in der freien Natur jedem anderen vor. Das

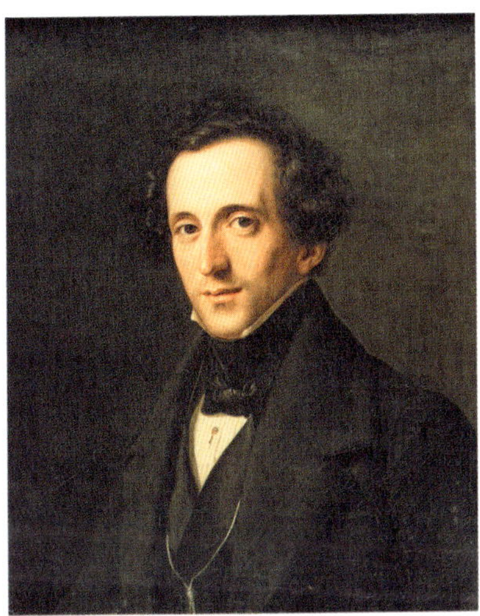

Felix Mendelssohn Bartholdy. Gemälde von Th. Hildebrandt, 1835

Erlebnis von Landschaft und Weite war für den leidenschaftlichen Maler und Zeichner jederzeit inspirierend und brachte dem chronisch überlasteten und angespannten Künstler wiederholt regelrecht Heilung. In sehr wohlhabenden Verhältnissen aufgewachsen, war er überdies an großzügige, helle und ausreichend vorhandene Räume für Arbeit, Familie und Geselligkeit gewöhnt. Auch spielten Garten und Gartensaal der Leipziger Straße in Berlin eine prägende Rolle im Familien- und Musikleben der Mendelssohns und ihrer begabten Kinder.

Insofern ist es vielleicht kein Zufall, dass Mendelssohn während seiner Leipziger Jahre stets außerhalb des historischen Stadtkerns mit seinen engen und teilweise noch wenig komfortablen Häuserfluchten wohnte: zunächst in den von Wasserläufen und Gärten durchzogenen Quartieren westlich der Thomaskirche, später in einem ganz neu errichteten Gebäude in der Vorstadt östlich der Ringpromenade.

Man kann sich Mendelssohn jedenfalls sehr gut als Wanderer und Spaziergänger vorstellen – weniger grübelnd und brütend wie Schumann, eher beschwingt über ein Thema oder eine Begegnung nachsinnend oder im ungezwungenen Gespräch mit Freunden, Kollegen und Schülern begriffen. Vor dem Orgelkonzert vom August 1840 hatte er gar so fleißig geübt, dass er – laut eines Briefes an seine Mutter – danach tagelang »nichts als Orgel-Passagen auf der Straße« ging …

Unser Rundgang beginnt deshalb außerhalb des Ringes am Eingang zur Inneren Westvorstadt, ganz in der Nähe von Mendelssohns zweiter Leipziger Wohnung in »Lurgensteins Garten« **1**. Zwar erinnert die heutige Zweckbebauung kaum noch an den Charme früherer Jahrhunderte, doch lässt sich von hier aus noch immer Mendelssohns in mehreren Zeichnungen verewigter Blick auf Stadt und Thomaskirche nachempfinden. Auf seinem berühmten Winterbild weist die von Bäumen, der Thomasmühle und eher von Wegen als von Straßen geprägte Umgebung fast ländliche Züge auf. Durch die Freilegung der zuvor überbauten Pleiße ist das Viertel diesem lange verlorenen Erscheinungsbild heute wieder etwas näher gerückt.

Cécile Jeanrenaud. Bleistiftzeichnung von Ph. Veit

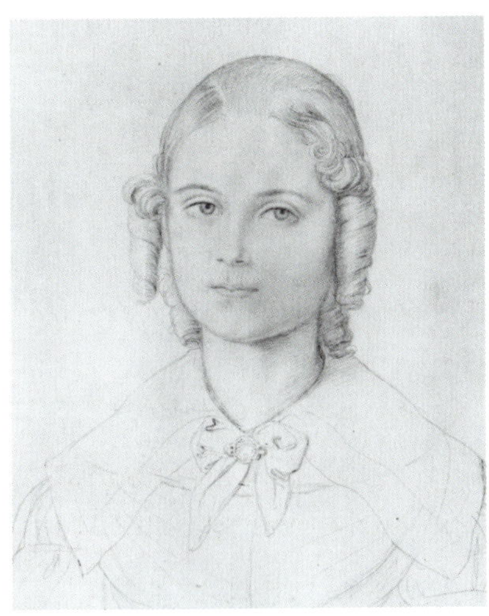

MENDELSSOHNS SOZIALES UMFELD

Felix Mendelssohn Bartholdy, 1809 in Hamburg geboren, stammte aus einer jüdisch-großbürgerlichen Familie. Mit dem Philosophen Moses Mendelssohn, Felix' Großvater, begann im 18. Jahrhundert ihr sozialer Aufstieg. Felix Mendelssohn wuchs in Berlin auf. Seine auf eine umfassende Bildung ausgerichtete Erziehung war äußerst streng: Der Tag bestand aus einem Stundenplan, der auf Menschen unserer Zeit überaus hart und überladen wirkt. Jeder Müßiggang wurde vermieden, da er als Sünde galt. Die einzelnen Mitglieder der Familie Mendelssohn waren sehr eng miteinander verbunden. Vor allem das Verhältnis zwischen Felix und seiner Schwester Fanny war ungewöhnlich eng, vielleicht sogar zu eng. Auch Fanny hatte musikalischen Ehrgeiz, den die Gesellschaft aber nur bis zu einem gewissen Grad tolerierte.

Fannys und Felix' bedeutendster Lehrer war der Leiter der Berliner Sing-Akademie Carl Friedrich Zelter. Er machte die Kinder mit der Musik Bachs und der Wiener Klassiker vertraut. Die Pädagogik des ständigen Beschäftigens mit der Musik der großen Klassiker setzte sich später in Mendelssohns eigener pädagogischer Tätigkeit fort. Fleiß war ihm oberste Maxime.

Bei den seit 1822 veranstalteten Sonntagsmusiken im elterlichen Haus in Berlin trafen die Kinder bedeutende Persönlichkeiten der gebildeten Welt wie die Gebrüder Humboldt, den Historiker Droysen, den Philosophen Hegel, den Dichter Heine und Musiker wie Weber, Spohr oder Moscheles.

Mendelssohn war ein geselliger Mann, der zahlreiche Freund- und Bekanntschaften pflegte. Nicht nur in Berlin, sondern in ganz Europa unterhielt die Familie Kontakte, sowohl geschäftlicher, als auch privater Natur. Mendelssohns Freundeskreis war bunt: Zu ihm zählten Musiker, Politiker, Diplomaten, Akademiker und Kaufleute. Karl Klingemann, der Hannoveraner Gesandte am englischen Hof, stand Mendelssohn menschlich sehr nah und die beiden Männer arbeiteten auch künstlerisch zusammen. So schrieb Klingemann Gedichte, die Mendelssohn vertonte. Später sollte er auch am Text zu Mendelssohns »Elias« mitarbeiten, doch fühlte sich Klingemann dem nicht ganz gewachsen. Das belegt, wie offen und ehrlich diese Freundschaft war. Eine andere lebenslange Freundschaft verband Mendelssohn mit Ferdinand David. Er wuchs in Hamburg mit Mendelssohn auf, denn Felix' Vater Abraham war Davids Vormund. Nach langer Unterbrechung begegneten sich die beiden Männer bei Abraham Mendelssohns Begräbnis 1835 wieder. Felix hatte zur gleichen Zeit in Leipzig die Stelle des Konzertmeisters neu zu besetzen und holte David nach Leipzig. David wurde dann auch in den Freundeskreis der Ehepaare Moscheles, Schumann und Mendelssohn aufgenommen. Gerade dieser Kreis zeigt, wie tolerant Mendelssohn in musikalisch-ästhetischen Fragen war. So steht Moscheles für klassizistische Tendenzen in der Musik, während Schumann die romantische Musikästhetik repräsentiert. Es ließen sich noch zahlreiche weitere namhafte Freunde Mendelssohns benennen. Es gab aber auch Freundschaften, die zu Bruch gingen, wie die mit dem Theatermann Karl Immermann oder dem Musikgelehrten Adolf Bernhard Marx.

Ausdruck von Mendelssohns intensiver Kontaktpflege ist sein Briefwechsel. Er pflegte eine unglaubliche Schreibkultur in deutscher, englischer, italienischer und französischer Sprache. Es haben sich mehr als 7000 Briefe erhalten, die heute weltweit verstreut sind.

Patrick Kast

Nach seinem Dienstantritt als Musikdirektor des Gewandhauses 1835 wohnte Mendelssohn zunächst im ersten Obergeschoss des mittleren Vordergebäudes von »Reichels Garten«. An dieses etwas weiter stadtauswärts liegende Quartier, das auf alten Stadtplänen noch gut seine Herkunft aus der barocken Gartengeometrie zu erkennen gibt, erinnern heute nur noch die nahe gelegene Reichelstraße und die eigenartige Quadratform des Dorotheenplatzes.

Dass schon bald darauf ein Umzug unausweichlich wurde, hatte seinen ganz besonderen Grund: Während des Sommerurlaubs 1836 hatte Mendelssohn im Frankfurter Haus der Familie Souchay nicht nur die Witwe Jeanrenaud, sondern vor allem deren liebreizende Töchter kennen gelernt. Wie sich aus erhaltenen Briefen ergibt, stürzte diese Begegnung den attraktiven Junggesellen in höchste Aufregung. Am Ende dieses Sommers hatte Mendelssohn nicht nur seinen Urlaub massiv überzogen – er hatte sich auch mit der erst neunzehnjährigen Cécile verlobt. Dass der leicht hingerissene, aber auch scheue Felix sich diesmal wirklich fest binden wollte, konnten viele seiner Freunde, voran seine Schwester Fanny, kaum glauben. Dabei war es offenbar vor allem die gemeinsame Leidenschaft für das Zeichnen in freier Natur, die die beiden anfänglich verband. Mit Hilfe von Conrad Schleinitz, der nicht nur Gewandhausdirektor, sondern auch Rechtsanwalt, Organisationsgenie und vertrauter Freund war, gelang es schließlich, im »ersten Hause links, 2 Treppen« von

Blick auf die Thomasschule mit Thomaskirche, Thomaspförtchen, Thomasmühle und Pleiße. Aquarellierte Zeichnung von Felix Mendelssohn Bartholdy, 1838/39

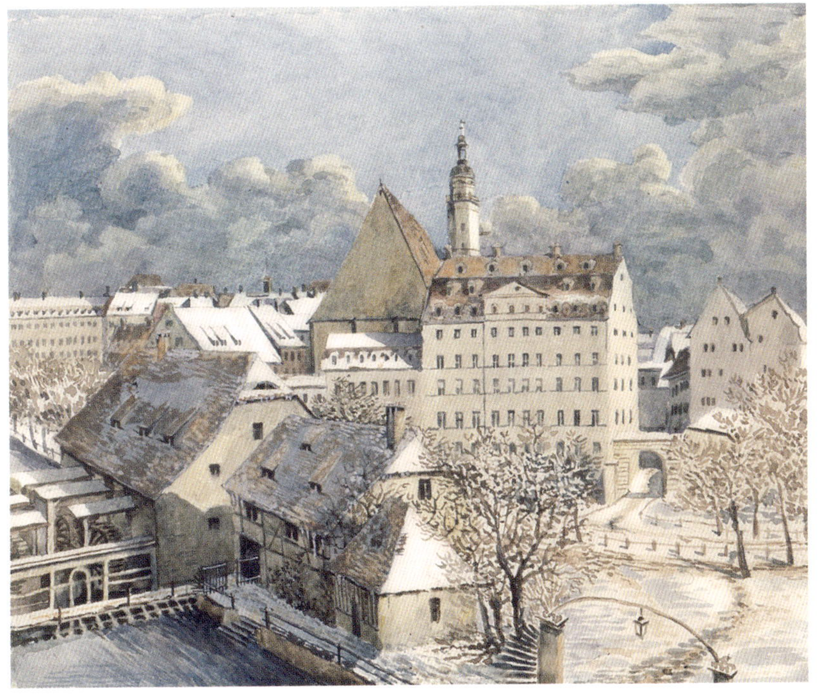

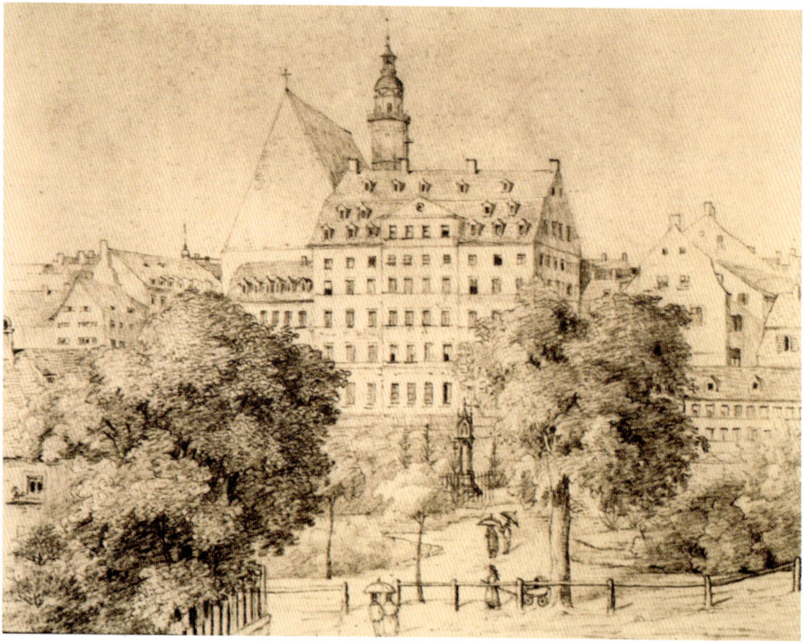

Thomaskirche und -schule in Leipzig. Zeichnung von Felix Mendelssohn Bartholdy, 1843

Dr. Lurgensteins Gartenquartier eine geräumige Wohnung zu finden, die ab Dezember 1837 zum Zentrum der Familie und ihrer Freunde werden sollte.

Bis zum zeitweiligen Weggang nach Berlin verbrachten die Mendelssohn Bartholdys hier unbeschwerte Jahre privaten Glücks, beruflichen Erfolgs und öffentlicher Anerkennung. Heute befindet sich just an der historischen Adresse des »Lurgensteinstegs« eine musikwissenschaftliche Forschungsstelle, die die längst überfällige Gesamtausgabe seines ausgedehnten und heute über die ganze Welt verstreuten Briefwechsels betreut.

Der Blick hinüber zu Thomaskirche und -schule hatte es Mendelssohn ganz besonders angetan. Vergleicht man sein Aquarell von 1838/39 mit der ebenso bekannten Zeichnung von 1843, so fällt ein kleiner, aber bedeutsamer Unterschied auf. Direkt vor den Fenstern der Thomasschule befindet sich nunmehr eine schlichte, von einem »zierlichen Gitter« umrahmte Bildsäule – das auf Initiative Mendelssohns gesetzte erste Denkmal für Johann Sebastian Bach, eines der schönsten Zeugnisse für

Lurgensteins Garten. Lithografie eines unbekannten Künstlers, nach 1848

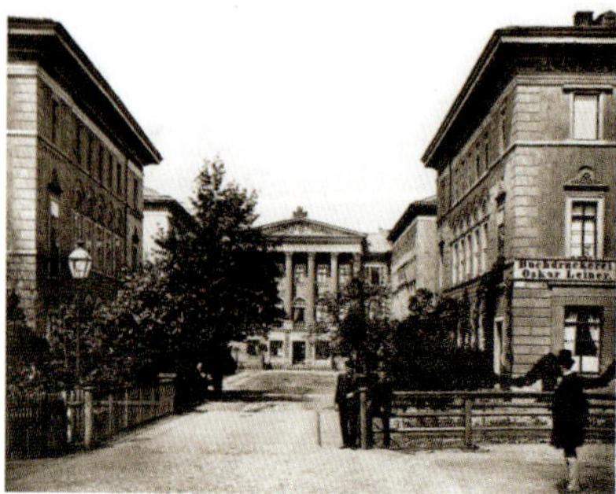

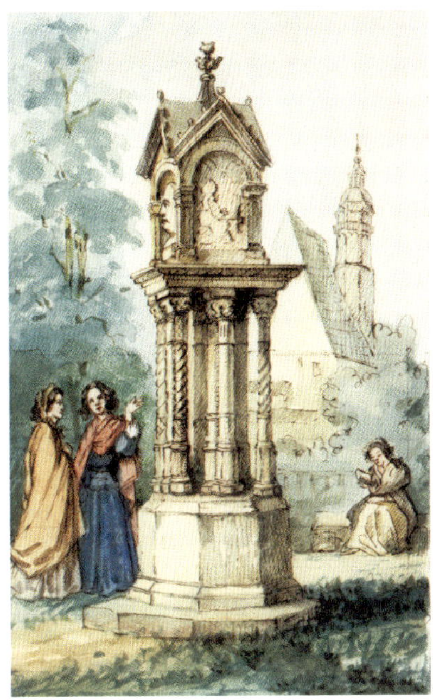

Das von Mendelssohn gestiftete Bach-Denkmal. Aquarell von E. Bendemann, 1850

musikalische Begegnungen über die Jahrhunderte hinweg **2**.

Ein solcher Denkmalsplan hatte dem pragmatisch veranlagten Mendelssohn zunächst fern gelegen – Priorität hatte für ihn die materielle Besserstellung »seines« Stadtorchesters. Gegen Ende der 1830er-Jahre entschloss er sich jedoch, dem verehrten Thomaskantor nun doch einen ganz privat gehaltenen Gedenkort zu schaffen, zumal das seit 1832 ganz in der Nähe befindliche Denkmal für Bachs Amtsnachfolger Johann Adam Hiller förmlich nach ausgleichender Gerechtigkeit verlangte. Nach Mendelssohns Vorgaben fertigten die befreundeten Dresdener Maler Bendemann und Hübner die Entwürfe. Auch die Finanzierung nahm der energische Musikdirektor in seine eigenen Hände. Mit insgesamt drei Benefizkonzerten konnte ein Großteil der erheblichen Kosten von fast 1000 Thalern eingespielt werden – dass bei die-

Leipzig kann heute als eines der wichtigsten Zentren der internationalen Mendelssohn-Forschung gelten. Unter der Verantwortung der 1846, also noch zu Lebzeiten Mendelssohns, gegründeten Sächsischen Akademie der Wissenschaften zu Leipzig wird seit 1992 die »Leipziger Ausgabe der Werke von Felix Mendelssohn Bartholdy« erarbeitet und herausgegeben. Das umfangreiche Projekt hat zum Ziel, sämtliche von Mendelssohn veröffentlichten und hinterlassenen Musikwerke, Schriftstücke sowie das bildkünstlerische Schaffen in modernen kritischen und kommentierten Ausgaben vorzulegen.

Im Auftrag der Deutschen Forschungsgemeinschaft wurden seit dem Jahr 2000 in einer eigenen Forschungsstelle sämtliche von Mendelssohn geschriebenen Briefe herausgegeben. Mendelssohn, der ein unfassbar fleißiger Korrespondent war, hinterließ trotz seines kurzen Lebens mehrere Tausend handschriftliche Zeugnisse. In den Sammlungen des Stadtgeschichtlichen Museums, des Mendelssohn-Hauses, des Leipziger Stadtarchivs und der Leipziger Außenstelle des Sächsischen Staatsarchivs sowie im Bach-Archiv zahlreiche Briefe, Programmzettel, Verlagskorrespondenzen, Erstdrucke und dienstliche Schriftstücke, die das Leipziger Wirken des Meisters umfassend dokumentieren.

Das Kooperationsprojekt »Bach – Mendelssohn – Schumann« erforscht zudem detailliert die musikhistorisch fruchtbaren Beziehungen der drei Leipziger »Hauskomponisten«. Die Erträge dieser gemeinsamen Arbeit werden der Öffentlichkeit mit Hilfe von Publikationen, Kolloquien, Konzerten und Sonderausstellungen in den beteiligten Institutionen Bach-Archiv, Mendelssohn-Haus, Schumann-Haus und Musikinstrumenten-Museum zugänglich gemacht.

> *Von da ging ich mit Mendelssohn, Bachs Monument bei einem hiesigen Bildhauer Knauer zu sehen, der es nach Bendemanns Entwurf ausgeführt hat, eine Art Böhmisch-Katholische Bildsäule, in der obern Laterne Bachs Büste in einer Nische, worin der colossale Kopf eben Raum hat mit seiner stattlichen Perücke, die andern drei Seiten mit christlich-allegorischen Basreliefs verziert. Die Büste ist sehr hübsch gefasst und gemacht. Das Monument kommt ganz dicht vor unsre Fenster auf die Promenade.*
> Moritz Hauptmann an Franz Hauser,
> 3. Oktober 1842

sen Konzerten fast ausschließlich Bach auf dem Programm stand und ganz »nebenbei« die Matthäuspassion zum ersten Mal seit Bachs Tod wieder in Leipzig erklang, verlieh dem Unternehmen einen deutlich »musikpädagogischen« Zug. Mit einem öffentlichen Festakt in Anwesenheit des greisen Bach-Enkels Wilhelm Friedrich Ernst Bach wurde das Denkmal am 23. April 1843 feierlich enthüllt; kurz zuvor war Mendelssohn zum Ehrenbürger der Stadt Leipzig ernannt worden. Nur wenige Schöpfungen Mendelssohns tragen ein so unmittelbar »romantisches« Gepräge wie diese Bildsäule.

Nicht nur die enge Beziehung Mendelssohns zu seinem Vorbild Bach macht die Thomaskirche zu einer wichtigen Mendelssohn-Stätte in Leipzig **3**. Obwohl der Musikdirektor des Gewandhauses wenig Einfluss auf den kirchenmusikalischen Alltag hatte und er die informell angebotene Berufung auf das Thomaskantorat 1842 ausschlug, fanden doch einige seiner wichtigsten Leipziger Konzerte in St. Thomas statt. So erlebte die Thomaskirche am 25. Juni 1840 die Uraufführung der Sinfoniekantate »Lobgesang«. Das in der doppelten Tradition Beethovens und Bachs stehende Auftragswerk des Leipziger Gutenbergfestes fand ein begeistertes Echo. Für Robert Schumann öffnete sich beim Duett »Ich harrete des Herrn« gar der »Himmel Raffaelscher Madonnenaugen«. Typisch für Mendelssohn war dabei, dass er sich mit diesem Erfolg nicht zufrieden gab und bis zur Drucklegung im Folgejahr das Werk noch erheblich überarbeitete.

Große Aufmerksamkeit fand auch das Orgelkonzert am 6. August 1840. Derartige Konzerte waren zwar in Leipzig keine Seltenheit, doch konnte Mendelssohn mit seiner technischen Meisterschaft und seinem ganz auf Bach zugeschnittenen Programm auch für dieses Genre neue Maßstäbe setzen. Mendelssohn stellte in seiner sorgfältig zusammengestellten Programmfolge fast alle wichtigen Werkgruppen der Bach'schen Orgelmusik vor – neben großen Präludien, Toccaten und Fugen auch die Pastorale, die Passacaglia und nicht zuletzt die Choralbearbeitung »Schmücke dich,

Programmzettel für Mendelssohns Orgelkonzert vom 6. August 1840

Donnerstag, den 6. August 1840.

ORGEL-CONCERT

in der Thomaskirche

gegeben von

Felix Mendelssohn-Bartholdy.

Erster Theil.

Introduction und Fuge in Es dur.

Phantasie über den Choral „*Schmücke dich, o liebe Seele*“.

Grosses Praeludium und Fuge (A moll).

Zweiter Theil.

Passacaille (21 Variationen und Phantasie für die volle Orgel) (C moll).

Pastorella (F dur).

Toccata (D moll).

Freie Phantasie.

Sämmtliche Compositionen sind von *Sebastian Bach*; die Einnahme ist zur Errichtung eines Denksteins für ihn in der Nähe seiner ehemaligen Wohnung, der Thomasschule, bestimmt.

Billets **à 8 Groschen** *sind in den Musikalien-Handlungen der Herren Breitkopf und Härtel, Kistner und Hofmeister und an den Eingängen der Kirche zu haben.*

Anfang 6 Uhr.

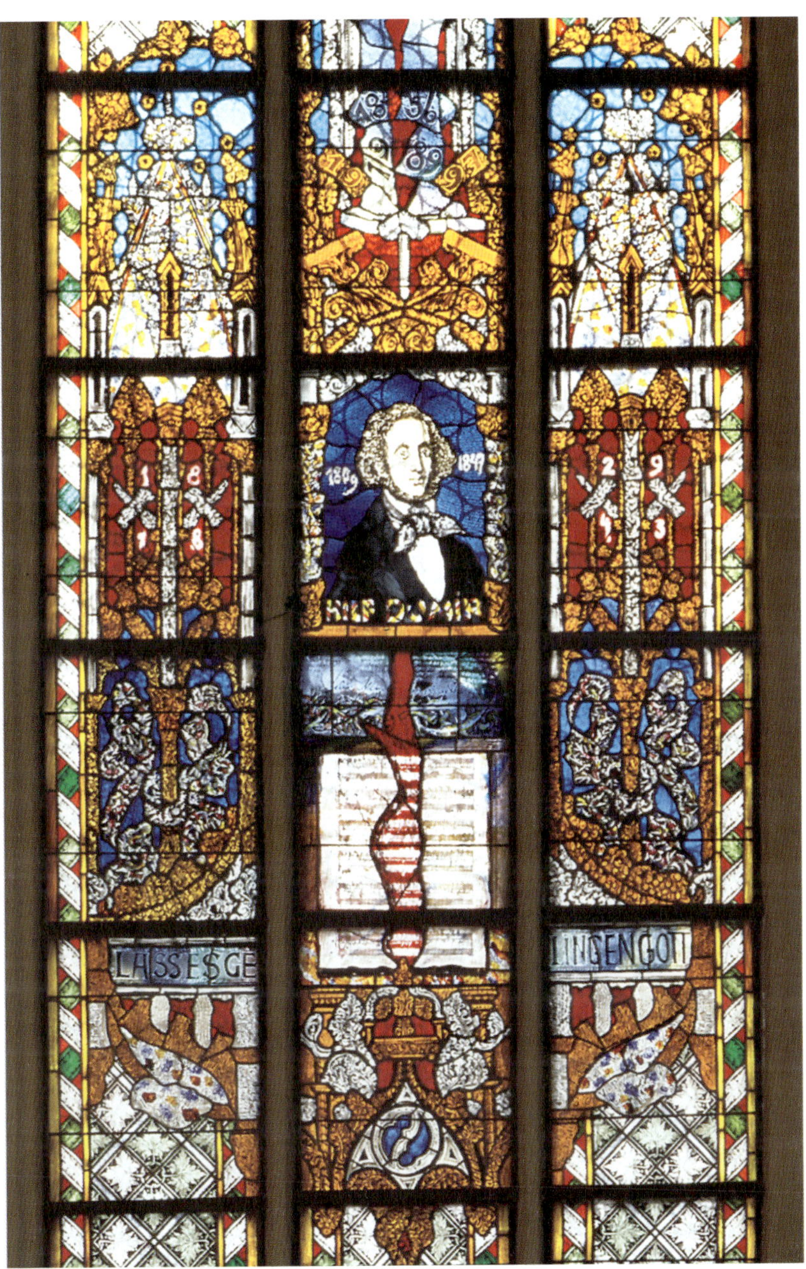

Mendelssohn-Fenster in der Thomaskirche

MENDELSSOHN BARTHOLDY UND DIE RELIGION

Nach Wahrheit forschen, / Schönheit lieben, / Gutes wollen, / das Beste tun.
Moses Mendelssohn

Mendelssohn wurde nicht jüdisch erzogen, sondern christlich. Er war nicht beschnitten worden, wie es der jüdische Ritus vorsieht. Seine Eltern ließen sich noch jüdisch trauen, entschlossen sich aber von vornherein, ihre Kinder christlich aufzuziehen. In Paris hatte Abraham Mendelssohn positive Erfahrungen mit der napoleonischen Gesetzgebung gemacht, die sehr progressiv in der Anerkennung und Gleichstellung der Juden war. In Berlin sah er sich dann einer antisemitischen Gesellschaft gegenüber, die dem jüdischen Bankier und seiner Familie verschlossen blieb. Deshalb ließ er 1816 seine Kinder protestantisch taufen; er und seine Frau Lea folgten später nach. Als äußeres Zeichen wurde der Name Bartholdy angenommen, um der Welt zu zeigen, dass man nicht mehr jüdisch sei, sondern als Christ Anspruch auf einen Platz in der Gesellschaft erhob. Der Name Bartholdy ist elsässischen Ursprungs. Der Urgroßvater Felix Mendelssohns, Daniel Itzig, kaufte in Berlin ein Gartengrundstück, das einem ehemaligen Bürgermeister Bartholdy gehörte. Lea Mendelssohns Bruder, der preußischer Gesandter in Rom war, hatte diesen Namen schon früher angenommen und nannte sich fortan Jakob Salomon Bartholdy. Er bestärkte Abraham in seinem Entschluss, sich und seine Familie taufen zu lassen. Bis ins letzte Detail wird man nie klären können, ob es nun ein Bekenntnisschritt oder eine Vernunfthandlung war.

Am 5. April 1819 schrieb Abraham Mendelssohn aus Amsterdam an seine Tochter Fanny: »Es gibt – die Religion sei welche sie wolle – nur einen Gott, nur eine Tugend, nur eine Wahrheit, nur ein Glück. Du findest alle, wenn Du der Stimme Deines Herzens folgst; lebe so, daß sie immer im Einklang mit der Stimme Deiner Vernunft bleibe.« 1820 schrieb er ihr in seinem Einsegnungsbrief anlässlich Fannys Konfirmation: »Ob Gott ist? Was Gott sei? Ob ein Teil unseres Selbst ewig sei und, nachdem der andere Teil vergangen, fortlebe? Und wo? Und wie? – Alles das weiß ich nicht und habe Dich deswegen nie etwas darüber gelehrt. Allein ich weiß, daß es in mir und in Dir und in allen Menschen einen ewigen Hang zu allem Guten, Wahren und Rechten und ein Gewissen gibt, welches uns mahnt und leitet, wenn wir uns davon entfernen. Ich weiß es, glaube daran, lebe in diesem Glauben, und er ist meine Religion. Die konnte ich Dich nicht lehren, und es kann sie niemand erlernen; es hat sie jeder, der sie nicht absichtlich und wissentlich verleugnet.« Dieser Leitgedanke charakterisiert die religiöse Haltung der Mendelssohns. In der Familie wurden die christlichen Feste gefeiert, nie die jüdischen. Dennoch war sich Felix Mendelssohn seiner jüdischen Herkunft wohl bewusst und besonders stolz auf seinen Großvater Moses Mendelssohn, dem Lessing mit seinem Nathan dem Weisen ein literarisches Denkmal gesetzt hatte.

Betrachtet man Mendelssohns große Oratorien »Paulus« und »Elias« sowie das Fragment gebliebene Oratorium »Christus«, dann wird man feststellen, dass das religiöse Figuren sind, die in beiden Religionen ihre eigene Funktion und Bedeutung haben.

Vielleicht möchte Mendelssohn hierin den Versuch unternehmen, die Ursprünge des Christentums im Judentum zu verdeutlichen und damit eine Verbindung von Vernunftreligion zur Offenbarungsreligion zu schaffen.

Patrick Kast

o liebe Seele«. Gerade dieses zart fließende Stück gehörte zu Mendelssohns allerliebsten – einer späteren Aufzeichnung Schumanns zufolge hatte er dazu »mit dem innigsten Ausdruck« bemerkt: »Wenn mir das Leben alles genommen hätte, dies Stück würde mich wieder trösten.«

Mit einer spektakulären, wiewohl wahrscheinlich sehr gut vorbereiteten Improvisation über das Motiv BACH und den letzten Choral der Matthäuspassion klang das abendliche Konzert aus. Es sollte trotz des Wunsches vieler Verehrer das einzige bleiben, das Mendelssohn in Leipzig gab. Immer wieder gern spielte der Meister allerdings für einen eher elitären Kreis musikbegeisterter Freunde, Gäste und Studenten. Mehrere solcher Orgelvorträge im privaten Rahmen sind für die Thomaskirche nachweisbar.

Die vom Thomaskirchhof abgewandte West- und Nordseite der Kirche lag lange abseits der Touristenpfade. Seit Herbst 2008 befindet sich hier mit dem neu errichteten Mendelssohn-Denkmal **4** allerdings eine bedeutsame Stätte des Gedenkens an Leipzigs großen Musikdirektor. So wichtig und richtig es allerdings war, die 1936 durch den brutalen Abriss des Mendelssohn-Denkmals im öffentlichen Bild und kulturellen Selbstverständnis der Stadt gerissene Lücke endlich zu schließen, so muss doch gefragt werden, ob durch den unkommentierten Neuguss einer sichtlich der Ästhetik des späten 19. Jahrhunderts verpflichteten Statue nicht Möglichkeiten ungenutzt blieben, auch die wechselvolle Geschichte des Umgangs der Leipziger mit Mendelssohn selbst zum Thema zu machen. Ob der gewählte neue Standort fernab von Gewandhaus und Konservatorium, aber nahe an der Thomaskirche nicht fast schon zu gut in die vertraute Lesart Mendelssohns als eines vorrangigen Wegbereiters Bachs passt, wäre ebenfalls zu diskutieren – öffentlichkeitswirksam ist er allemal.

An der Ecke zur Klostergasse befindet sich heute das Jugendstilgebäude der Commerzbank. Vor dem Umbau 1902 stand hier jedoch

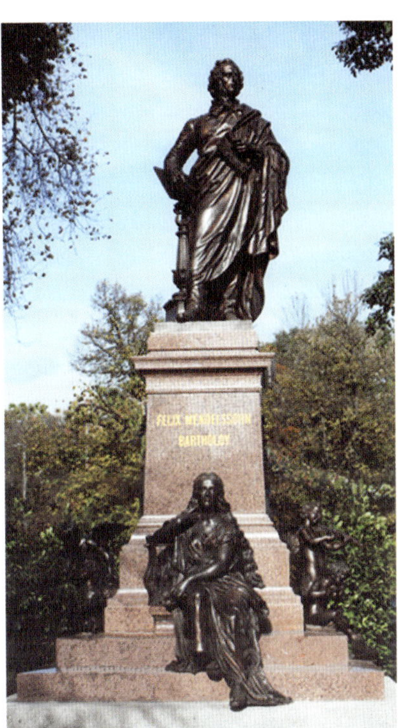

Das 2008 wiedererrichtete Mendelssohn-Denkmal

das »Amtshaus« **5**, das seit Beginn des 18. Jahrhunderts die reformierte Gemeinde Leipzigs beherbergte. Die zunächst noch sehr stark von den hugenottischen »Refugees« aus Frankreich geprägte Gemeinschaft wandelte sich im Laufe der Zeit zu einer deutschsprachigen, für breite Schichten des Leipziger Bürgertums attraktiven Kongregation. Dieser gehörte auch Mendelssohn an – nicht zuletzt dank seiner Ehe mit Cecile Jeanrenaud, die einer hugenottischen Predigerfamilie aus Frankfurt entstammte. Die aus der Ehe hervorgegangenen fünf Kinder wurden laut Eintrag im erhaltenen Taufbuch der Gemeinde ebenfalls reformiert getauft – allerdings als Haustaufen am jeweiligen Wohnsitz der Familie. Als Paten traten dabei neben Verwandten des Ehepaares mehrfach auch befreun-

> *Wie Mendelssohn das königliche Instrument Bach's zu handhaben versteht, ist schon anderweitig bekannt; und dann waren es lauter köstliche Kleinodien, die er gestern vorlegte, und zwar in herrlichster Abwechselung und Steigerung …*
> *Ein schöner Sommerabend glänzte zu den Kirchenfenstern herein; außen im Freien wird noch mancher den wunderbaren Klängen nachgesonnen haben, und wie es doch in der Musik nichts größeres gibt als jenen Genuß der Doppelmeisterschaft, wenn der Meister der Meister ausspricht. Ruhm und Ehre dem alten wie dem jungen!*
> Aus Robert Schumanns Konzertrezension in der »Neuen Zeitschrift für Musik«

dete Musiker und Verleger wie Ferdinand David, Conrad Schleinitz und Dr. Hermann Härtel in Erscheinung. Für einen regelmäßigen Kirchbesuch Mendelssohns oder gar seine Mitwirkung bei der Kirchenmusik gibt es allerdings keine Hinweise. Auch der Bitte der Gemeinde um eine Prüfung der 1840/41 überholten und heute in der Auferstehungskirche Möckern befindlichen Orgel konnte der viel beschäftigte Musiker wohl nicht entsprechen.

Nun wenden wir uns in Richtung Markt und Altes Rathaus **6**. Auch zu Mendelssohns Zeit lag hier noch immer das Zentrum einer im rapiden Wandel begriffenen Stadt. Allerdings hatten die Jahrhunderte der historischen Bausubstanz bereits deutlich zugesetzt, so dass die »Signale«, eine Leipziger Musikzeitschrift, im Mai 1844 witzeln konnte: »In welchem Styl ist das Rathhaus zu Leipzig erbaut? Unstreitig im alten Kirchenstyl, weil vorn und hinten immer mehr Fugen zum Vorschein kommen.«

Anders als bei Bach waren Mendelssohns Beziehungen zur Leipziger Obrigkeit im Allgemeinen ungetrübt, ja sogar herzlich. Dies hing sowohl mit seiner veränderten Anstellungssituation als auch mit der besonderen Konstruktion des Leipziger Konzertdirektoriums zu-

Marktplatz Leipzig zur Gutenbergfeier am 24. Juni 1840. Lithografie von Völker

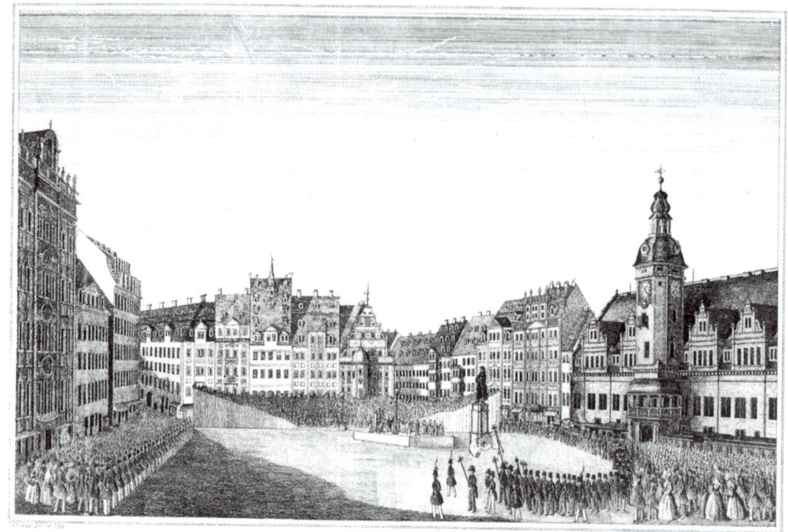

sammen. Rein rechtlich handelte es sich dabei zwar um ein privates, sich aus sich selbst heraus ergänzendes Vereinsgremium. Da in Wirklichkeit dort aber führende Vertreter des Leipziger Stadtrates mit Verwaltungsbeamten, Musikverlegern und Industriellen zusammentrafen und man die Förderung des Leipziger Musiklebens als gemeinschaftliche Aufgabe verstand, konnten potentielle Konflikte einvernehmlich und zum Besten des Orchesters gelöst werden. Außerdem war den Leipzigern spätestens seit Mendelssohns triumphalem erstem Konzertwinter 1835/36 klar geworden, welchen Ausnahmekünstler man für die Stadt gewonnen hatte. Deshalb unternahmen die Verantwortlichen einiges, um den Vielumworbenen in Leipzig zu halten – vom Ehrendoktordiplom der Universität (1836) über die Ehrenbürgerwürde der Stadt (1843) bis zum Verständnis für Konzertreisen, Vertretungen und gewünschte Strukturreformen. Zwischen 1841 und 1845 hielt man die Stelle trotz langer Abwesenheit für ihn frei. Auch Mendelssohn, der die Podien und Musikverhältnisse halb Europas kennen gelernt hatte, kehrte immer wieder dankbar zu seinem Orchester und Publikum zurück – »weil hier wirkliche Musik gemacht wird, Musik die klingt«. Selbst als Mendelssohn im März 1847 definitiv von seinem Amt zurücktrat, hofften viele Leipziger, dass es sich der augenblicklich erschöpfte Meister über kurz oder lang noch einmal überlegen würde.

Sie kennen die Theilnahme und Anhänglichkeit, die ich diesem Institut stets gewidmet habe, und die ich so lange ich lebe gewiß nicht verlieren werde. Ich verdanke diesen Concerten eine fast ununterbrochne Reihe schöner Genüsse, und glücklicher, froher Abende, und das bleibt; und es vergisst sich nimmermehr.

Aus dem Rücktrittsschreiben Felix Mendelssohn Bartholdys an den Gewandhausdirektor Dörrien vom 19. März 1847

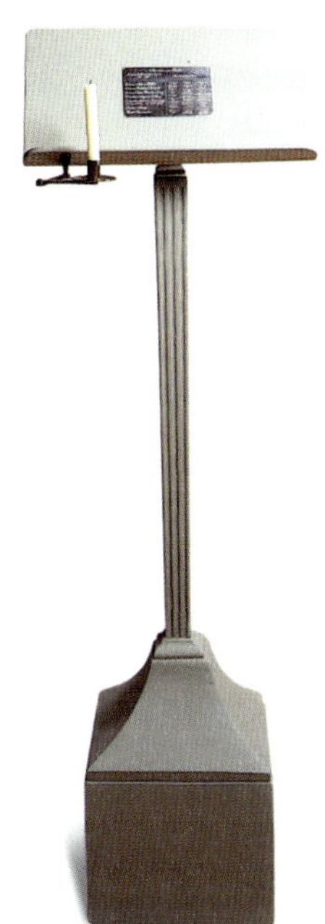

Dirigierpult des Alten Gewandhauses zu Leipzig

In einen Spaziergang auf Mendelssohns Spuren sollte unbedingt das Stadtgeschichtliche Museum im Alten Rathaus einbezogen werden. Schon allein das von Johann Christoph Merzdorf geschaffene große Stadtmodell (Zustand von 1823) lohnt das geringe Eintrittsgeld. Selten lässt sich das städtische Lebensumfeld der Mendelssohn-Zeit mit den umgebenden Promenaden und Gärten so gut nachvollziehen wie hier. Eingeordnet in die große Erzählung der Leipziger Moderne im 2. Museumsgeschoß, stehen auch zahlreiche Mendelssohn-Reliquien – darunter das originale Dirigierpult, sein Taktstock sowie ein Modell des Alten Gewandhaussaales – für den Beginn der mit seinem Wirken verknüpften Weltgeltung Leipzigs als Musikstadt. Dazu bieten die reich ausgestatteten Themenräume zur Alltags- und Kulturgeschichte der Aufklärungszeit eine willkommene Ergänzung – gewähren sie doch weit

DAS GUTENBERG-FEST 1840

Im Laufe des 18. Jahrhunderts entwickelte sich Leipzig zum führenden Druckereistandort und Umschlagplatz für Bücher im Reich. Allenthalben entstanden neue Verlage und im Jahre 1825 gründete sich hier mit dem Börsenverein die erste Standesorganisation der Buchhändler, von denen es im Leipzig des Vormärz beinahe 100 gab.

Für die Leipziger Buchhändler und Verleger war es deshalb Ehrensache, das 1840 anstehende Gutenbergfest zu einer großen Demonstration ihrer Stärke und Fortschrittlichkeit werden zu lassen. Über die Person Gutenbergs hinaus spielte dabei die Metapher des »Lichtes« eine zentrale Rolle. Die Erfindung des Buchdruckes wurde verstanden als heilsbringende und aufklärerische Tat, die die Mächte der »Finsternis« und Unwissenheit – hinter denen man unschwer Kleinstaaterei, Zensur und Katholizismus erkennen konnte – beispielhaft in die Schranken gewiesen hatte. Nationalpolitische, wirtschaftsliberale und lokalpatriotische Impulse fanden im Gutenberg-Kult ein dankbares und unverfängliches Ventil – gewürzt mit reichlich Pathos und einer gehörigen Portion Kulturprotestantismus. Nicht zufällig war das Referenzprojekt, zu dem sich fast alle großen Verlage zusammengefunden hatten, eine gemeinsame »Jubelausgabe« von Luthers Übersetzung des Neuen Testamentes. Und selbst Superintendent Grossmann stellte seine Festpredigt zum Johannistag (!) unter das Motiv des Lichtes.

Die drei Tage vom 24. bis 26. Juni 1840 gerieten zum größten öffentlichen Ereignis des gesamten Jahrhunderts in Leipzig. Auf dem Augustusplatz wurde ein riesiges Festzelt errichtet, auf dem Markt ein temporäres Gutenbergdenkmal eingeweiht und beim großen Sternmarsch der Buchdrucker, Studenten und Kommunalgardisten waren am Morgen des 24. Juni Zehntausende auf den Beinen.

Auch die musikalischen Ressourcen der Stadt wurden aufs Äußerste strapaziert. Bereits am Abend des 23. Juni fand die Uraufführung von Albert Lortzings neu komponierter Festoper »Hans Sachs« statt; der von Blasmusik und Choralgesang begleitete Festumzug wurde abgeschlossen von der Freiluftaufführung von Mendelssohns »Gutenberg-Kantate«, für deren klangliche Realisierung Männerchöre aus ganz Mitteldeutschland zusammengezogen worden waren.

Höhepunkt der musikalischen Feierlichkeiten war jedoch das Festkonzert am Nachmittag des 25. Juni in der Thomaskirche. Mendelssohn agierte an diesem Tag unzweifelhaft als Musikdirektor der gesamten Stadt Leipzig. Text und Komposition der von ihm zum Fest beigesteuerten Sinfoniekantate »Lobgesang« – vor allem Stücke wie die große Chorfuge »So lasst uns ablegen die Werke der Finsternis und anlegen die Waffen des Lichts« oder das ergreifende Tenorsolo »Hüter, ist die Nacht bald hin« – zeigen deutlich, dass er sich das Anliegen des Festes so sehr zu eigen gemacht hatte, dass die Komposition in begeisterten Rezensionen selbst als ein »Werk des Lichtes« bezeichnet wurde.

Zur Geschichte der Leipziger Gutenbergfeiern gehört aber noch ein bezeichnender Nachtrag. Als der Leipziger Buchgewerbeverein bei seinem Vorsteher Carl Wagner im Jahre 1936 eine offiziöse Broschüre zur Geschichte der drei Gutenbergjubiläen 1640, 1740, 1840 in Auftrag gab, wurde darin zwar auch die Vorbereitung des Festes von 1840 in aller Ausführlichkeit beschrieben, der Name und Anteil seines künstlerischen Leiters Felix Mendelssohn Bartholdy jedoch in nahezu grotesker und für jedermann erkennbarer Weise verschwiegen.

Auf dem Markt erklang jetzt plötzlich nur noch »eine von Prölß gedichtete Kantate« und beim Festkonzert in der Thomaskirche wurde neben Händel und Weber noch »ein Lobgesang« aufgeführt. »Ein Lobgesang«? Sage keiner, er habe nicht gewusst, was hier im Gange war …

Anselm Hartinger

»Gutenberglied«,

Vaterland, in deinen Gauen
brach der goldne Tag einst an.
Deutschland, deine Völker sah'n
Seinen Schimmer niederthauen.
Gutenberg, der deutsche Mann
zündete die Fackel an!

Neues allgewalt'ges Streben
Flammt im Land des Lichtes auf.
Seinem raschen Siegeslauf
Folgt ein neu' beglückend Leben.
Gutenberg, der grosse Mann
Hat dies hehre Werk gethan.

Ob die Finsternis sich wehrt,
ob sie führet tausend Streiche,
ob sie wüthet, sich empört –
sie erblasst, sie sinkt als Leiche.
Doch gekrönt als Siegesheld,
steht das Licht vor aller Welt.
Gutenberg, du wackrer Mann,
du steh'st glorreich auf dem Plan.

Text: R. Prölß;
Musik: F. Mendelssohn Bartholdy 1840

reichende Einblicke in die Entstehung jener bürgerstolzen Lebenswelt, die den – Mendelssohn und das »Große Concert« tragenden – kulturellen Aufschwung Leipzigs erst ermöglichte.

Auch der Marktplatz selbst war 1840 Stätte einer außergewöhnlichen, heute etwas seltsam anmutenden Mendelssohn-Aufführung. Für das Leipziger Gutenbergfest hatte Mendelssohn zusätzlich zum bereits genannten »Lobgesang« auch die Komposition einer Festkantate für Männerchor und zwei Blasorchester übernommen. Dieses Gelegenheitswerk wäre heute vollkommen vergessen, hätte nicht das darin enthaltene Gutenberglied »Vaterland, in deinen Gauen« mit neuem Text eine weltweite Karriere angetreten. Unter dem Titel »Hark, the Herald Angels sing« gehört es heute zu den bekanntesten Weihnachtsliedern in englischer Sprache.

Bei der Erstaufführung 1840 musste Mendelssohn allerdings den widrigen Freiluftbedingungen Tribut zollen – trotz hunderter enthusiastischer Mitwirkender war von der Musik wenig zu hören und die beiden getrennt aufgestellten Blasorchester gerieten bedenklich aus dem Takt. Der Verfasser dieser Zeilen erinnert sich nichtsdestotrotz mit großem Vergnügen, Mitte der 1990er-Jahre an einer der seltenen Wiederaufführungen des Stückes mitgewirkt zu haben.

Vorbei an Rathaus, Mädlerpassage und Neumarkt führt der Weg nun in Richtung des ehemaligen Gewandhauses (Städtisches Kaufhaus). Der in einer Bildsequenz des berühmten Schumann-Wieck-Films »Frühlingssinfonie« vermittelte Eindruck, Mendelssohn habe in der Alten Handelsbörse gewohnt, kann allerdings nur als bizarrer Regieeinfall gewertet werden, zumal große Teile des Films, vor allem die Außenaufnahmen von Vater Wiecks Wohnumfeld, im nahe gelegenen Torgau gedreht wurden. Dabei befinden sich die »echten« Standorte von Friedrich Wiecks ehemaliger Wohnung und Klavierhandlung nur wenige Meter entfernt. Wiecks wohnten zunächst in »Selliers Hof« **7** an der Ecke Grimmaische/Reichsstraße; ab Michaelis 1835 im Haus Nr. 555 in der Nikolaistraße, wo sich bereits seit längerem die väterliche Klavierhandlung befand. Mendelssohn, der Clara und ihre kraftvolle, aber poetische

Spielweise sehr schätzte, hielt sich zum großen Stolz des »alten Schulmeisters« Wieck mehrfach in dessen Salon auf und beteiligte sich am halbprivaten Musizieren. Für den Geschäftsmann Wieck und seine am Beginn ihrer Karriere stehende Tochter waren derartige Soireen eine oft anstrengende, aber unverzichtbare Tätigkeit. Aus der historischen Rückschau bemerkenswert ist dabei die Privataufführung des Bach'schen Konzertes für drei Klaviere und Orchester in d-Moll am 6. Oktober 1835, die wohl nur in einem solchen »Klavierhaushalt« möglich war. Neben Mendelssohn, der den Orchesterpart am Flügel übernahm, wirkten dabei Clara Wieck, Ignaz Moscheles und Louis Rakemann mit. Der ebenfalls anwesende Robert Schumann soll wie gewöhnlich schweigend und traumverloren in der Ecke gesessen haben, was Clara allerdings nicht daran hinderte, sich just zu dieser Zeit unsterblich in ihn zu verlieben …

Das von Neumarkt, Kupfergasse, Gewandgässchen und Universitätsstraße umschlossene Häuserkarree bildete zur Zeit Mendelssohns eine »Insel der Hochkultur« und der musikalisch-literarischen Bildung. Der Flügel entlang des Gewandgässchens beherbergte die Ratsbibliothek, zwischen Universitätsstraße und Kupfergasse (»Zeughausflügel«) erstreckte sich das eigentliche Konzerthaus **8**, dessen rückwärtiges Hofgebäude seit 1843 für den Lehrbetrieb des »Conservatoriums der Musik« **9** genutzt wurde.

Das 1895 nach dem Abbruch des Mendelssohn'schen Gewandhauses an dieser Stelle errichtete Städtische Kaufhaus erinnert in Teilen der Fassade noch an den Vorgängerbau, der neben dem Konzertsaal auch einen Ball- und Speisesaal sowie einen kleineren Saal enthielt, in dem neben den Prüfungen des Konservatoriums nach 1850 auch die Redaktionssitzungen der Bachgesellschaft abgehalten wurden. Der

Der Naschmarkt mit Börse und Altem Rathaus. Fotografie von H. Walter, 1903

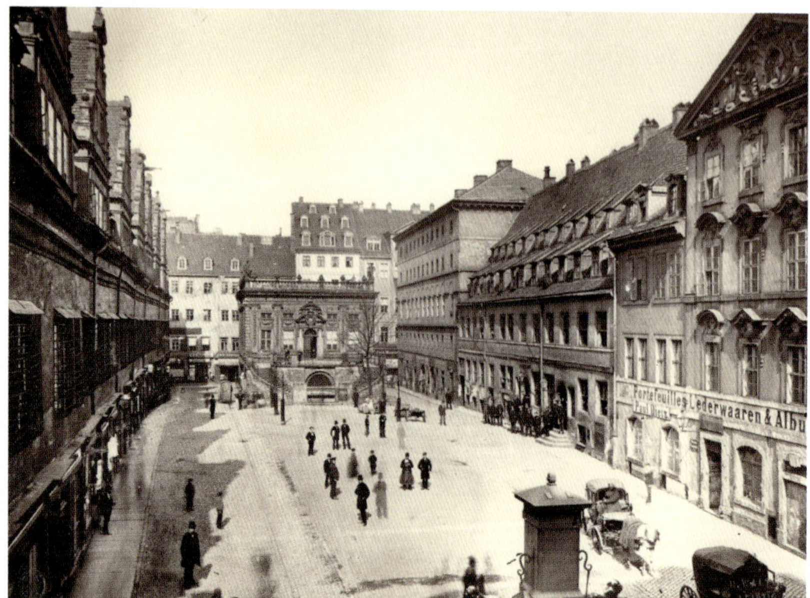

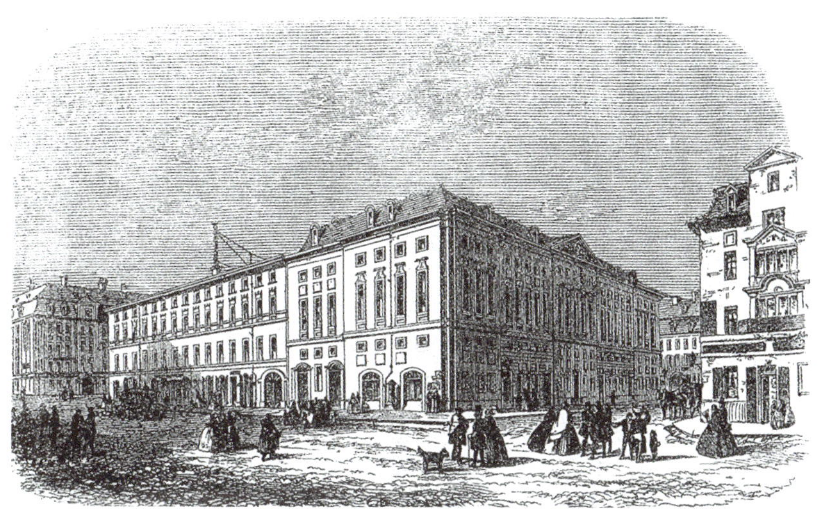

Altes Gewandhaus zu Leipzig. Stich

eigentliche Konzertsaal war nicht groß, dafür jedoch von einzigartiger Akustik: Der gesamte Raum bestand einschließlich der Säulenumgänge und der von Adam Friedrich Oeser bemalten Decke aus einer reinen Holzvertäfelung, so dass er wie ein riesiger Resonanzboden, wie ein gigantisches »Instrument« funktionieren konnte. Diese besondere Qualität des Raumes trug ihren Teil dazu bei, dass Mendelssohn sein Ideal eines schlanken, beweglichen, eher zum spannungsvollen Piano neigenden Klangs in Leipzig verwirklichen konnte. Im Gegensatz zur bisher geübten Praxis, reine Instrumentalwerke vom Pult des Konzertmeisters aus leiten zu lassen, bestand Mendelssohn bei seinem Amtsantritt darauf, sämtliche Werke selbst einzustudieren und zu dirigieren. Damit konnte er das mit etwa 40 bis 60 Musikern eher klein besetzte Orchester zu einer ungeahnten und über die Region hinaus vorbildlichen Qualität führen. Zeitgenossen bemerkten immer wieder, dass das Leipziger Orchester sich nicht durch das überragende Können einzelner Virtuosen, sondern durch einen besonders homogenen und nuancierten Ensembleklang auszeichnete.

Die Gründung des »Conservatoriums der Musik« 1843 ist ein Musterbeispiel für das unbürokratische und effektive Zusammenwirken der Leipziger Entscheidungsträger rund um das Direktorium des »Großen Concerts«. Die finanzielle Grundausstattung ging auf ein testamentarisches Legat des 1839 verstorbenen Gewandhausdirektors Heinrich Blümner zurück.

Konzertsaal des Alten Gewandhauses.
Modell von A. Kind, 1894/95

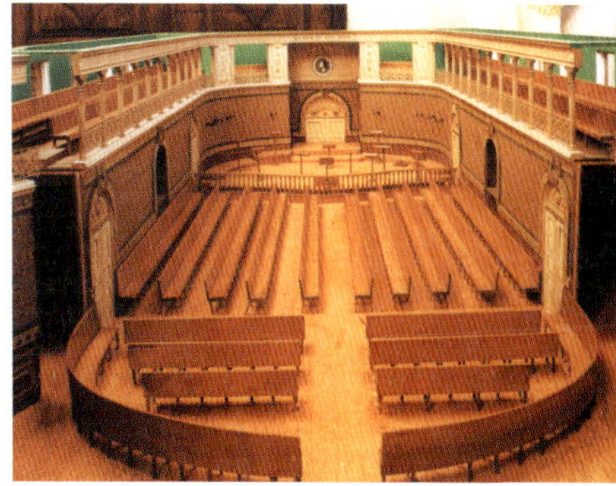

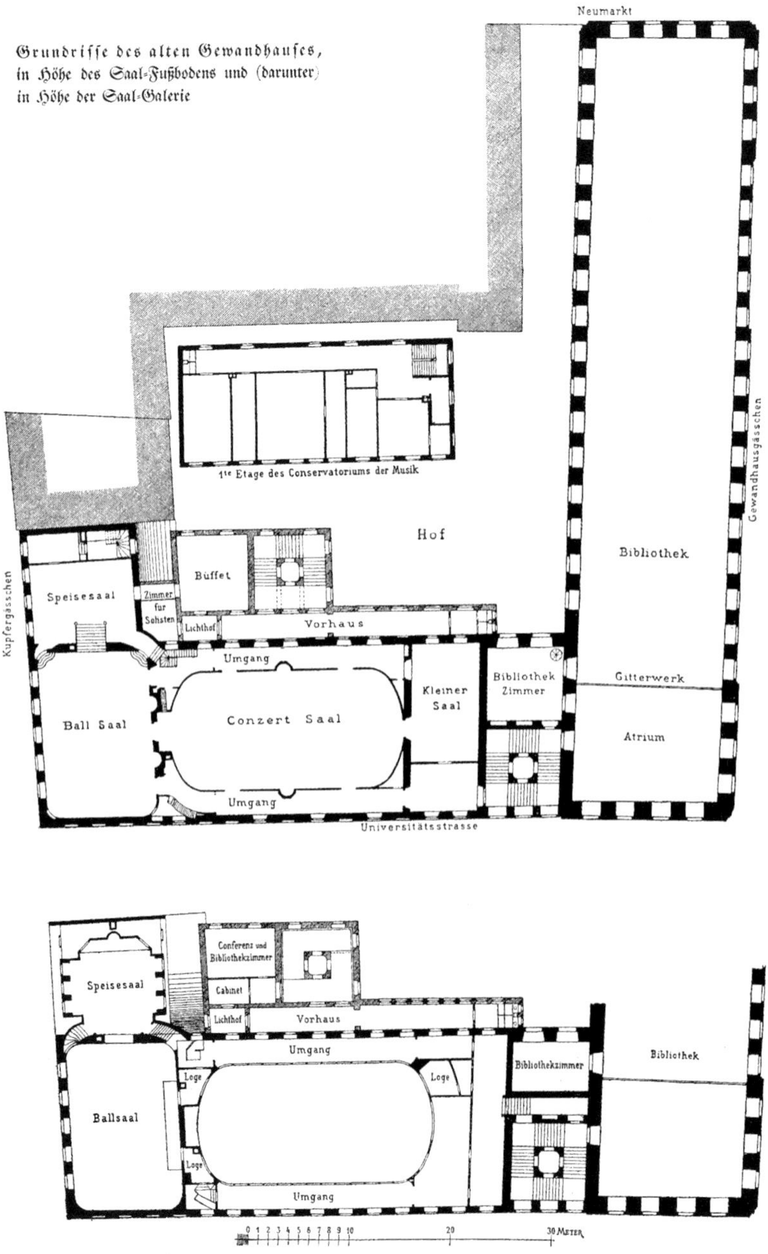

Grundrisse des alten Gewandhauses,
in Höhe des Saal-Fußbodens und (darunter)
in Höhe der Saal-Galerie

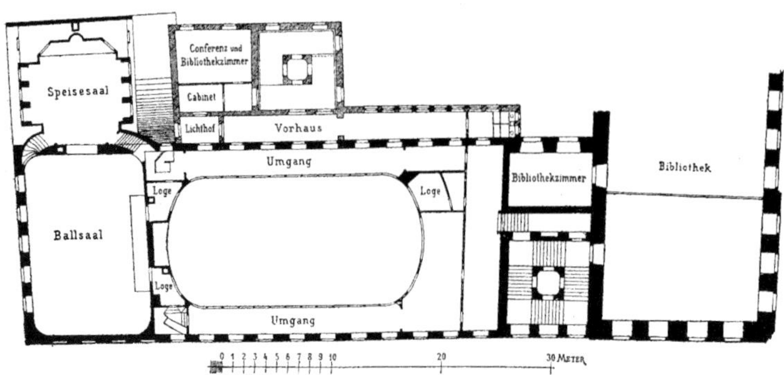

Grundrisse des Alten Gewandhauses. Nach einer Zeichnung im Leipziger Jahrbuch 1941

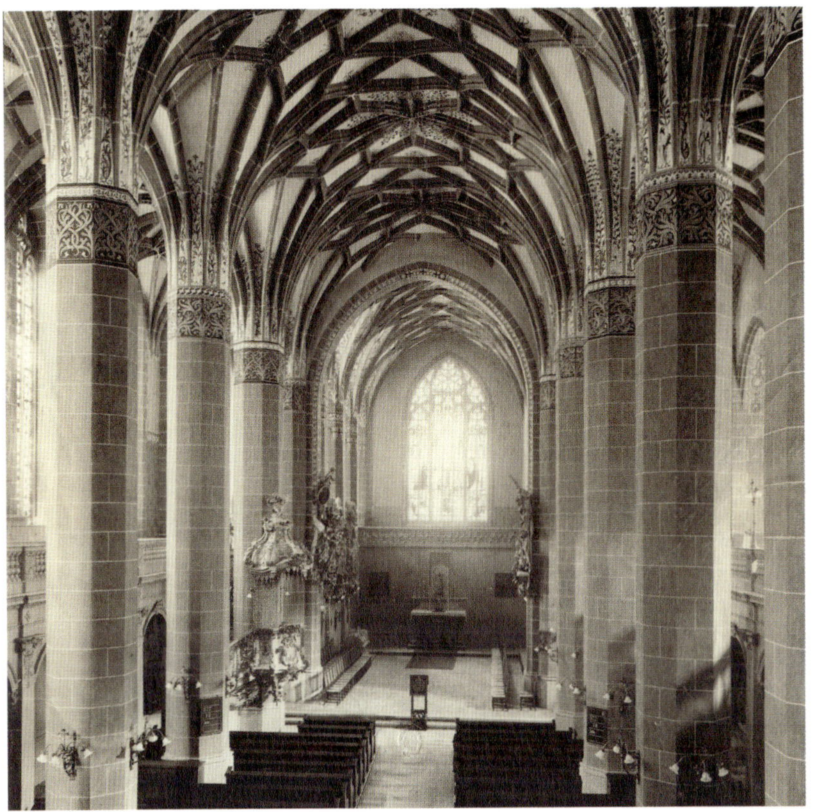

Paulinerkirche, Blick zum Chor

Dank des ebenfalls zum Direktorium gehörenden königlichen Kreisdirektors von Falkenstein gelang es, die von Dresden treuhänderisch verwalteten Mittel für das Leipziger Projekt zu gewinnen. Mendelssohns Reputation wiederum war es zu verdanken, dass so bedeutende Musiker wie Robert Schumann, Ferdinand David, Moritz Hauptmann, Henriette Grabau, Carl Ferdinand Becker und Niels Wilhelm Gade als Lehrer in das neue Institut eintraten. Später gelang es sogar, den international bekannten Klaviervirtuosen Ignaz Moscheles von London nach Leipzig zu holen. Der Erfolg stellte sich in Form steigender Studentenzahlen aus dem In- und Ausland beinahe unmittelbar ein, wozu auch die engen Verflechtungen mit dem Orchester einschließlich des vergünstigten Besuchs von Konzerten und Proben beitrugen. Erhaltene Briefe und Aktenstücke zeigen, dass Mendelssohn seine zahlreichen, allerdings auch gut honorierten Pflichten als Lehrer für »Composition und Solospiel« und faktischer Direktor des Institutes bis zuletzt sehr ernst nahm. Immerhin bekam er für die Leitung von Orchester und Konservatorium pro Halbjahr exakt 1250 Thaler – verglichen mit den 84 Thalern, die Mendelssohns Diener Johann 1845 für acht Monate täglicher Arbeit erhielt, sicher eine relativ hohe Summe. Mit den auf internationalem Parkett üblichen Preisen konnten die Leipziger allerdings niemals konkurrieren. So erhielt Mendelssohn allein für die – gewiss aufwändige – Uraufführung des »Elias« und die Gesamtleitung des Musikfestes in Birmingham Ende August 1846 ebenfalls umgerechnet 1250 Thaler.

Das Hofgebäude mit seinen lediglich zwei Unterrichtsräumen erwies sich allerdings auf Dauer als zu klein, weshalb »stumme Klaviaturen« in Leipzig Hochkonjunktur hatten – auch zur Freude der vom mieterfeindlichen Lärm geplagten Hausbesitzer. Der deutlich konservative und fortschrittsskeptische Musikgeschmack, der nach 1847 unter der Direktion von Conrad Schleinitz im Konservatorium und in der Ära Carl Reineckes auch im Orchester Einzug hielt, war der Reputation beider Institutionen natürlich nicht zuträglich. Dieser zunehmende »Mendelssohn-Kult« trat dabei auch in Widerspruch zu Mendelssohns Lebensleistung und Tradition selbst. In seiner Programmpolitik hatte dieser zwar der Leipziger Vorliebe für klassische und gediegen gearbeitete Musikwerke entsprochen, in jeder Spielzeit aber mindestens vier bis fünf neue oder gar ungedruckte Sinfonien und Ouvertüren vorgestellt.

Zu den erstrangigen Mendelssohn-Stätten in Leipzig gehörte auch die Paulinerkirche **10**. Die geräumige, mit einem nur bescheidenen eigenen Gottesdienstleben ausgefüllte Universitätskirche war wie keine zweite geeignet, große chorsinfonische Aufführungen auszurichten. Und so nutzte neben der Leipziger Singakademie auch das »Große Concert« die Kirche für seine Oratoriendarbietungen. Wenn es dann in den Zeitungen hieß »Die Ausführung der Chöre haben kunstsinnige Dilettanten, und Angehörige aller Leipziger Singvereine in Verbindung mit dem löblichen Thomaner-Chor übernommen«, so bedeutete dies, dass für Hunderte Mitwirkende gesonderte »Chorgerüste« errichtet werden mussten. Mendelssohns Konzerte in St. Pauli – darunter der »Paulus« 1837 sowie Händels Oratorien »Israel in Ägypten« und

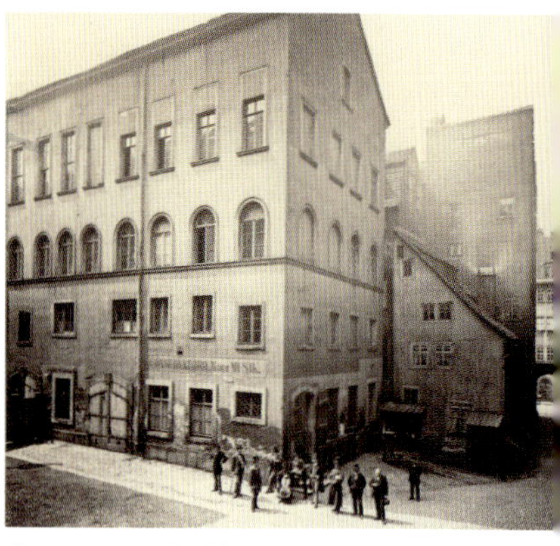

Conservatorium der Musik.
Fotografie von H. Walter, um 1885

«Messias« – muss man sich als in jeder Weise aufwändige und »erhebende« Massenaufführungen vorstellen. So konnte Mendelssohn für die Darbietung des »Israel in Ägypten« am 7. November 1836 ein Gesamtensemble von sage und schreibe 330 Mitwirkenden aufbieten – angesichts einer Einwohnerzahl von wenig mehr als 40 000 Leipzigern eine stolze Zahl.

Die Paulinerkirche war aber auch die Stätte des bewegenden Abschieds der Leipziger von ihrem ehemaligen Musikdirektor. Mendelssohns früher und trotz tagelanger Agonie überraschender Tod am 4. November 1847 rief in der Stadt Bestürzung und aufrichtige Trauer hervor. Für seine Freunde und Kollegen war es daher Ehrensache, dem Verstorbenen eine würdige Totenfeier auszurichten. Am Nachmittag des 7. November bewegte sich der Trauerzug unter den Klängen des von Moscheles instrumentierten »Liedes ohne Worte« op. 62/3 von der Johanniskirche zum Trauerhaus und danach zur Paulinerkirche. Dort hatte sich bereits ein Chor von mehr als 500 Sängern eingefunden, der unter der Leitung von Gade und Rietz zunächst Choräle und Chöre aus dem »Paulus« sang. Die Trauerrede hielt Pastor Howard von der reformierten Gemeinde, seine betont »theologische« Argumentation mit ihrer Betonung

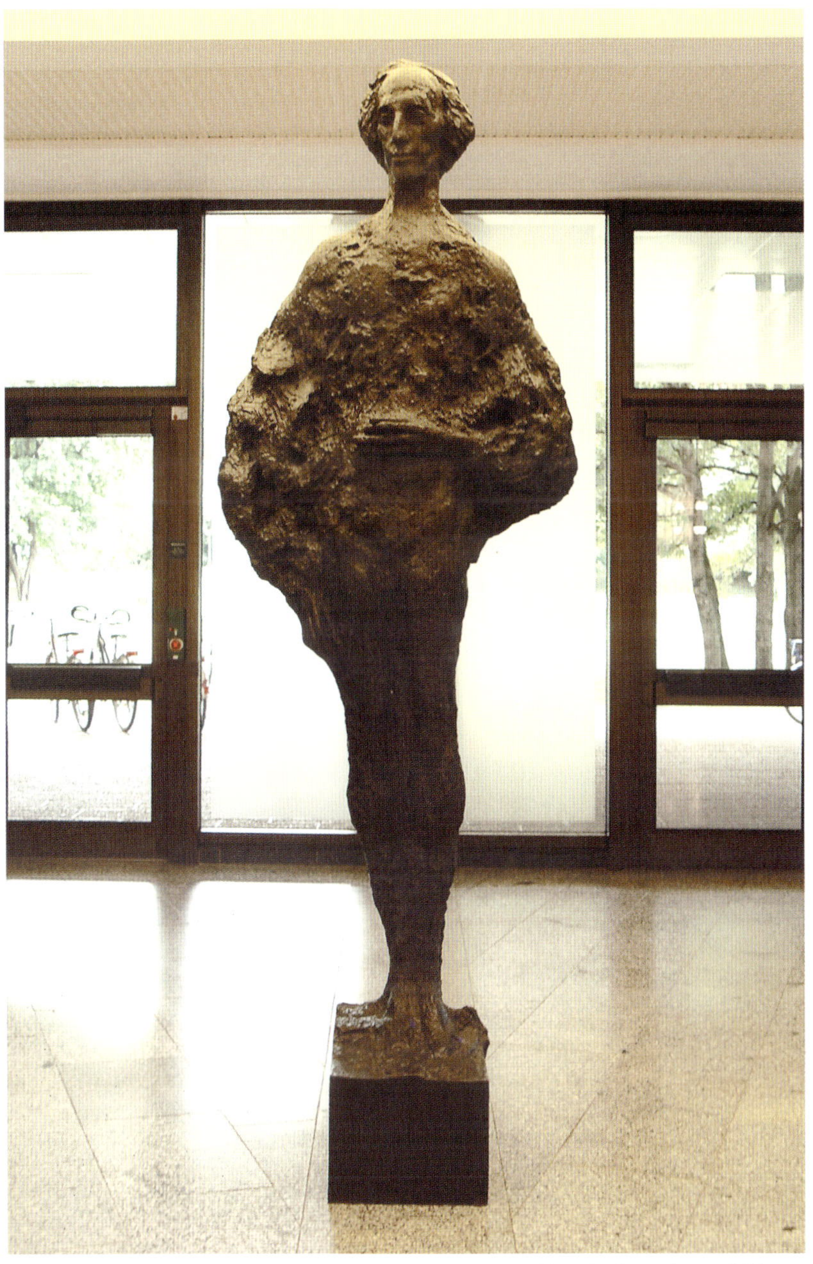

Felix Mendelssohn Bartholdy. Bronzeplastik von J. Jastram im Mendelssohn-Foyer des Gewandhauses, 1993

der freudigen Erlösung von der Welt war allerdings nur bedingt geeignet, die Gefühle der von Schmerz, Unverständnis und Verzweiflung überwältigten Versammelten zu treffen und fand deshalb viel Kritik. Der zum Ende dargebotene Schlusschor der Matthäuspassion war hingegen überaus passend gewählt. »Wir setzen uns mit Tränen nieder« – kaum eine Komposition hätte das allgemeine Empfinden und die Verbundenheit Mendelssohns mit Bach und Leipzig besser ausdrücken können als dieses Werk. Nach dem Ende der Feier verabschiedete sich Cecile noch einmal allein und in aller Stille; anschließend wurden Mendelssohns sterbliche Überreste mit der Eisenbahn nach Berlin gebracht und am nächsten Morgen beigesetzt.

Seitlich neben dem jetzigen Paulinum befindet sich heute Leipzigs »Neues Gewandhaus« **11**. Dieses eng mit der Initiative Kurt Masurs verbundene Konzerthaus ist seit 1981 Spielstätte des »Großen Concerts« – nach dem kriegsbedingten Verfall des »Zweiten Gewandhauses« hatte das traditionsreiche Orchester jahrzehntelang auf Provisorien wie die »Kongresshalle am Zoo« zurückgreifen müssen. Bis zum Jahr 2003 stand vor dem Eingang eine Bronzeplastik Mendelssohns, die sich mittlerweile im Foyer des Kleinen Gewandhaussaales, des »Mendelssohn-Saales«, befindet. Bei dieser öffentlich kontrovers diskutierten Umsetzung ging es allerdings nicht darum, Mendelssohn ein weiteres Mal vom Sockel zu stoßen, Auslöser war vielmehr die Rückgabe der von Max Klinger geschaffenen Beethoven-Skulptur an das neu erbaute Bildermuseum. Zweifellos war es eine schöne Idee, den jugendlichen Meister ins Freie, mitten unter die eintretenden Konzertbesucher zu stellen. Bedenkenswert ist jedoch, dass Mendelssohn, der im Übrigen ein renommierter Beethoven-Pianist war, auch inmitten seines Gewandhauses gut aufgehoben scheint. Das von Jo Jastram gefertigte Porträtstandbild wirkt auf den ersten Blick fast ein wenig »unfertig«, betont jedoch ganz entschieden die Leichtigkeit und klassisch durchgebildete Eleganz der Mendelssohn'schen Musik.

Mendelssohn-Haus in der Goldschmidtstraße

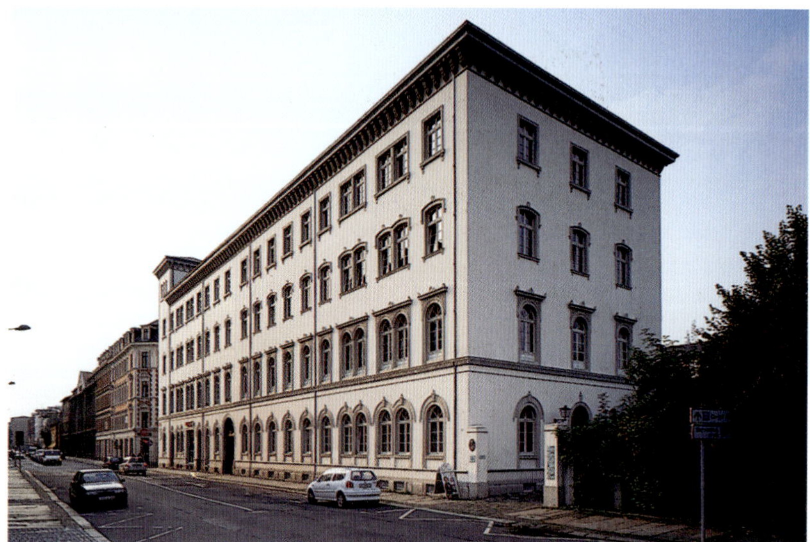

Den Schlusspunkt unseres Rundgangs setzt das nach jahrzehntelangem Verfall aufwändig restaurierte Wohnhaus Mendelssohns **12** in der Goldschmidtstraße – heute als Museum, Konzertstätte und Sitz der Internationalen Mendelssohn-Stiftung Zielpunkt für Freunde des Künstlers aus aller Welt.

Nach ihrer endgültigen Rückkehr aus Berlin bezog die Familie im Herbst 1845 das damals neu errichtete Haus in der Königstraße östlich des historischen Stadtkerns. Mendelssohns bewohnten hier die komplette Beletage. Die unter Verwendung originalen Mobiliars liebevoll eingerichteten Räume geben berührende Einblicke in das Familienleben und die Arbeit des Meisters. In einem innovativen Klanglabor kann der Besucher Mendelssohns Orchesterklang von innen heraus erkunden und sogar selbst zum virtuellen Taktstock greifen; eine kürzlich neu eingerichtete Etage nähert sich mit viel Phantasie dem Leben Fanny Hensels, der lange verkannten kongenialen Musikerschwester unseres Felix.

Erhalten ist auch der Raum, in dem Mendelssohn seine letzten Tage verbrachte und in dem er am Abend des 4. November 1847 qualvoll starb. Bereits nach der Rückkehr von seiner zehnten Englandreise Mitte Mai wirkte Mendelssohn erschöpft, die Nachricht vom plötzlichen Tod seiner Schwester Fanny versetzte ihm dann einen unheilbaren Schlag. Trotz einer Erholungsreise in die geliebten Schweizer Berge, trotz erneuter Kompositionen – darunter das expressive und allgemein als »Requiem für Fanny« aufgefasste Quartett in f-Moll – und trotz weitreichender Zukunftspläne war der erst Achtunddreißigjährige nicht zu retten. Nach mehreren Schlaganfällen kam alle ärztliche Kunst zu spät. In seinen letzten klaren Tagen soll er immer wieder Eichendorffs »Nachtlied«, seine letzte vollendete Komposition, gesummt und gespielt haben. In den Augen der trauernden Leipziger galt dieses Stück fortan als »Mendelssohn's Schwanengesang«. Die mit Mendelssohn eng befreundete Sängerin Livia Frege hatte dann die bewundernswerte Kraft, dieses Lied nur wenige Tage später im Gedenkkonzert des Gewandhauses öffentlich vorzutragen. Nach dem Ende des Stückes herrschte im Konzertsaal minutenlang Stille.

Anselm Hartinger

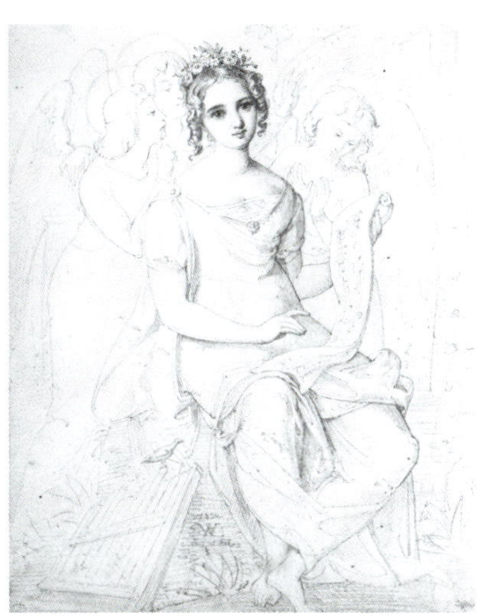

Fanny Hensel als Heilige Cäcilie, umgeben von Engeln. Bleistiftzeichnung von W. Hensel, 1822

Vergangen ist der lichte Tag;
Von ferne kommt der Glocken Schlag;
So reist die Zeit die ganze Nacht;
Nimmt Manchen mit, der's nicht gedacht.

Wo ist nun hin die bunte Lust,
Des Freundes Trost und treue Brust,
Der Liebsten süßer Augenschein? –
Will keiner mit mir munter sein? –

Frisch auf denn, liebe Nachtigall,
Du Wasserfall mit hellem Schall,
Gottloben wollen wir vereint,
Bis daß der lichte Morgen scheint.

Joseph von Eichendorff: Nachtlied

SPAZIERGANG 3 AUF DEN SPUREN ROBERT UND CLARA SCHUMANNS

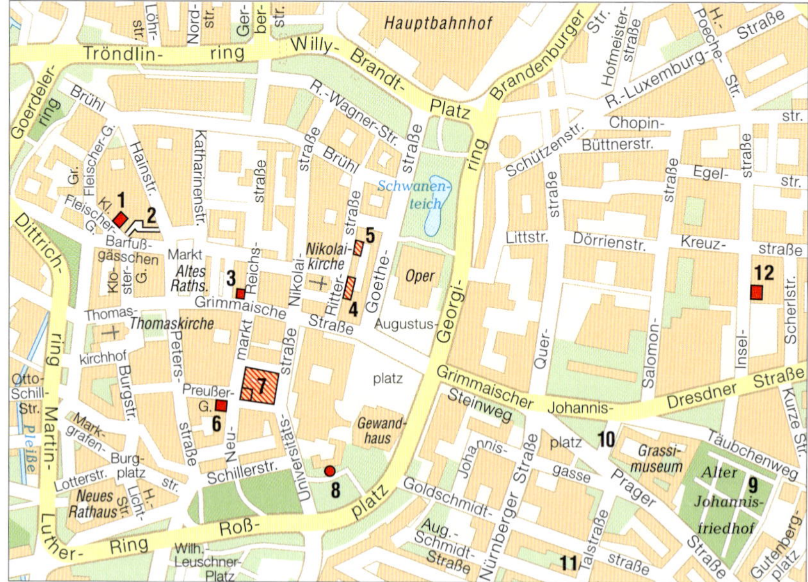

- **1** Coffe Baum
- **2** Barthels Hof
- **3** Ehem. Selliers Hof (Handelshof)
- **4** Ehem. Buchhändlerbörse
- **5** Ehem. Rotes Colleg
- **6** Ehem. Geburtshaus Clara Wieck
- **7** Ehem. Gewandhaus (1781) und Conservatorium
- **8** Schumann-Denkmal
- **9** Alter Johannisfriedhof
- **10** Museum für Musikinstrumente
- **11** Grieg-Begegnungsstätte
- **12** Schumann-Haus (Museum)

Eine Reise nach Leipzig führt unmittelbar zu den fast sprichwörtlich berühmten Kaffeesachsen. Unser Spaziergang beginnt an einem ihrer Lieblingsorte: im Coffe Baum **1**. Das Haus wurde um 1570 in der Kleinen Fleischergasse errichtet. Erstmals findet sich 1720 der Name »Zum Arabischen Coffe Baum« im Leipziger Adressbuch, wobei der Kaffeeausschank seit 1711 urkundlich nachweisbar ist. Bei einem »Scheelchen Heeßen« – beispielsweise im Schumann-Eck – kann es sich auch der heutige Besucher gemütlich machen, wobei ein zum Stadtgeschichtlichen Museum gehöriges eigenes Kaffeemuseum auf zwei Etagen zur sinnlichen und dabei kostenfreien Entdeckungsreise rund um Trinkkultur, Mokkakrisen, barocke Kaffee-Kantaten und fairen Handel einlädt. Das gegenwärtig aufgrund von baulichen Sanierungsmaßnahmen nur im Rahmen von Führungen zugängliche Haus soll ab 2021 wieder in neuer Schönheit erstrahlen und geöffnet sein.

Bekannte Stammgäste damals waren Johann

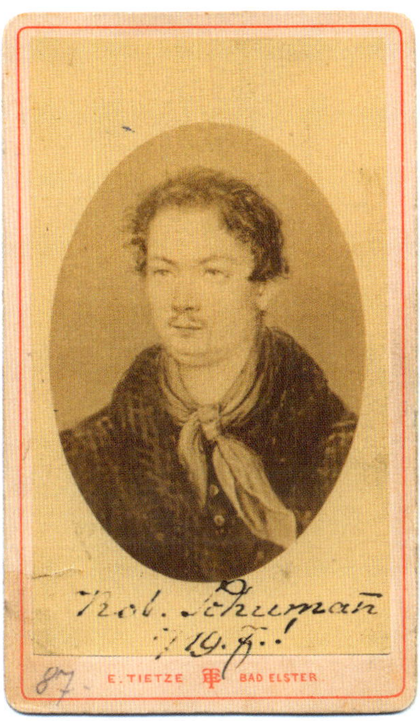

Robert Schumann als Student in Leipzig, um 1834

Christoph Gottsched, Richard Wagner, Goethes Enkelsohn Walther von Goethe und Robert Schumann. Im Schumann-Eck sitzend, umgeben von Porträts und Namen der Davidsbündler, kann der heutige Gast in Gedanken eine Zeitreise zu den einstigen Stammgästen unternehmen und ist bald mittendrin in Debatten einer Gruppe engagierter Herren in den 1830er-Jahren: Nicht nur die Zigarren qualmen. Es geht um nichts weniger als die gesamte Musikentwicklung. Namen wie Florestan, Eusebius, Eleonore, Chiarina, Zilia, Meritis, Meister Raro, Fritz Friedrich dringen an das Ohr des Gastes. Ist es ein Geheimbund, der sich da trifft? Mitten in der Schar sitzt Robert Schumann.

1828 kam der Achtzehnjährige aus seiner Heimatstadt Zwickau nach Leipzig, wo er Jura studieren sollte. Doch galten seine Neigungen der Literatur und der Musik. Der Vater hatte als Buchhändler, Autor und Verleger seinen Sohn in dieser Weise geprägt und die Talente gefördert. Doch nach seinem Tod entschieden Vormund und Mutter, dass Robert in Leipzig Jurisprudenz studieren sollte. Die Stadt wurde zum Schmelztiegel für die ursprünglichen Interessen des Jünglings, der auf der Suche nach seiner Profession war. Seinen nach dem Heidelberger Jahr (1829) in Leipzig geschriebenen Aufsatz »Der Davidsbündler« wollte er zum Roman ausweiten. Doch dazu kam es nicht. Er kann jedoch als Vorarbeit zu einer musikkritischen Zeitschrift verstanden werden. Erstmals tauchen die phantastischen Musikjünger Florestan und Eusebius in seinem Text auf. Später befinden sie sich im Kreis halb fiktiver, halb realer Mitbündler (Felix Meritis = Mendelssohn; Chiara, Zilia = Clara Wieck). Damit ist auch gesagt, dass der Davidsbund mehr war als die Runde der Stammtischgäste im Coffe Baum. Schumann selbst wurde repräsentiert durch Florestan und Eusebius. Diese waren keineswegs Widerspiegelungen einer Persönlichkeitsspaltung, wie teilweise behauptet wird. Vielmehr sind sie Reflexionen dessen, was auch als Ausdruck des romantischen Zeitgeistes gesehen werden kann. Der Davidsbund reihte sich ein in die Kunstbrüderschaften der Romantik, die sich als Gegengewicht zur Gefahr der Isolation, die dem Künstler jener Zeit drohte, verstanden. Schumanns reiche Persönlichkeit fand hier Ausdrucksformen.

Doch auch eine Zeitreise hat ihre Uhr und diese sei dem Spaziergänger hiermit freundlich an die Hand gegeben. Innerhalb der zehn Jahre, in denen Robert Schumann die »Neue Zeitschrift für Musik« – sie existiert noch heute – führte, verloren sich die Davidsbündler. Der Jüngling reifte zum Mann, was sich im veränderten Schreibstil widerspiegelte.

Nun taucht der heutige Gast wieder in den fiktiven Wortschwall von einst ein und fragt sich: Was erhitzte die Gemüter derart? Worum ging es überhaupt? Der Kreis um Schumann empfand, dass nach dem Tode des Komponisten

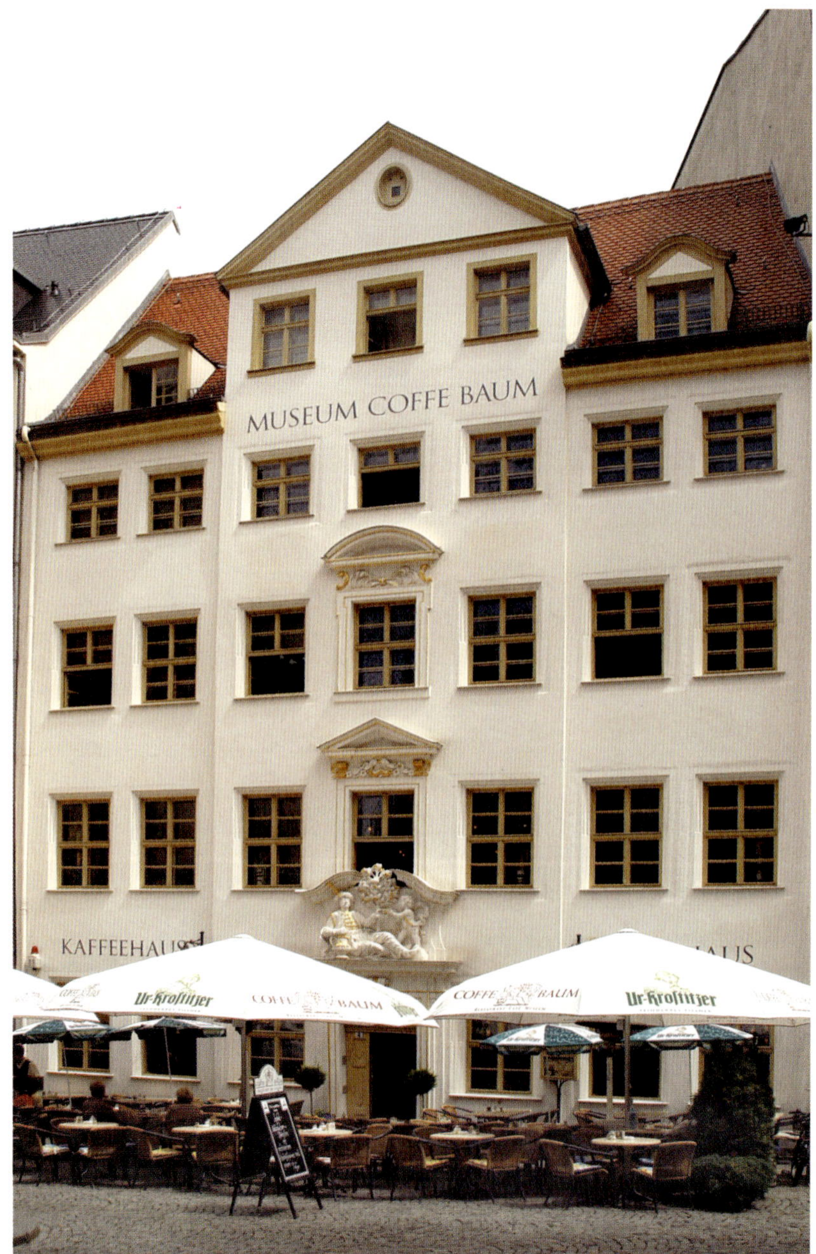

Coffe Baum

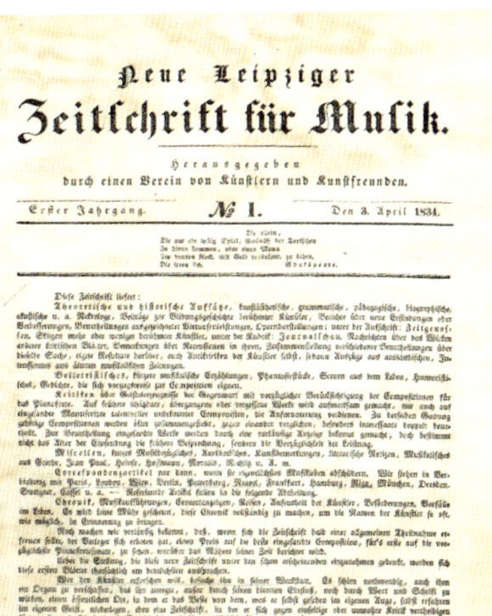

Neue Leipziger
Zeitschrift für Musik.

Herausgegeben
durch einen Verein von Künstlern und Kunstfreunden.

Erster Jahrgang. № 1. Den 3. April 1834.

Diese Zeitschrift liefert:

Titelblatt der »Neuen Zeitschrift für Musik«, Bd. 1, 1. Jg., Nr. 1 vom 3. April 1834

Carl Maria von Weber im Jahre 1826 im deutschen Musikleben eine Lücke entstanden war. Das breite Publikum begeisterte sich nur allzu bereitwillig für ein populäres Virtuosentum. Die dazugehörige Musik war entsprechend von eher bravourmäßiger Machart mit nur begrenzt poetischem Gehalt. Gegen diese Tendenzen trat Schumann auf, wobei es ihm nicht darum ging, nur gegen Bestehendes anzurennen. Es galt vielmehr, andere Wege zu finden: der Musik aus Frankreich und Italien zwar den ihr gebührenden Platz einzuräumen, aber zugleich begabten jungen deutschen Komponisten ein Podium zu schaffen, sie somit gleichermaßen zu fördern. Wie sollte dies geschehen? »Da fuhr denn eines Tages der Gedanke durch die jungen Brauseköpfe: laßt uns nicht müßig zusehen, greift an, daß es besser werde, greift an, daß die Poesie der Kunst wieder zu Ehren komme.«

Eine nachlesbare poetische Darstellung musste her. Am 3. April 1834 erschien die erste Nummer der »Neuen Zeitschrift für Musik«. Gegründet wurde diese von Julius Knorr, Robert Schumann, Ludwig Schuncke, Ernst Ortlepp und Friedrich Wieck. David war angetreten, Goliath (die »Allgemeine Musikalische Zeitung« und das Philistertum) zu entthronen. Am Stammtisch im Coffe Baum wurde dieses Vorhaben erörtert, entstanden die Ideen, wurde kritisch das Vorhandene reflektiert.

Robert Schumann hatte zunächst für die »Allgemeine Musikalische Zeitung« geschrieben. Bereits hier offenbarte sich sein Verständnis von Musikkritik: Sie selbst soll ein Kunstwerk sein. Das nochmalige Reflektieren des Erlebten als Widerschein des Kunsteindrucks sollte diesem Anspruch gerecht werden. Beispielsweise war er auf Chopins Variationen über Mozarts »Là ci darem la mano« op. 2 gestoßen und davon begeistert. Schon 1831 schrieb er über seine Sicht auf das Werk eines jungen Gleichgesinnten. In der »Allgemeinen Musikalischen Zeitung« veröffentlichte er dazu den Artikel »Ein Werk II«. Daraus entstammen die viel zitierten Worte: »Hut ab ihr Herren, ein Genie!«

Frédéric Chopin war eigens 1835 und 1836 nach Leipzig gekommen, um Mendelssohn und Schumann zu treffen und Clara Wieck in ihrem Vaterhause spielen zu hören.

Bereits während dieser Zeit des Schreibens für die »Allgemeine Musikalische Zeitung« hatte Schumann erkannt, dass es eines neuen Ansatzes bedurfte: Eine Zeitschrift, die verlagsunabhängig (!) und damit frei von Reklamezwängen war, musste geschaffen werden. So war es möglich, dem Leser Notenmaterial nach inhaltlicher Analyse zu empfehlen. Die »Neue Zeitschrift für Musik« erschien als Periodikum, um eine »neue, poetischere« Zeit herbeizuschreiben. Der schaffende Künstler selbst wurde kritisch tätig.

Schumann hatte die bemerkenswerte Fähigkeit, stets zu untersuchen, »was an der Sache ist«. Und so fand er Stilformen, die den Inhalt ebenso vermittelten wie den Respekt vor der erbrachten Leistung. Beispielsweise besprach er in seinem »4. Schwärmbrief« das Konzert vom 9. November 1835. Clara Wieck spielte ihr a-Moll-Konzert op. 7 und erstmals erklang im Gewandhaus Bach'sche Musik! Mendelssohn,

ROBERT SCHUMANN ALS MUSIKSCHRIFTSTELLER

»Eine Zeitschrift für ›zukünftige‹ Musik fehlt noch. Als Redakteure wären freilich nur Männer, wie der ehemalige blind gewordene Kantor an der Thomasschule und taube in Wien ruhende Kapellmeister passend.« Oder: »Eine Zeitschrift soll nicht bloß die Gegenwart abspiegeln; der sinkenden muß die Kritik vorauseilen und sie gleichsam aus der Zukunft zurückbekämpfen.« In diesen frühen Aphorismen skizziert Schumann seine Visionen und seine Ansprüche an die Tätigkeit eines Musikschriftstellers. Gleichzeitig enthalten sie bereits das Redaktionsprogramm der späteren »Neuen Zeitschrift für Musik« (NZfM). Wenn schon Bach und Beethoven nicht mehr zur Verfügung standen, so musste Schumann diese Aufgaben eben selbst übernehmen. Prädestiniert dafür war er nicht allein durch seine viel berufene literarisch-musikalische Doppelbegabung. Hellsichtig hatte Schumann erkannt, dass mit dem Tode Beethovens eine neue Epoche angebrochen war, deren ästhetische Programme erst ausformuliert werden mussten.

Robert Schumanns Unbehagen hinsichtlich des Konservatismus der »Allgemeinen Musikalischen Zeitung« war nicht innerhalb dieser zu überwinden. 1834 kam es dann zur Gründung der NZfM. Sie verstand sich als Kampforgan der Davidsbündler, einer verschworenen (und zuweilen auch verschwörerischen) Vereinigung vorwiegend junger Musikintellektueller unter der entschiedenen Führung von Robert Schumann. Ihre Hauptgegner sahen sie in den »Philistern«, den »drei Erzfeinden unserer und aller Kunst, den Talentlosen, dann den Dutzendtalenten …, endlich den talentvollen Vielschreibern«.

Das Titelblatt verrät, wie weit gespannt der Rahmen des Redaktionsprogramms war: Nicht nur über Musik sollte berichtet werden, sondern auch über Literatur. Nicht zufällig erscheint gleich hier der Name Jean Paul. Von ihm, den er als den maßgebenden Dichter seiner Epoche betrachtete, ließ sich Schumann nicht allein im Sprachduktus, sondern auch im novellistischen Erzählton beeinflussen. Ein Jahr nach der Gründung der NZfM übernahm Schumann selbst die Schriftleitung; seine »Thronrede« kommt einem neuen Gründungsmanifest gleich: Sein Ziel sei, »an die alten Werke mit Nachdruck zu erinnern, darauf aufmerksam zu machen, wie nur an so reiner Quelle neue Kunstschönheiten gekräftigt werden können, – sodann, die letzte Vergangenheit, die nur auf Steigerung äußerlicher Virtuosität ausging, als eine unkünstlerische zu bekämpfen – endlich eine neue poetischere Zeit vorzubereiten, beschleunigen zu helfen«.

Florestans Zuwendung galt oft jenem Virtuosengeklingel der Hertz & Hünten, aber selbst Czerny entging seiner spitzen Feder nicht: »Mit einem Wort: er wird alt; man wird seiner Sachen überdrüssig; man gebe ihm eine Pension.« Für subtilere Töne wurde Eusebius eingespannt, und dies konnte gelegentlich zu witzigen Situationen führen. Nach Eusebius' Besprechung einer Klaviersonate des Grafen Pocci bemerkt Florestan: »Wie schlau mein Eusebius drum herum geht! Warum nicht ganz offen: ›Der Herr Graf hat sehr viel Talent, aber wenig studiert.‹« Mit den Jahren gab Schumann sein Maskenspiel dann auf, auch wurden seine Kritiken ernsthafter und fachmännischer.

Durch nichts aber wird Schumanns Bedeutung als Musikschriftsteller so trefflich belegt wie durch die Aufzählung all der Musiker, für die er sich vehement einsetzte. Unter all den komponierenden Pianisten hörte er Chopins Genie heraus. Berlioz widmete er eine seiner interessantesten Kritiken: trotz mancher Einwände gegen die »Symphonie fantastique« verkannte er doch nicht ihre Bedeutung. In Mendelssohn sah er den Mitstreiter für die gemeinsame Sache. Die Bedeutung Schuberts propagierte er zu einer Zeit, da dieser nahezu ganz der Vergessenheit anheim gefallen war. Brahms hat er »neue Bahnen« geebnet. Er hatte die Größe, Liszt Gerechtigkeit widerfahren zu lassen, obgleich ihn mancher Zug an Liszt störte. Von Wagner hat er zumindest geahnt, dass der einmal »der Mann der Zukunft« würde.

Das Ausmaß von Schumanns Arbeitsbelastung kann man sich nur schwer vorstellen. Neben eigenen Artikeln waren tausende von Briefen zu schreiben, und dies alles bei lebhaftester Komponiertätigkeit. Nach 1844, mit seinem Umzug von Leipzig nach Dresden, legte Schumann allmählich die Kritikerfeder aus der Hand, derer die Zeit so sehr bedurft hatte. Glücklicherweise sind seine Artikel in den »Gesammelten Schriften über Musik und Musiker« auf uns gekommen. Für alle, die sich über die Musik um die Mitte des 19. Jahrhunderts einen Überblick verschaffen möchten, sind sie schlechthin unentbehrlich.

Mittlerweile hat Schumann als Musikschriftsteller und -kritiker im Museum in der Inselstraße 18 Einzug gehalten: Ein Lesepult stellt den Redakteur der »Neuen Zeitschrift für Musik« vor.

Hermann Backes

Rakemann und Clara Wieck spielten das Konzert für drei Klaviere in d-Moll (BWV 1063). Die Kritik am Spiel der sechzehnjährigen Clara Wieck verband Robert Schumann mit dem Ausdruck der Ehrfurcht vor dem hohen inneren Wert ihrer musikalischen Person. Die Ausrichtung auf zum Teil falsche Vorbilder wurde als Problem benannt. Den Blick auf das Bach-Studium gerichtet, sah Schumann bereits in den dreißiger Jahren die entscheidenden Chancen einer Entwicklung auch für Clara Wieck.

Schumanns Enthusiasmus, »ohne den nie etwas Bedeutendes und Grosses ins Werk gesetzt ist«, wie er selbst formulierte, sein Optimismus und sein Wille, alle mit der Zeitschrift verbundenen Schwierigkeiten auf sich zu nehmen, versetzten ihn in die Lage, ein solches Vorhaben zu realisieren. Hier war er keineswegs der »romantische Schwärmer und Träumer«, als der er gern hingestellt wird. Leidenschaft und Kraft waren nötig, um unter konstantem Zeit- und Erfolgsdruck die Verantwortung für Redaktion, Organisation, Produktion und Vertrieb zu tragen.

Doch es ist Zeit den Coffe Baum zu verlassen. Gleich nebenan befindet sich Barthels Hof **2**. Er ist der letzte erhaltene typische Handelshof aus den Zeiten der Warenmesse. Im Durchhaus – man konnte mit den Fuhrwerken ohne zu wenden hindurchfahren – erreichte der Handelshof seine architektonisch und funktionell vollkommenste Ausprägung. Dazu schreibt Goethe: »Jedoch ganz nach meinem Sinn waren die mir ungeheuer scheinenden Gebäude, die, nach zwei Straßen ihr Gesicht wendend, in großen himmelhoch umbauten Hofräumen eine bürgerliche Welt umfassend, großen Burgen, ja Halbstädten ähnlich sind.«

Über den Markt, vorbei am Rathaus und dem Goethe-Denkmal vor der Alten Börse führt der Weg zur Ecke Grimmaische Straße / Reichsstraße **3**. Auch im dortigen Domizil Friedrich Wiecks fanden zu Ehren in Leipzig weilender Künstler Hauskonzerte statt. Robert Schumann hatte Clara erstmals bei der befreundeten Familie Carus in Colditz spielen gehört. Er war begeistert vom Können des Klavierpädagogen

Friedrich Wieck und wählte ihn zu seinem Lehrer. So nahm er neben den Stunden bei Kapellmeister Dorn Unterricht und 1830/31 Logis bei der Familie Wieck. Im Tagebuch vermerkte Robert Schumann 1832: »Mit Wieck über Dorn und den Generalbaß – Wie er da lauschte; ich kam aber bei Bach ins Feuer … Johann Sebastian Bach hat Alles ganz gemacht – er war ein Mann durch und durch.«

Nach wenigen Schritten gelangt man an die Ecke Reichsstraße 6. Das Gebäude war 1815 bis 1891 im Besitz der Familie des Freiherrn Maximilian Speck von Sternburg auf Lützschena und seiner Nachkommen. Als Robert Schumann bei Wieck wohnte, war die Gemäldesammlung sozusagen in Blickweite. Schumann besuchte sie oft. Die Gemäldesammlung Speck von Sternburg kann heute im Museum der bildenden Künste Leipzig bewundert werden.

Der Blick gleitet über den Nikolaikirchhof auf die jetzige Bebauung in der Ritterstraße. Einst stand in der Nr. 12 das 1834/36 nach Entwürfen von Albert Geutebrück (1801 – 1868) erbaute Haus der Deutschen Buchhändlerbörse **4**. Dies war nicht nur ein Ort regen bürgerlichen Geschäfts- und Konzertlebens, sondern auch eine besondere Station im Leben von Robert und Clara. Durch das Verdikt des Vaters Wieck war es den beiden jungen Liebenden nicht möglich, sich zu sehen. Auch die Verständigung zwischen ihnen war durch Friedrich Wieck weit gehend unterbunden worden. Es blieb ihnen nur die Sprache der Musik. Clara Wieck spielte in der von ihr am Sonntag, dem 13. August 1837, gegebenen musikalischen Morgenunterhaltung im Saal der Buchhändlerbörse »Drei ›Etudes Symphoniques‹ nebst vorhergehendem Thema (aus op. 13)« von Robert Schumann. Er verstand und wusste, dass Clara sich zu ihm und zu ihrer Liebe bekannte. Sie hatte sich entschlossen, die nun folgenden Auseinandersetzungen um die Eheschließung mit Robert gegen ihren Vater notfalls vor Gericht auszutragen.

Nahe bei diesem Ort einer wesentlichen Lebensentscheidung für das Künstlerpaar Schumann stand das so genannte Rote Colleg **5**, in welchem sich Schumanns letzte Junggesellenwohnung befand. Er hatte in dem noch immer der Leipziger Universität zugehörigen Areal ein »Studier- und Dichterstübchen«. Im Tagebuch vermerkte er: »Freitag, den 23. sten März 1838

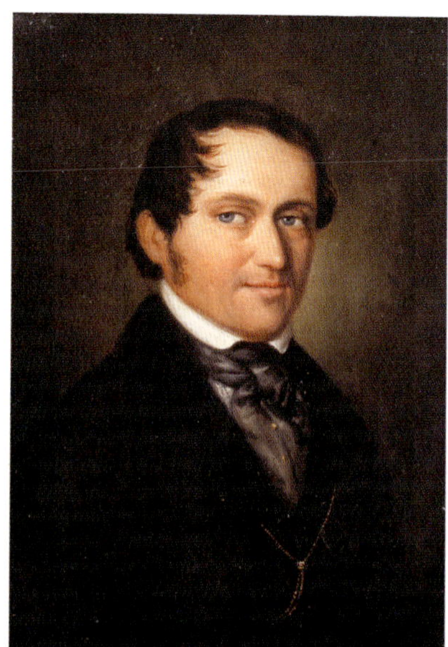

Friedrich Wieck. Gemälde eines unbekannten Künstlers, um 1830

Gedenktafel für Clara Schumann am Handelshof, einst Selliers Hof

IN "SELLIERS HOF",
DEM VORGÄNGERBAU,
VERBRACHTE
CLARA SCHUMANN (1819 - 1896)
EINEN TEIL IHRER KINDHEIT.
ZWISCHEN 1825 UND 1835
WOHNTE HIER IHR VATER
FRIEDRICH WIECK UND BEI DIESEM
1830 - 1831 ROBERT SCHUMANN.

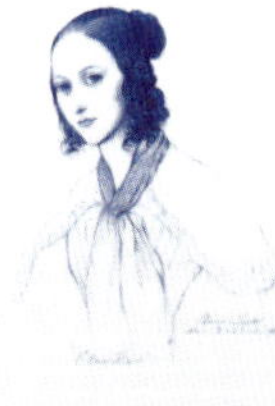

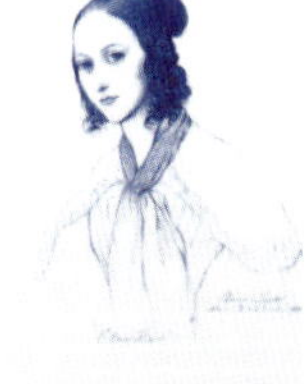

GESTIFTET VON FA. BODO ZEIDLER, AUTORISIERTES FACHGESCHÄFT FÜR MEISSENER PORZELLAN®, IM ALTEN RATHAUS ZU LEIPZIG

JOHANN GOTTLOB FRIEDRICH WIECK (1785–1873)

Als Musikpädagoge war Friedrich Wieck Autodidakt. »Ich war das, was ich wollte, ganz, d. h. Lehrer.« Er vermittelte seinen Schülern eine systematische Arbeitsweise und war wohl auch in der Lage, die Individualität jedes einzelnen Schülers zu berücksichtigen. Er verfügte über eine hervorragende psychologische Beobachtungsgabe. Unnachgiebigkeit war einer seiner hervortretenden Charakterzüge. Weder Clara Wieck noch Robert Schumann fiel es immer leicht, die geforderte Disziplin einzuhalten. Der Ehrgeiz Friedrich Wiecks konzentrierte sich auf die öffentliche Präsentation der Natürlichkeit des Wunderkindes, seiner Tochter Clara.

Bald schon brach er mit ihr zu Konzertreisen auf, wusste sein Tun u. a. durch die Audienz beim zweiundachtzigjährigen Minister von Goethe zu adeln. Clara spielte dem greisen Dichter in Weimar vor. Bei Claras zweitem Besuch sprach Goethe die Worte: »Das Mädchen hat mehr Kraft als sechs Knaben zusammen.« Selbstredend war dieser Besuch bei Goethe für Claras Karriere förderlich. Wieck baute sich mit ihr ein entsprechendes Renommee auf.

Robert Schumann – begabter Sohn aus gutbürgerlich-sächsischem Hause in Zwickau – war häufig im Leipziger Domizil des Neffen seiner heimatlichen Musikfreunde, Dr. Carus, zu Gast, das als Treffpunkt bekannter Künstler galt. Agnes Carus vermittelte Robert dann den Unterricht bei Friedrich Wieck. Roberts Entscheidung für den Beruf eines Musikers rief bei Mutter, Vormund und Geschwistern Zweifel hervor. Sie hatten Robert auf das Studium der Jurisprudenz verpflichtet. Das Urteil des anerkannten Klavierpädagogen Friedrich Wieck wurde erbeten und sollte den Ausschlag bei der Entscheidungsfindung geben.

Im August 1830 schrieb Friedrich Wieck an Frau Schumann: »Ich mache mich anheischig, Ihren Sohn, den Robert, bei seinem Talent und seiner Phantasie binnen 3 Jahren zu einem der größten jetzt lebenden Klavierspieler zu bilden.« In diesem Brief an Schumanns Mutter verdeutlichte Wieck zugleich, was Robert zu leisten haben wird, um seine Phantasie einzudämmen und den Herausforderungen intensiven Arbeitens gerecht zu werden.

Der Unterricht und das Wohnen bei Wieck schlossen das Zusammensein mit der Wieck'schen Familie ein. Doch bald drängte es Schumann nach einem eigenen »Dichterstübchen«, nach der Freiheit studentischen Lebens. Zugleich wollte er auf schnellem Weg seine pianistischen Fähigkeiten vervollkommnen. Das damit verbundene Training übertrieb er derart, dass in der Folge eine Lähmung des Mittelfingers eintrat. Diese irreversible Verletzung der rechten Hand bedeutete das Ende des Klavierunterrichts bei Wieck, den Abbruch der Hoffnung auf eine Virtuosenkarriere.

Unstrittig ist, dass Friedrich Wieck für Robert Schumann zum wichtigen Mentor geworden war. In der Auseinandersetzung mit ihm um Clara wurde er ebenso zum Prüfstein für Lebensinhalte und -ziele. Doch wie stets führte auch hier die Verabsolutierung von Prinzipien zur Starre. Der Wunsch Robert Schumanns, Clara Wieck zu heiraten, stieß bei Friedrich Wieck auf unüberwindliche Ablehnung. Doch trotz des Zerwürfnisses vergaßen Clara und Robert nie, was sie Wieck verdankten. In den späteren Jahren kam es zu einer Annäherung und gewissem Verstehen. Wieck hatte die Hand zur Versöhnung gereicht.

Petra Dießner

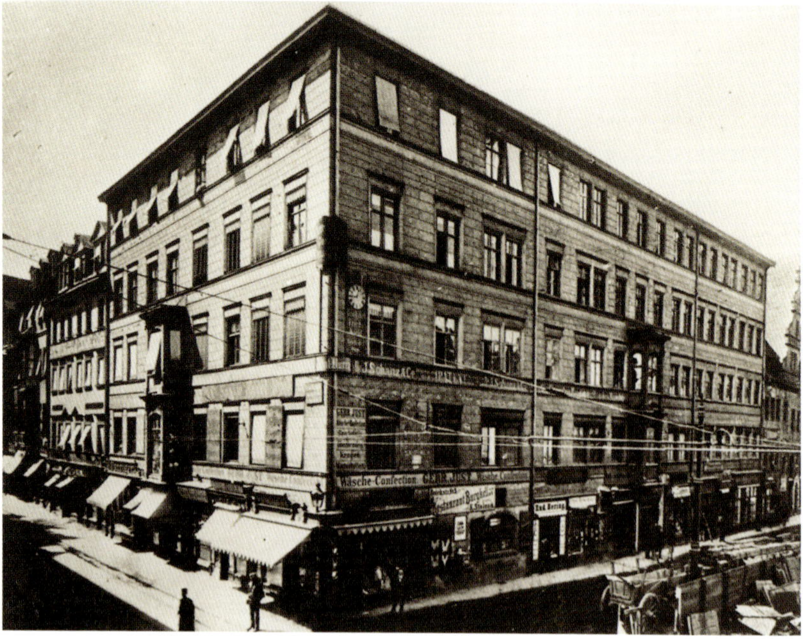

Selliers Hof in Leipzig. Zeitgenössische Fotografie

J. Pauls und Bachs Geburtstag. – April 1838: Bachs temperirtes Clavier und Choralbuch wurden wieder durchstudiert. – Fugen und canonischer Geist in all meinem Fantasieren.«

Doch auch der Ausblick hin zum Schwanenteich, mit all dem Grün ein romantisches Gefilde, konnte kaum die Qualen mildern, die er im Ringen um Clara und ihre Liebe litt. Wie stets flossen seine emotionalen Stürme in die Musik ein: Stellvertretend für die in dieser Zeit entstandenen Werke seien genannt: Carnaval op. 9, Kinderszenen op. 15, »Kreisleriana« op. 16 und »Novelletten« op. 21.

Alle Hoffnungen zu Beginn des Jahres 1840 bündelten sich im gewaltigen Strom des »Liederfrühlings«. Später sollte Robert Schumann die große Nähe von Kunst und Leben kritisieren: »Es sind meistens Wiederspiegelungen meines wild bewegten Lebens; Mensch und Musiker suchten sich immer gleichzeitig bei

Rotes Colleg. Fotografie, 1890

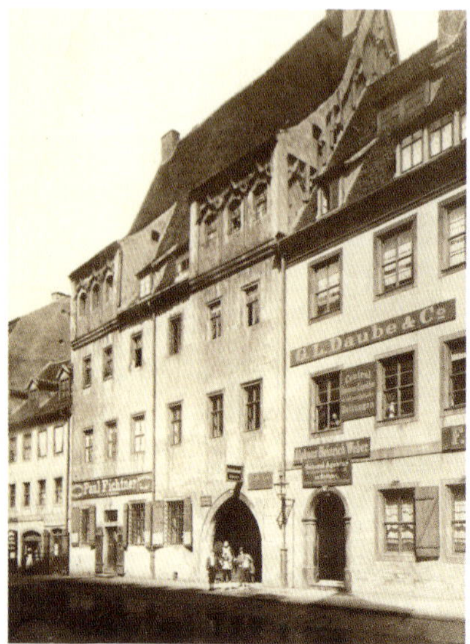

mir auszusprechen; es ist wohl auch noch jetzt so, wo ich mich freilich und auch meine Kunst mehr beherrschen gelernt habe. Wie viele Freuden und Leiden in diesem kleinen Häuflein Noten zusammen begraben liegen.«

Vorbei an der Nikolaikirche führt der Weg in Richtung Städtisches Kaufhaus. Clara Wiecks Geburtshaus befand sich Ecke Preußergässchen / Neumarkt **6**.

Mit dem Städtischen Kaufhaus **7** sind nicht nur mehr als 500 Jahre Leipziger Messegeschichte verknüpft, sondern auch die Förderung von Kunst und Musik.

Nomen est Omen: Im Haus der Tuchmacher (während der Warenmesse hatten hier auswärtige Tuchmacher ihre Stände), im Gewandhaus, spielte die Musik – so kam das weltberühmte Orchester zu seinem Namen.

Der Gewandhaussaal, den Johann Carl Friedrich Dauthe 1781 im oberen Tuchboden des Gewandhausflügels an der Universitätsstraße einbaute, wurde 1894 abgebrochen, da inzwischen das neue Konzerthaus fertig war und

> *Clara Josephine Wieck erblickte das Licht der Welt in Leipzig, den 13. September 1819, empfing in St. Nikolai die heilige Taufe.*
>
> Taufeintrag

dieser Saal nicht mehr benötigt wurde. Die Tür, die in den einstigen berühmten klassizistischen Musiksaal führte, ist noch heute im Aufgang D vorhanden. Der Zugang ist prinzipiell möglich. Hier debütierte Clara Wieck 1828, hier gab sie wiederholt umjubelte Konzerte, auch 1878 zu Ehren der fünfzigjährigen Wiederkehr ihres ersten öffentlichen Auftritts.

Als sie 1841 eine »Symphonie von R. Schumann« ankündigte, war das Publikum erstaunt. Unter der Leitung Mendelssohns wurden die neuartigen Anforderungen, die die »Frühlingssinfonie« an das Orchester stellte, bewältigt. Im Gewandhaus wurden noch weitere Werke Robert Schumanns, darunter das weltliche Oratorium »Das Paradies und die Peri«, uraufge-

Haus Hohe Lilie, Ecke Neumarkt / Preußergässchen. Postkarte

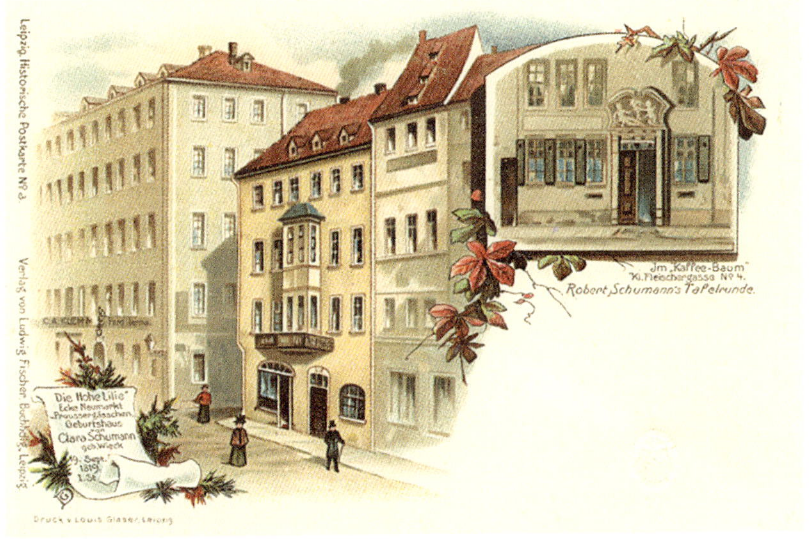

DIE JUNGE CLARA WIECK

Claras Vater Friedrich Wieck befasste sich mit Instrumentenhandel und -verleih und hatte sich nicht zuletzt durch seine Tochter einen Ruf als erfolgreicher Klavierpädagoge erworben. Bereits vor der Geburt des Kindes hatte er beschlossen: Würde es ein Mädchen sein, sollte es eine große Künstlerin werden. Vielleicht gab er ihr schon deshalb den Namen Clara: »Die Strahlende«.

Claras Mutter, eine Enkelin des berühmten Flötisten Tromlitz, hatte als junges Mädchen bei Wieck Klavierunterricht. In dieser Ehe war gegenseitiges Verständnis nicht zu leben, weshalb sich die Mutter scheiden ließ. Zunächst verblieb Clara in der Obhut der Mutter. Doch ab dem fünften Lebensjahr stand das Kind dem Vater zu. So war die Rechtslage.

Clara wurde durch ihren Vater ausgebildet, erhielt zunächst auch zu Hause Unterricht in einigen Fächern. Später besuchte sie die Schule. Wieck achtete streng auf den Tagesablauf und sorgte für ihre Erziehung, wovon das von ihm geführte Jugendtagebuch Clara Wiecks Zeugnis ablegt. Mehr als drei Stunden tägliches Üben am Klavier war nicht vorgesehen, um sie nicht zu überfordern und: Viel spazieren zu gehen hielt der Vater hinsichtlich der körperlichen Entwicklung des Kindes für ebenso wertvoll. Clara soll erst spät gesprochen haben – mit vier oder fünf Jahren. Doch Musik hörte sie früh und machte dank der klugen Methodik des väterlichen Unterrichts gute Fortschritte.

Über die erste Begegnung mit Clara im Hause des Arztes Dr. Carus bemerkte Robert Schumann später: »Du warst damals ein kleines eigenes Mädchen mit einem Trotzkopf, einem Paar schöner Augen, und Kirschen waren Dein Höchstes.« Clara war noch nicht neun und Robert 18 Jahre alt. Gern wird die Geschichte erzählt, dass Claras Debüt im Gewandhaus im Oktober 1828 beinahe einem Irrtum zum Opfer gefallen wäre: Die Glasequipage, die sie zum Gewandhaus bringen sollte, holte glücklicherweise das Gefährt ein, in welchem Clara saß – sie war verwechselt worden und fuhr in der falschen Kutsche zu einer Tanzfestlichkeit nach Eutritzsch. Als Clara dann doch in heller Aufregung kurz vor ihrem Auftritt ankam, meinte der Vater: »Das hatte ich ganz vergessen, Dir zu sagen, Clärchen, daß man allemal verwechselt wird, wenn man zum erstenmal öffentlich spielt.« So beruhigt, spielte sie ausgezeichnet und machte erstmals Furore.

Ab da begann Claras Konzert-Reise-Zeit mit dem Vater durch Sachsen, Deutschland und Europa. Mit den damit verbundenen neuen Erfahrungen wurde der Unterricht in musikalischer Hinsicht erweitert. Bei Kantor Weinlig erhielt sie Theorieunterricht, daran schlossen sich Kontrapunktstudien an. Auch Richard Wagner und Robert Schumann waren zeitweise Schüler beim Kantor der Thomasschule.

Petra Dießner

führt. Im benachbarten Konservatorium wirkte Schumann 1843/44 als Lehrer für Klavier, zeitweise von seiner Frau Clara unterstützt.

Das Kaiser-Maximilian-Denkmal von Carl Seffner – auch Schöpfer der Denkmäler für Bach und Goethe – befindet sich über dem Durchgang aus dem Städtischen Kaufhaus. Den Ort des einstigen Gewandhaussaales im Rücken, auf die Universität vor sich blickend, steht Kaiser Maximilian, der der Stadt Leipzig

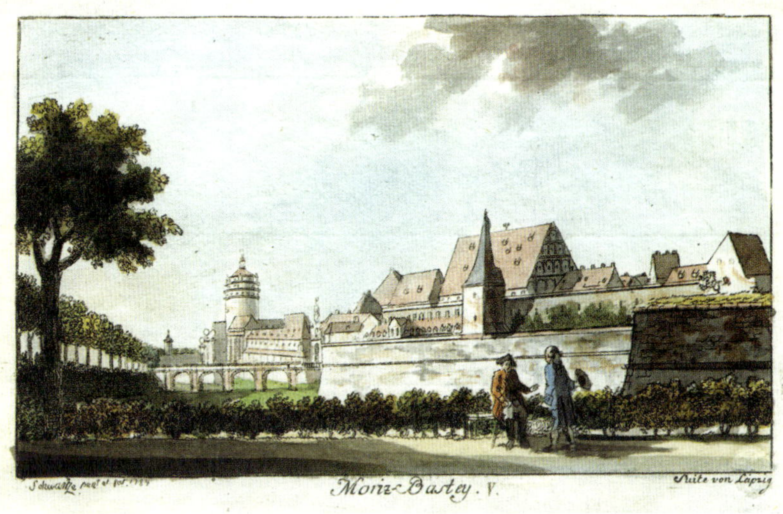

»Moriz-Bastey«. Kolorierter Kupferstich von C. B. Schwartz, 1784

1497 und 1507 Reichsmesseprivilege erteilte, sozusagen recht sinnträchtig auf seinem Platz: Als Herrscher personifiziert er die Zusammenführung von Handel, Kunst und Wissenschaft – über ihm thront Merkur. Merkur und die Musen – das bringt die für Leipzig spezifische Prägung auf den Punkt, denn Wirtschaft und Handel förderten die Künste und deren Ausübung nachhaltig.

Allmählich nähert sich der Spaziergang den Promenaden und führt hinaus aus der Stadt, wie sie in den 1840er-Jahren war. Südlich der Moritzbastei befindet sich das Robert-Schumann-Denkmal **8**. Es ist das erste Denkmal, das man dem Komponisten und Musikkritiker errichtet hat. Es wurde ohne Anteilnahme der Öffentlichkeit auf Betreiben und Kosten eines ungenannt bleiben wollenden »Kunstfreundes« am 8. April 1875 hinter der I. Bürgerschule, also am heutigen Standort, aufgestellt. Der Denkmalgeber war der Jurist Dr. Philipp Curt Fiedler. Unter dem Pseudonym Curt Falkenau trat er als dilettierender Literat in Erscheinung. Auch wenn sich die Stadt nicht durch übermäßige Schumann-Begeisterung auszeichnete, nahm sie dieses Geschenk doch gerne an und gab die Zustimmung zur Aufstellung.

Heinrich Natter schuf – orientiert am Relief von Rietschel, welches im Schumann-Haus zu sehen ist – das bronzene Porträtmedaillon Robert Schumanns, das sich auf dem Obelisken aus grauem Granit befindet. Zum 100. Geburtstag wurde der Obelisk im Stil der Zeit und der gesamten Gestaltung der Grünanlage entsprechend von einem flachen Metallgitter umgeben.

Dass die Leipziger kaum eine Erinnerung daran haben, hat einen triftigen Grund: Seit 1974 war hier die Baustelle Moritzbastei – der Studentenclub wurde von Studierenden der Universität »ausgegraben«, denn der Schutt aus den im Krieg zerstörten Gebäuden war in die Gewölbe der Bastei gefüllt worden. Später hat die Baustelle des heutigen Gewandhauses das Denkmal für Robert Schumann im wahrsten Sinne des Wortes unter sich begraben. Beim Abtransport des Bauschutts wurde der Obelisk wiederentdeckt. Ob das Medaillon im

DAS MUSEUM FÜR MUSIKINSTRUMENTE DER UNIVERSITÄT LEIPZIG

Auf dem Gelände des ehemaligen Johannisfriedhofes befindet sich zusammen mit dem GRASSI Museum für Angewandte Kunst und dem Museum für Völkerkunde seit 1929 das Museum für Musikinstrumente der Universität Leipzig **10**. 2006 nach umfänglicher Restaurierung neu eröffnet, gehört das Museum, das auf Sammlungen Paul de Wits zurückgeht und zwischen 1886 und 1905 im Bosehaus am Thomaskirchhof untergebracht war, zu den weltweit bedeutendsten seiner Art. Die Ausstellung vermittelt einen Eindruck von der Klangwelt vergangener Zeiten, wobei zahlreiche Objekte mit Leipziger Traditionen des Instrumentenbaus sowie mit dem musikalischen Umfeld Bachs, Mendelssohns und Schumanns verbunden sind. Besonderes Augenmerk wird darauf gelegt, die Instrumente im Kontext ihrer kulturellen und sozialen Funktion zu zeigen und damit die historischen Wandlungen der Ensemble- und Orchesterkultur erlebbar zu machen.
Wertvolle Gemälde – darunter das berühmte Schützbildnis von Christoph Spetner sowie neuerdings Porträts von Clara Wiecks Mutter Mariane Bargiel und ihres Urgroßvaters, des Flötisten Johann George Tromlitz und weitere Dokumente ergänzen das Angebot des Hauses.
Das benachbarte GRASSI Museum für Angewandte Kunst vermittelt mit seinen auch für Kinder liebevoll aufbereiteten Sammlungen weitere Einblicke in die Fest- und Alltagskultur Leipziger Bürger des 18. und 19. Jahrhunderts.

Anselm Hartinger

Schutt verloren ging oder ein Schumann-Verehrer es barg, bleibt eine ungeklärte Frage. Das jetzige ist eine von Rolf Nagel gefertigte Kopie des alten Bildes, welche von der Leipziger Bronzebildgießerei Noack gegossen wurde. Anlässlich des 125. Todestages von Robert Schumann (gestorben 1856) wurde mit der Eröffnung des heutigen, des dritten Gewandhauses am Augustusplatz 1981 das Schumann-Denkmal nach umfassender Restaurierung wieder aufgestellt.

Am Gewandhaus vorbei führt der Weg über den Augustus- in Richtung Johannisplatz. Das ist im 19. Jahrhundert eine Wanderung hinaus aus der Stadt gewesen. Freges wohnten in der Bahnhofstraße 6, heute Georgiring. Als nächste erreichen wir die Querstraße. Diese war die schönste Vorstadtstraße Leipzigs mit stilvollen Bürgerhäusern und Gärten. Die jüngste Bachtochter, die unverheiratete Regina Susanna Bach, lebte und starb in der Quergasse.

Schumann-Denkmal

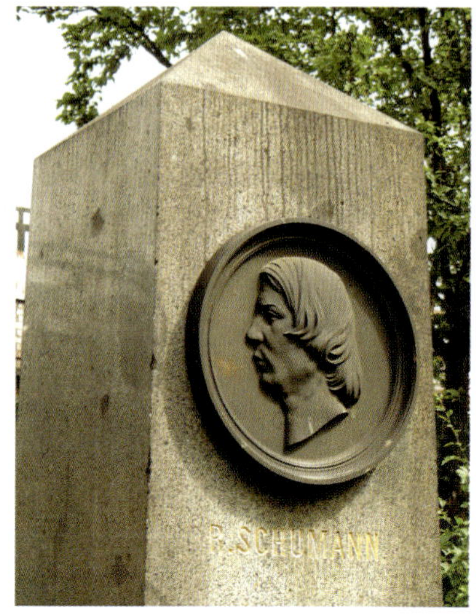

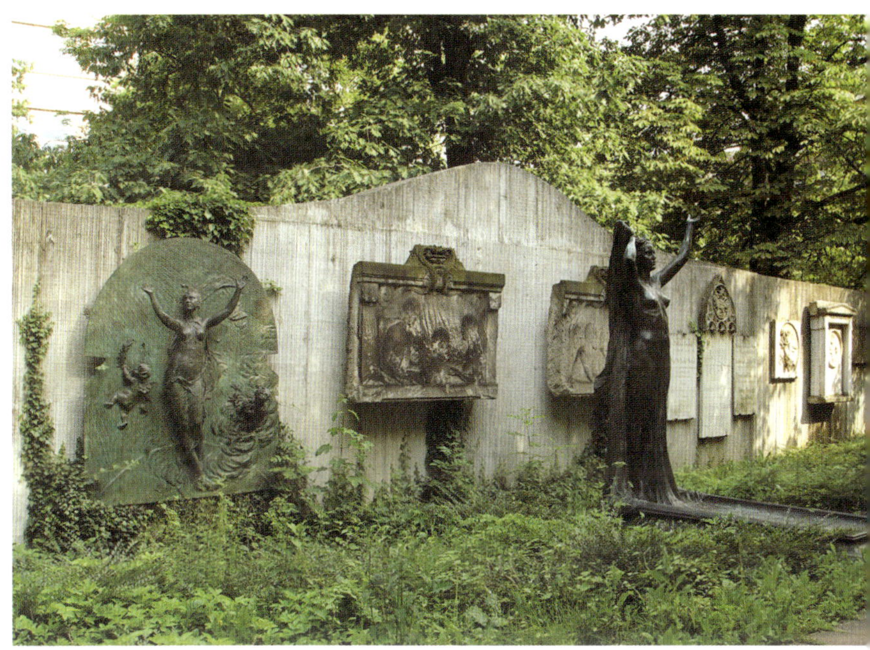

Alter Johannisfriedhof

Während des Gehens haben die Gedanken Zeit und Muße, um noch mit Schumann selbst im Nachsinnen zu verweilen – etwas, das er sehr gern tat: gehen, nachdenken, Orte aufsuchen nahe bei Leipzig. Als Student lebte er in der Stadt, Brühl 454, Grimmaische Gasse 36 (bei Wieck), Rudolphs Garten, Burgstraße 21 (über dem Gasthaus »Thüringer Hof«), Querstraße 1246, Hallische Gasse 462, Rotes Colleg. Er vermisste wohl die freie Natur und suchte sie auf, wann immer es möglich war.

Der Spaziergänger kommt auf dem Weg zur Inselstraße am Johannisplatz und dem Johannisfriedhof **9** vorbei.

Dass Robert und Clara Schumann in die nahe gelegene, heute zerstörte, Johanniskirche gingen, ist folgender Eintragung Robert Schumanns vom Oktober 1841 zu entnehmen: »Einmal spielten wir auch Orgel in der St. Johanniskirche; eine schreckliche Erinnerung; denn wir behandelten sie nicht eben meisterhaft und Klara konnte in den Bachschen Fugen nie über den zweiten Eintritt hinüber, als stände sie an einem breiten Bach – Wir wollen es nächstens wieder versuchen; das Instrument ist doch gar zu herrlich.«

Seit 1447 existiert der Johannisfriedhof, wurde 1536 allgemeine Begräbnisstätte Leipzigs. Robert Schumanns Freunde Ludwig Schuncke und Henriette Voigt sind hier begraben. Mit Schuncke wohnte Schumann über dem »Thüringer Hof«. Auch dieser war Davidsbündler, weshalb sein Bildnis auf dem Totenbett – da er jung verstarb, gibt es nur dieses – im Coffe Baum zu sehen ist.

Henriette Voigt (1808–1839) war Clara Wieck und Robert Schumann eine Vertraute, gerade in der Zeit der Auseinandersetzungen mit Friedrich Wieck. Auch mit Rochlitz und Mendelssohn war sie befreundet. Carl und

DER GROSSE KUCHENGARTEN

Nicht weit entfernt vom Schumann-Haus lag einst der Kuchengarten. Er befand sich zwischen Kohlgärten und dem Flüsschen Rietzschke gegenüber dem Hahnemann'schen Gut und Gasthof (heute Ecke Kohlgarten / Konstantinstraße). Bereits Goethe gedachte dieses Ortes – gelegen in den Gartenanlagen, versehen mit einem Musikpavillon – in »Dichtung und Wahrheit«. Der Große Kuchengarten existierte bis 1862 und erfreute mit der »Erquikung grudtriebiger Kuchenmusen«. Im »Leipziger Tageblatt« von 1830, Nr. 173, wird der Händel'sche Kuchengarten als »Hauptvergnügungsort« gepriesen. Ein enthusiastischer Gast beschrieb seine Eindrücke: »Jetzt, Muse, stüzze mich, du bist doch niemals spröde, beseele zwiefach mich, da ich von Händeln rede; ein freundschaftlicher Mann, wo man froh trinkt und zehrt, der selbst Geschmack versteht und ihn auch andern lehrt. Sein Kaffee zeugt hiervon, Beweise giebt sein Kuchen, solange Sommer ist, will ich den Mann besuchen.« Clara Wieck wollte ihre Lieben mittels eines ihr vom Vater überlassenen Konzertentgelts im Kuchengarten freihalten.

Clara bekam zu ihrem 16. Geburtstag 1835 ein Geschenk von der Tafelrunde im Coffe Baum: eine goldene Uhr, auf deren Rückseite die Anfangsbuchstaben der Davidsbündler eingraviert sind. Clara bedankte sich erst am Nachmittag im Hause Wieck, »... da ich im Kuchengarten, wo die Herren auch waren, nichts herausbringen konnte«, wie sie es im Tagebuch beschrieb.

Beliebt waren auch die Harmoniekonzerte im Kuchengarten, beispielsweise das am 25. Juli 1822 von Stadtmusikus Barth zum Besten des Orchesterinstituts veranstaltete. Die erhaltenen Programme dieser einmal jährlich stattfindenden Konzerte zeugen von hohem musikalischem Anspruch. Da lediglich ein geringes Entgelt aufgebracht werden musste, waren diese Konzerte für ein breites Publikum zugänglich.

Carl Traugott Queisser wurde 1817 Gehilfe des Stadtmusikus Barth. Dieser konnte ihm nur die Akkordlage der Posaunenzüge zeigen. Ansonsten war Queisser völlig auf eigene Studien angewiesen. 1820/21 war er Violinist beim Theaterorchester. Als Soloposaunist trat er erstmals 1821 im Gewandhaus auf. Im Juli 1834 gab es unter Leitung Queissers das erste Gartenkonzert des »Vereinigten Musikchores« (gebildet von Gesellen, die sich von Barth losgesagt hatten).

Petra Dießner

Henriette Voigt trugen wesentlich dazu bei, dass sich Mendelssohn entschloss, nach Leipzig zu kommen, um das Gewandhausorchester zu übernehmen. Für die Tochter der Familie Voigt, Ottilie, stand Felix Mendelssohn Bartholdy Pate.

Von ihrem Ehemann großzügig unterstützt, förderte Henriette Voigt vor allem junge Musiker. Der angehende Pianist und Komponist Ludwig Schuncke (1810–1834) gehörte dazu. Er trat noch 1834 im Gewandhaus als Pianist auf. Als er schwer erkrankte, hat sie ihn gepflegt und sich vermutlich angesteckt. Am 15. November 1839 schrieb Schumann in der »Neuen Zeitschrift für Musik« in seinem Artikel »Erinnerungen an eine Freundin«: »Nur einen Schritt in ihr Haus gethan, und der Künstler fühlte sich heimisch darin ... der Musiker, schien es, war Herr im Haus, die Musik die oberste Göttin.«

Schumann hat Henriette Voigt bereits zu Lebzeiten in mehrfacher Weise geehrt: Sie war als herausragende Beethoven-Interpretin im Kreise der Davidsbündler als Eleonore präsent. Ihr widmete Robert Schumann die Klaviersonate g-Moll op. 22.

Der Kaufmann Carl Voigt ließ im Gedenken an die Freunde seiner verstorbenen Frau an den Häusern, wo einst Mendelssohn und die Schumanns in Leipzig wohnten, Gedenktafeln anbringen. Sie gingen leider später verloren.

Die Dresdner Straße entlang gehend, kann man schon nach wenigen Schritten links in die Inselstraße einbiegen. In der Friedrichstadt – 1839 taucht diese Bezeichnung auf – bildete die Inselstraße die Mittelachse in Nord-Süd-Richtung. Karl Große schrieb 1842 über die neu entstandene Bebauung in seiner »Geschichte der Stadt Leipzig ...«: »durch ihre lieblichen und großartigen Gebäude, durch ihre schönen Gärten und breiten Straßen das Auge entzücken und ihren königlichen Namen mit vollem Rechte führe.«

Der aus der Stadt hinaus zur Inselstraße führende Pfad ist bezüglich der Biografie Robert und Clara Schumanns nicht nur ein Spaziergang, sondern ein Entwicklungsweg. Am 10. August 1840 schrieb Robert an Clara: »Im Logis war ich gestern wieder; sie sind erstaunlich vorwärts geschritten. Schlösser fertig, Maler fertig, Öfen gesetzt – kurz es fehlt bis auf das Andere nur noch Mann u. Frau. Klärchen, ich freue mich er-

DIE GRIEG-BEGEGNUNGSSTÄTTE LEIPZIG E.V.

Nach dem Besuch des Museums für Musikinstrumente **10** sind es nach dem Überqueren der Prager Straße nur wenige Schritte bis zur Grieg-Begegnungsstätte in der Talstraße 10. Dort hatte seit 1874 der Musikverlag C. F. Peters seinen Sitz, dessen Inhaber Dr. Henri Hinrichsen 1926 mit einer Stiftung den Ankauf der Musikinstrumentensammlung von Wilhelm Heyer ermöglichte: Grundstock des Museums für Musikinstrumente der Universität Leipzig.
An der Ecke Tal-/Goldschmidtstraße steht ein ebenfalls saniertes, heute als Wohnhaus genutztes Gebäude. In ihm befand sich die 1894 eröffnete, von Dr. Max Abraham aus seinem Privatvermögen gegründete Bibliothek. Weltweit war sie eine Novität: Die Fachbibliothek war öffentlich, konnte ohne Entgelt genutzt werden und auch Frauen durften dort studieren. Der Gründer Dr. Max Abraham hatte es so verfügt. Sein Neffe Dr. Henri Hinrichsen, der das Erbe des Verlages, die berühmte »Edition Peters« und die Musikbibliothek Peters übernahm, wirkte in seinem Sinn fort.
Von 1858 bis 1862 studierte Grieg am Leipziger Konservatorium Klavier und Komposition. Dr. Max Abraham war es, der Kontakt zu Grieg aufnahm. Der Verlag C. F. Peters erwarb das Recht der exklusiven Publikation der Werke des norwegischen Komponisten. Was als vorausschauende Geschäftsbeziehung begann, wurde eine tiefe Freundschaft. Edvard Grieg und seine Frau Nina wohnten während ihrer Reisen nach Leipzig im Verlagshaus C. F. Peters. Grieg stellte seine Kompositionen dem Verlagsleiter in dessen Musiksalon vor, wo heute wieder Konzerte stattfinden **11**.
Eine Ausstellung vermittelt Einblick in Leben und Schaffen des Komponisten und der Verleger. Stolpersteine vor dem Verlagsgebäude erinnern an das Schicksal der Familie Hinrichsen. Später Dank erwächst durch bürgerschaftlich Engagierte in der Grieg-Begegnungsstätte auch den Verlegern Max Abraham und Henri Hinrichsen.

Petra Dießner

SCHUMANN UND DIE ERSTE BACH-GESAMTAUSGABE

Die erste Berührung des jungen Schumann mit Johann Sebastian Bach fand über das Wort statt. Schumanns Vater August – Verleger, Autor und Buchhändler in Zwickau – veranlasste den Sohn, im Rahmen seiner eigenen Veröffentlichung »Bildnisse der berühmtesten Menschen aller Völker und Zeiten« biografische Beiträge selbst zu erarbeiten. Der dreizehnjährige Robert schrieb über Bach.

Der Studienaufenthalt in Heidelberg brachte Schumann in Kontakt mit Justus Thibaut, einem Rechtsgelehrten, der in seinem Singverein historisches musikalisches Wissen vermittelte. So kam Schumann in Berührung mit der Matthäuspassion und der h-Moll-Messe. Schumanns Wertungen der Bach'schen Musik wichen bereits von denen Thibauts ab: »... die man nicht recht loben wollte, obwohl ich nicht verstand, was eigentlich daran zu bessern sei.«

Die Pflege historischer Musik, als deren Höhepunkt Bach galt, wurde Programm und individuelle Verpflichtung, die Schumann intensiv empfand. Gespräche mit Mendelssohn und dessen Konzerte veranlassten Schumann 1837 zu folgender Äußerung in der »Neuen Zeitschrift für Musik«: »Sollt es die Welt wohl glauben, daß in den Musikschränken der Berliner Singakademie noch wenigstens sieben solcher Konzerte und außerdem unzählige andere Bachsche Kompositionen wohlbehalten aufbewahrt werden? Überhaupt, wär' es nicht an der Zeit und von einigem Nutzen, wenn sich einmal die deutsche Nation zu einer vollständigen Sammlung und Herausgabe sämtlicher Werke von Bach entschlösse?«

Als Musikpublizist engagierte sich Robert Schumann mit der von ihm 1834 gegründeten »Neuen Zeitschrift für Musik« für die Gesamtausgabe der Bach'schen Werke, rezensierte die Bach-Aufführungen Mendelssohns und begleitete die Bemühungen des Gewandhauskapellmeisters zur Errichtung eines Bach-Denkmals.

Im November 1837 veröffentlichte Schumann den Bach'schen »Entwurff einer wohlbestallten Kirchen Music« von 1730. 1837 betrieb Schumann auch die Ergänzung seiner Zeitschrift durch eine »musikalische Beilage«, in der u. a. damals noch ungedruckte Kompositionen Bachs veröffentlicht wurden. In seinem »Projectenbuch« von 1840/41 schrieb er den Plan nieder: »Eine Biographie Beethovens mit Kritik seiner sämtlichen Werke; oder wenigstens: eine vollständige Sammlung seiner Briefe, desgl. von J. Seb. Bach.« In Schumanns Handexemplaren des »Wohltemperierten Klaviers« sind Spuren der Lesartenvergleiche erkennbar, die auf die Absicht der Veröffentlichung einer kritischen Ausgabe deuten.

Den Artikel »Über einige muthmaßliche corrumpirte Stellen in Bachschen, Mozartschen und Beethovenschen Werken« verfasste Schumann 1841. Es entstand die Idee der Anbindung des Projekts an eine öffentliche Instanz. Anlässlich der Gründung des Tonkünstlervereins im August 1847 äußerte er sich wie folgt: »Also möchte ich, daß sich aus der Mitte der Tonkünstlerversammlung eine Section bilde zur Wahrung classischer Werke gegen moderne Bearbeitungen. Sodann möchte ich einen Antrag stellen auf Gründung einer Section zur Ausfindigmachung verdorbener Stellen in classischen Werken.« Am 3. Juli 1850 unterzeichnete er das Schreiben, mit dem »eine größere Anzahl namhafter Bachfreunde mit der Absicht und dem Plan Gesamtausgabe« der Werke Bachs der Öffentlichkeit bekannt gemacht wurde.

Am 10. Dezember 1850 sandte er seine Zustimmung zu den Statuten und zur Wahl des Direktoriums der Bachgesellschaft, er abonnierte die Gesamtausgabe und bekundete, dass er Abonnenten werben wolle. Schumann gehörte dem Ausschuss der Redaktion an. Im Frühjahr 1852 hielt Schumann schließlich den ersten Band der Bach-Gesamtausgabe in den Händen.

Hans Joachim Köhler

schrecklich darauf, und wenn wir Tag u. Nacht zusammen sein können. Denk nur das Glück.«

Nach der vor Gericht erstrittenen Erlaubnis zur Eheschließung heirateten Clara Wieck und Robert Schumann am 12. September 1840 in der Kirche in Schönefeld – zu dieser Zeit ein Dorf außerhalb Leipzigs. Sie zogen am 13. September 1840 als Ehepaar in die Inselstraße 5 (heute 18), wo sie bis zu ihrem Umzug nach Dresden im Dezember 1844 die wohl glücklichsten Jahre verlebten.

Das Spaziergangsziel ist erreicht: das Schumann-Haus in der Inselstraße. **12** Das Gebäude wurde 1838 bis 1840 von Baumeister Scheidel erbaut. Es gehört zu den bedeutenden noch erhaltenen Bauwerken spätklassizistischer Architektur in Leipzig und steht mit Dach und Fassade bereits seit den 1970er Jahren unter Denkmalschutz. Im Zusammenwirken des Eigentümers, der Rahn/Dittrich GbR Leipzig, Schulträger, der Freien Grundschule »Clara Schumann« und dem Robert-und-Clara-Schumann-Verein-Leipzig-Inselstraße 18 e.V. wurde ein Gesamtkonzept geschaffen, das dem Schumann'schen Geist auf sinnträchtige Weise entspricht: Der Besucher kommt in ein in vielfältiger Hinsicht lebendiges und klingendes Haus.

Der Verein wurde im Dezember 1995 gegründet, um Robert und Clara Schumann in ihrer einstigen Wohnung einen gebührenden Platz zu geben. Die mit Unterstützung der Sächsischen Landesstelle für Museumswesen Chemnitz geschaffene und im Clara-Jubiläumsjahr 2019 umfassend neugestaltete Ausstellung befindet sich in ausgewählten Bereichen der Schumann'schen Wohnung, die nach restauratorischen Befunden wiederhergestellt wurde. Der Schumann-Saal – Stätte von Begegnungen, Gesprächsrunden, Konzerten, Lesungen – bleibt denkmalpflegerisches Kleinod; dass mit der Hamburger Musikwissenschaftlerin Beatrix Borchard die führende Expertin zur Leipziger Künstlerbeziehung der Schumanns als Kuratorin der neuen Ausstellung gewonnen werden konnte, darf als beidseitiger Glücksfall gewertet werden. Das bekannte Relief des Bildhauers Rietzschel mit der durch Robert halb verdeckten Clara wird daher hier auch in bewusst

Clara Wieck. Lithografie von A. Staub, Wien 1838

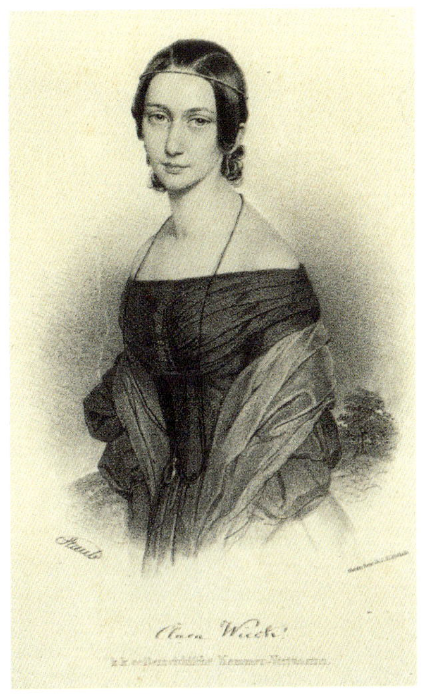

Aus dem Ehetagebuch, das Robert Schumann am 13. September 1840 wie folgt begann:

Mein herzliebstes junges Weib, Laß Dich vor Allem auf das Zärtlichste küßen am heutigen Tage, dem ersten Deiner Frauenschaft, dem ersten Deines 22sten Jahres. Das Büchlein, das ich heute eröffne, hat eine gar innige Bedeutung; es soll ein Tagebuch werden, über alles, was uns gemeinsam berührt in unserem Haus- und Ehestand; unsere Wünsche, unsere Hoffnungen, sollen darin aufgezeichnet werden; auch soll es sein ein Büchlein der Bitten, die wir an einander zu richten haben, wo das Wort nicht ausreicht; auch eines der Vermittlung und Versöhnung, wenn wir uns etwa verkannt hatten; kurz ein guter wahrer Freund soll es uns sein, dem wir Alles vertrauen, dem unsere Herzen offen stehen …

Alle acht Tage wechseln wir ab in der Führung des Secretariats … und überhaupt der ganze Lebenslauf der Woche sorgfältig erwogen … ob wir uns auch in unserer geliebten Kunst immer mehr vervollkommnet …

Kurz allen Freuden und Leiden des ehelichen Lebens soll hier eine treue Geschichte geschrieben werden, die uns noch im späteren Alter erfreuen wird. … und laß uns als Talismane noch die drei Worte aussprechen, worauf alles Glück des Lebens beruht: Fleiß, Sparsamkeit und Treue.

umgekehrter Bildplatzierung gezeigt – Ausdruck historischer Gerechtigkeit als auch einer nicht länger patriarchalisch voreingenommenen Musikbiographik.

Das Künstlerpaar war schon zu Lebzeiten legendär. Auch darauf geht die Dauerausstellung ein, ebenso auf die Personen, die mit den Schumanns hier musizierten und Gedanken austauschten: Liszt, Mendelssohn, Berlioz, Wagner, der Märchendichter Andersen und viele mehr. Setzt man sich im Musiksaal auf die entsprechend beschrifteten Stühle, beginnen diese als sprechende Zeugen tatsächlich zu reden …

In der Inselstraße komponierte Robert Schumann die »Frühlingssinfonie«, die ihn zum weltbekannten Komponisten werden ließ. Doch bei den Zeitgenossen galt er zunächst mehr als geschätzter Musikkritiker denn als Komponist. Seine Frau war bereits unter ihrem Mädchennamen eine in ganz Europa gefeierte Pianistin – diesen erfolgreichen, jedoch auch kräftezehrenden Konzertreisen wird in allen alltagsgeschichtlichen Details und auch mit modernen audiovisuellen Darstellungsmitteln nachgegangen.

Robert Schumann, der Clara begleitete, fehlten jedoch sowohl Friedrich Wiecks Fähigkeiten als cleverer Konzertveranstalter als auch die robuste Konstitution seiner Frau. Psychisch von Jahr zu Jahr instabiler, vermisste er auf Reisen die Muße zum Komponieren. Diese Situation blieb für die eheliche Beziehung nicht ohne Konfliktstoff. Trotzdem waren die Jahre in der Inselstraße eine Zeit fruchtbaren Schaffens – allein die Vielzahl der Kompositionen von Robert und auch Clara belegt dies. Dazu kam, dass sich in Robert Schumanns Entwicklung ein Wandel vom Klavier- und Liedschaffen hin zur Sinfonik vollzog. Clara Schumann wiederum erhielt vielfältige Anregungen durch ihren Mann und die Gäste des Hauses.

In der Inselstraße wurden auch die ersten beiden Töchter Marie und Elise geboren. Weitere sechs Kinder folgten. Ein wichtiges Exponat in der musealen Präsentation ist der Konzertflügel der Marke Wilhelm Wieck, gebaut um 1866. Claras Cousin, der bei Härtel und Julius Blüthner in Leipzig Klavier- und Flügelbau lernte, gründete in Dresden eine eigene Werkstatt. Die Leistungen und die Persönlichkeit von Friedrich Wieck werden in aller gebotenen Ambivalenz dargestellt; das Tafelklavier

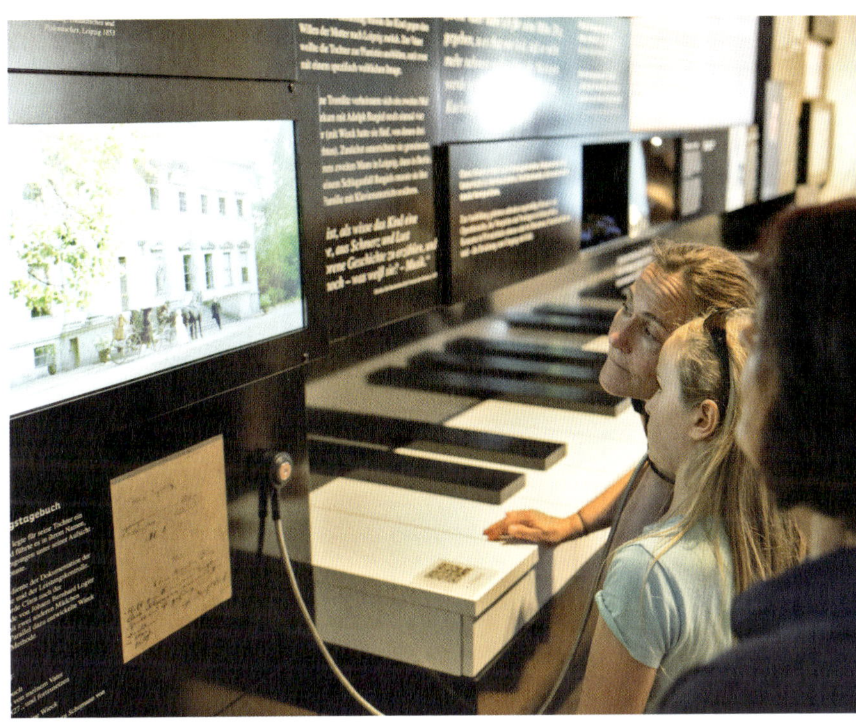

Dauerausstellung im Schumann-Haus Leipzig, Ausbildungskabinett

von 1825, signiert: »Pianoforte Magazin von Friedrich Wieck in Leipzig«, zeugt von seiner Tätigkeit als Pianoforte-Händler.

Geistesverwandt mit Felix Mendelssohn Bartholdy, der als Gewandhauskapellmeister die historischen Konzerte einführte, arbeitete Schumann auf die Gründung einer Bach-Gesellschaft und eine Gesamtausgabe der Bach'schen Werke hin.

Seine Frau wurde in diese Studien intensiv einbezogen. Sie notierte im Ehetagebuch: »Wir haben begonnen mit den Fugen von Bach; Robert bezeichnet die Stellen, wo das Thema immer wieder eintritt – es ist doch ein gar interessantes Studium die Fugen, und schafft mir täglich mehr Genuß …« Robert erteilte Clara auch Aufgaben in Fugenkomposition, die sie an Bach'schen und eigenen Themen realisierte. Clara Schumanns bei Breitkopf & Härtel gedrucktes op. 16 »Drei Präludien und Fugen« ist ein gültiger Beleg dieses Arbeitens. Der künstlerische Werdegang beider war insofern lebenslang verbunden mit dem Lernen an Bach, der ihnen als das musikalische Maß aller Dinge galt. Für Robert Schumann wurde Bach zum »Erwecker von tausend neuen Gedanken«. Wer wollte ihm widersprechen …

Viel wäre zu erzählen. Jedoch soll Raum zum Entdecken in der Ausstellung bleiben – die mit der vom Medienkünstler Erwin Stache nach einem Gipsabguss von Claras Hand konstruierten berührbaren Klanghand noch eine weitere Besucherattraktion ihr eigen nennt, die zum sensiblen Fingerspiel einlädt.

Petra Dießner, Anselm Hartinger

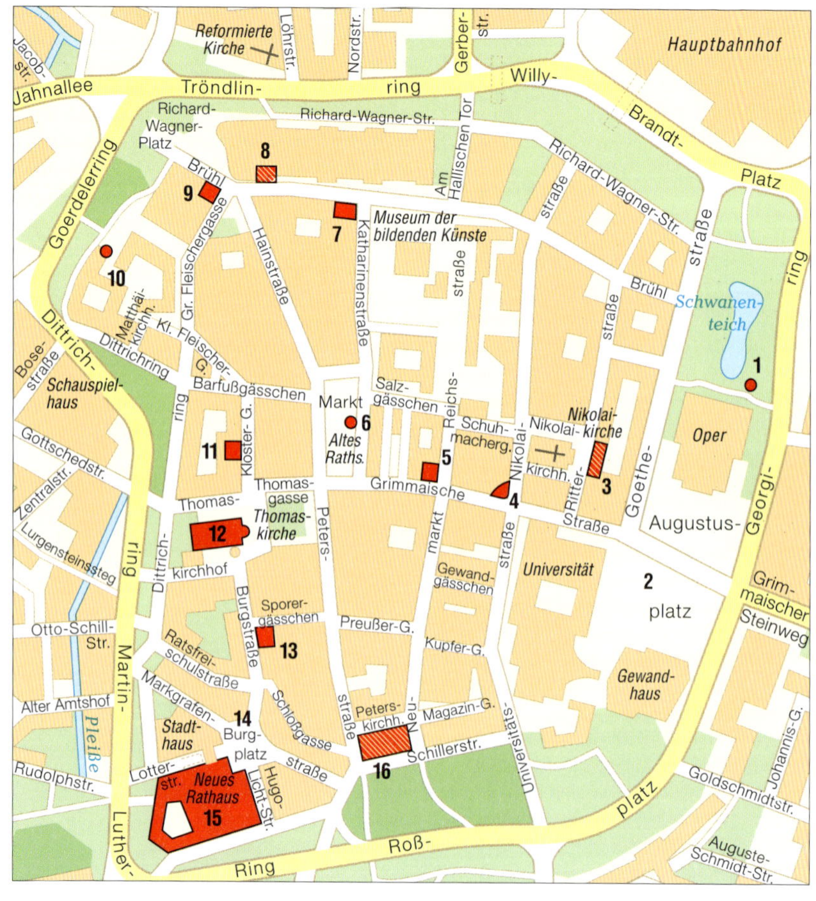

1 Wagner-Büste
2 Augustusplatz
3 Ehem. Buchhändlerbörse
4 Erker Fürstenhaus
5 Ehem. Selliers Hof (Handelshof)
6 Stadtgeschichtliches Museum / Altes Rathaus
7 Romanushaus
8 Ehem. Geburtshaus Richard Wagners
9 Großer Blumenberg
10 Matthäikirchhof mit Wagner-Denkmal
11 Ehem. Hotel de Saxe
12 Thomaskirche
13 Thüringer Hof
14 Burgplatz
15 Neues Rathaus (ehem. Pleißenburg)
16 Ehem. Peterskirche

Mars ist der geschworene Feind Merkurs und der Musen und folgerichtig begannen die Messestädter bereits im letzten Drittel des 18. Jahrhunderts damit, ihre nutzlos gewordene Stadtbefestigung niederzureißen. Entlang des zugeschütteten Stadtgrabens entstand so die Leipziger Ringpromenade, seit nunmehr fast 200 Jahren ein erstaunlich idyllisches Refugium der Spaziergänger, Mittagspäusler und Pensionäre. Die ausgedehnten Grünanlagen verfügen jedoch auch über praktisch unbegrenzte Kapazitäten für die Aufnahme von Denkmälern und Denksteinen und dienen insofern als unverfängliches Zwischenlager für problematische oder gänzlich banal gewordene Gedächtniskontexte.

Unser Spaziergang beginnt deshalb an einer der lauschigsten, aber auch abgeschiedensten Stellen des Promenadenringes, dem Schwanenteich hinter der Oper, im 19. Jahrhundert noch Areal des wildromantischen »Schneckenberges« **1**. Hier hatten sie ihn nämlich versteckt, die Leipziger, »ihren« Wagner. Erst seit 1983 gab es zumindest diese Büste für ihn, den ungeliebten und ungezogenen Sohn der Stadt.

Man muss wohl von einer beiderseitigen, begründeten Abneigung sprechen, die bereits zu Wagners Lebzeiten begann. So wollte der neu berufene Dresdner Hofkapellmeister den Leipzigern ihr Konservatorium »stehlen« und obendrein vergriff sich Wagner deutlich im Ton, als er den Leipziger Musikgott Mendelssohn, dessen jüdische Herkunft im öffentlichen Diskurs zuvor kaum eine Rolle gespielt hatte, posthum massiv attackierte. Dafür verrissen die einflussreichen Leipziger Musikzeitungen beinahe regelmäßig Wagners Premieren und auch heute werden seine Musikdramen hier nur sehr selten gespielt. Folgerichtig fanden auch die Bemühungen um einen Ort des Wagner-Gedenkens in Leipzig lange kein glückliches Ende. Sein Geburtshaus wurde 1886 kurzerhand abgerissen. Der an Max Klinger vergebene Auftrag eines repräsentativen Standbildes verzögerte sich durch Geldmangel, den Ausbruch des Weltkrieges und Klingers Tod 1920 immer weiter.

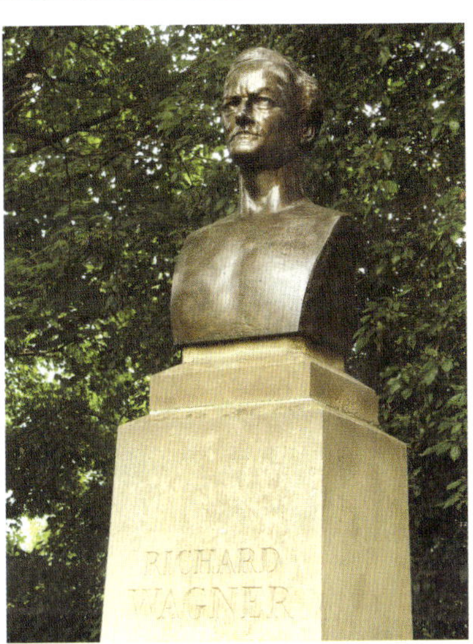

Wagner-Büste, aufgestellt 1983 nach Vorlagen von Max Klinger

Nach 1945 war an ein Denkmal für den Lieblingskomponisten Hitlers natürlich nicht zu denken. Nur der mit Reliefs versehene massive Sockel fristete seit 1924 ein trauriges Dasein in den Grünanlagen am Elsterwehr – meist über und über beschmiert und deshalb im Volksmund drastisch »Pornowürfel« geheißen. Die auf Studien Klingers zurückgehende Büste hinter der Oper konnte daher nur ein Provisorium sein; Leipzig wird sich weiterhin der Herausforderung »Wagner« stellen müssen. Das Wagner-Gedenkjahr 2013 sollte dafür ein willkommener Auftakt sein.

Vorbei am Opernhaus, einem auf der Grundfläche des im Krieg zerstörten Neuen Theaters errichteten Prachtbau der 1950er-Jahre, gelangt man zum Augustusplatz **2**. Leipzigs einstige gute Stube – noch zu Beginn des 20. Jahrhunderts einer der schönsten Plätze Europas – verkörpert heute wie kein zweiter Ort die musikalischen Traditionen, aber auch Brüche und Verletzungen der Stadt. Immer wieder Objekt vorgeblich zeitgemäßer Neugestaltung, kann

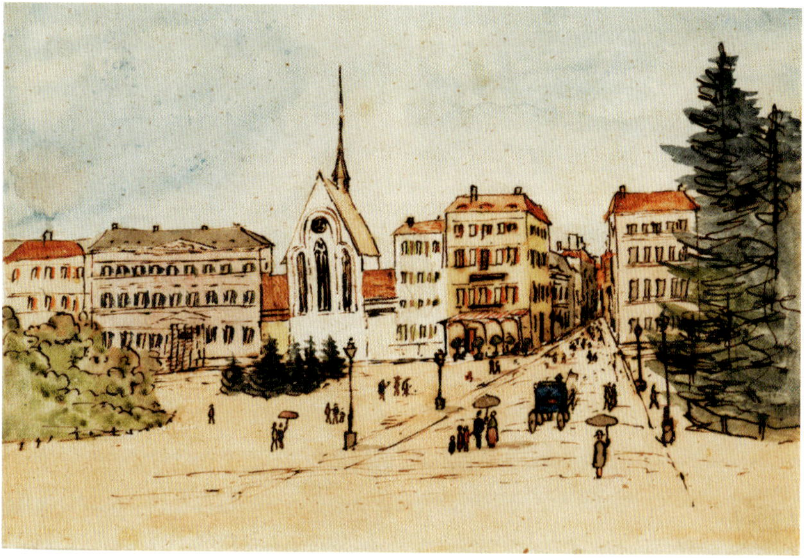

Darstellung des Augustusplatzes mit Paulinerkirche und Café Felsche. Undatiertes Aquarell von Felix Mendelssohn Bartholdy

Universitätskirche St. Paul. Fotografie von A. Trapp, um 1952

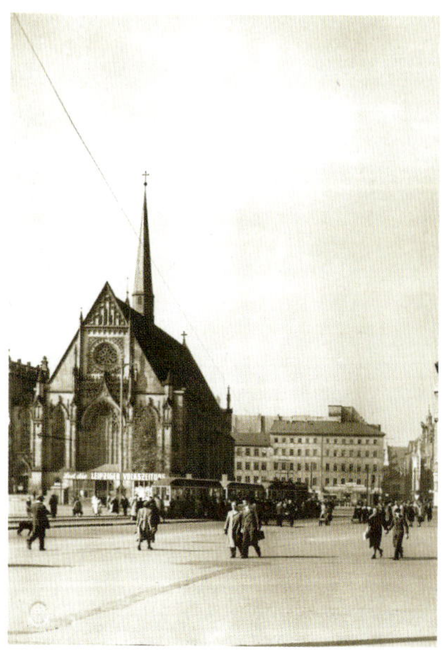

auch die zum Universitätsjubiläum 2009 konzipierte neue Campusbebauung kaum befriedigen. Besonders hart traf es dabei immer wieder die von der Universität dominierte Westseite des Platzes. Die auf alten Abbildungen und sogar einem Aquarell Mendelssohns noch deutlich erkennbare, sehr lockere und fast südländisch anmutende Bebauung des einstmaligen Klosterareals wich nach mehreren Umbauten dem majestätischen Ensemble von Augusteum und Paulinerkirche. St. Pauli allerdings, das den Krieg weitgehend unversehrt überstanden hatte, wurde 1968 auf persönlichen Wunsch Walter Ulbrichts gesprengt, um Platz für den vom 142 Meter hohen »Weisheitszahn« überragten sozialistischen Neubau zu schaffen. Dabei war gerade diese Kirche einer der erstrangigen musikalischen Traditionsorte der Stadt: verbunden mit den Aufführungen Bachs und Mendelssohns, Arbeitsstätte bedeutender Organisten von Werner Fabricius bis Robert Köbler, geistiges Zentrum der ehrwürdigen und zuzeiten sehr lebendigen universitären Musikpflege,

Heimstatt des Pauliner-Sängervereins und des Madrigalkreises Leipziger Studenten. All dies war wohl bekannt, aber gerade auf die Zerstörung dieser widerspenstigen bürgerlich-christlichen Tradition hatten es die Verantwortlichen ja angelegt. Wie emotionsbeladen die Erinnerung noch immer ist, zeigte sich erst jüngst bei den einem Kulturkampf gleichkommenden Debatten um eine Wiedererrichtung der Kirche. Es ist der Universität und ihrem Musikdirektor zu wünschen, dass es anhaltend gelingt, die stattdessen neu geschaffenen Räume geistig und musikalisch mit Leben zu erfüllen.

Anstelle des im Krieg zerstörten Bildermuseums wird die Südseite des Augustusplatzes heute vom Neuen Gewandhaus beherrscht. Das 1981 eingeweihte Konzerthaus – eine für die Möglichkeiten der DDR bedeutende bautechnische Anstrengung – ist Spielstätte des traditionsreichen Gewandhausorchesters und beherbergt eine mit 89 Registern ausgestattete moderne Konzertorgel. Original erhaltene Barockorgeln von Rang besitzt Leipzig bedauerlicherweise nicht mehr. Konnten schon Bach und seine Kollegen auf keine wirklich befriedigenden Instrumente zählen, so hat sich der seit dem 19. Jahrhundert dominierende Modernismus und Gigantismus eher ungünstig auf die lokale Orgellandschaft ausgewirkt. Dafür finden Orgelfreunde in der Umgebung herausragende Instrumente vor, die – wie in Rötha, Störmthal, Altenburg und Naumburg – von Bach oder Mendelssohn höchstselbst gespielt und geprüft wurden.

Unser Weg führt nun in Richtung des Kroch-Hochhauses mit seiner für den Leipziger Gründergeist so typischen Inschrift »omnia vincit labor«. Zumindest die Glockenmänner auf dem Dach des ehemaligen Bankgebäudes gehen Tag und Nacht unverdrossen ihrer krisenfesten Beschäftigung nach. Durch die schmale Kroch-

Deutsche Buchhändlerbörse. Lithografie eines unbekannten Künstlers, um 1832

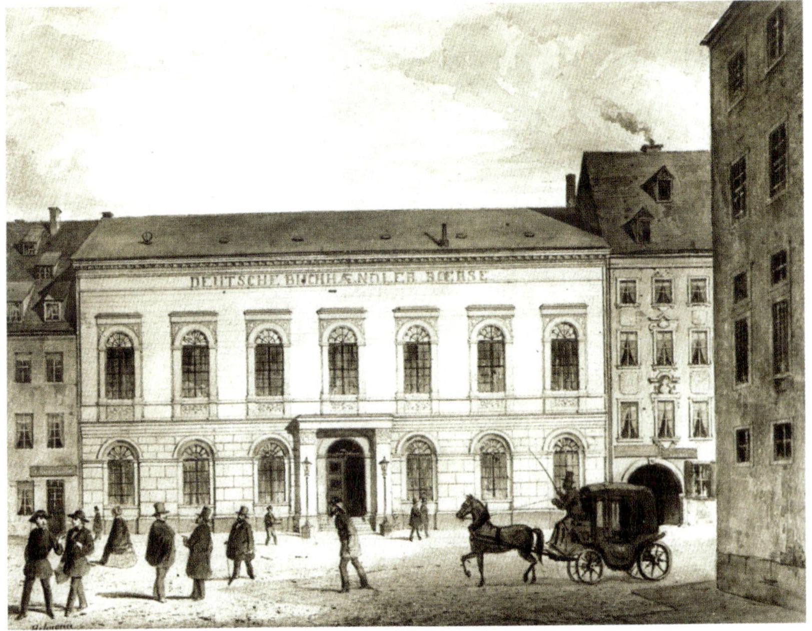

Passage gelangen wir direkt auf den Nikolaikirchhof. Rechter Hand, dort wo sich heute das »Geschwister-Scholl-Haus« und das Gästehaus der Universität befinden, stand im 19. Jahrhundert die Buchhändlerbörse **3**, deren ausgedehnte Räumlichkeiten nach Geschäftsschluss regelmäßig für Konzerte, »musikalisch-deklamatorische Unterhaltungen« und Tanzveranstaltungen genutzt wurden. Ab 1838 spielte hier mit der »Euterpe« das zweite große Sinfonieorchester der Stadt. Gegründet 1824 in eher privatem Rahmen, nahm das Unternehmen unter der Direktion von Eduard Hermsdorf und der musikalischen Leitung von Christian Gottlieb Müller einen außerordentlichen Aufschwung. Trotz aller Widerstände der Konzertdirektion ließen es sich auch zahlreiche Gewandhausmusiker nicht nehmen, als Solisten in den beliebten Konzertreihen der »Euterpe« mitzuwirken. Verglichen mit dem »Großen Concert« orientierte sich die »Euterpe« programmatisch stärker an der aktuellen musikalischen Produktion. Allerdings gelang es auf längere Sicht nicht, den »Dienstag« als zweiten Konzerttag neben dem »Donnerstag« des Gewandhauses zu etablieren – nach zahlreichen Direktionswechseln löste sich das zwischenzeitlich u. a. von Salomon Jadassohn, Hans von Bronsart und Hermann Langer geleitete Institut 1886 für immer auf. Ehrenmitglied der »Euterpe« war seit 1837 auch Robert Schumann; die heute in Zwickau verwahrte Ehrenurkunde gehörte immerhin zu den Dokumenten, die Schumann im Prozess gegen Friedrich Wieck zum Beweis seines gesellschaftlichen Ansehens vorlegte.

Vorbei an der alten Nikolaischule – 1828/30 nomineller Bildungsort des notorisch schulfaulen Richard Wagners und Heimstätte einer kleinen musealen Präsentation im Untergeschoss des heute als Gaststube ungleich beliebteren Gebäudes –, der Nikolaikirche und dem Messehaus Specks Hof geht es weiter in Richtung Grimmaische Straße. Die Attraktion des Eckhauses Nikolaistraße/Grimmaische Straße **4** ist zweifellos der lang gestreckte Erker aus rötlichem Porphyr, der auf den zweiten Blick allerdings wie eine fremdartige Applikation wirkt. Alte Abbildungen lassen es dann zur Gewissheit werden: Der Erker ist tatsächlich nur die Kopie eines historischen Vorbildes, das ursprünglich zum 1558 erbauten Fürstenhaus gehörte und sich somit auf der gegenüberliegenden Straßenseite befand! Das prächtige Gebäude war seit 1801 Sitz des »Bureau de musique. Hoffmeister und Kühnel« und erlebte somit die Gründungsjahre der späteren Weltfirma C. F. Peters. Bis dahin aber war es ein weiter Weg. Die beiden Verlagsgründer, der Flötenvirtuose Franz Anton Hoffmeister und der Organist der katholischen Kapelle der Pleißenburg Anton Kühnel, mussten sich durch Übernahme weiterer Verlage zunächst einen Bestand an Druckrechten, Platten und Geschäftskunden schaffen. Umso höher ist es zu schätzen, dass sich beide gleich nach Verlagsgründung an ein verlegerisch riskantes Unternehmen wagten: mit den »Œuvres complettes« begannen sie eine Ausgabe von »J. Seb. Bach's sämmtlichen theoretischen und praktischen Klavier- und Orgelwerken« – die erste Gesamtausgabe seiner Tastenmusik überhaupt. Ohne diese bis 1804 in 16 Heften erschienene Ausgabe wäre die wegweisende erste Bach-Biografie Johann Nikolaus Forkels vielleicht nie erschienen. Forkel, der als wissenschaftlicher Berater der Ausgabe tätig war, konzipierte seinen Text als programmatische Einleitung zur Gesamtausgabe. Auch nach dem Übergang des Verlages in die Hände von Carl Friedrich Peters (1814) und Carl Gotthelf Siegmund Böhme (1828) blieb das Haus den Bach-Editionen verbunden. Ab 1837 erschien mit den »Œuvres complets« eine weitere Serie; die u. a. von Czerny, Griepenkerl und Roitzsch betreuten Ausgaben werden zum Teil noch heute gespielt. Die 1851 begonnene Bach-Gesamtausgabe konnten sich dann die Konkurrenten von Breitkopf & Härtel sichern. Wirklich gewinnträchtig waren diese Subskriptionsprojekte nicht, die Verleger gingen vielmehr mit großem Verantwortungsbewusstsein an ihre als kulturpatriotische Pflicht verstandene Aufgabe.

Nur wenige Schritte sind es von hier bis zu dem Gebäude von »Selliers Hof« **5**, dem langjährigen Wohnsitz Friedrich Wiecks, der nach Meinung der Zeitgenossen eigentlich in »Clara-Hotel« hätte umbenannt werden müssen. Wiecks Tätigkeit als erfolgreicher Klavierpädagoge und Konzertveranstalter machte sein Haus zur gesuchten Anlaufstelle für Schüler und durchreisende Virtuosen. Erst sein ehrenrühriges Verhalten im Prozess gegen Schumann bewirkte seinen Wegzug nach Dresden 1840. Anfeindungen und Klagen über Wiecks notorische Geldgier hatte es aber bereits zuvor gegeben – so wurde Mendelssohn 1835 von einem »wohlmeinenden Verehrer« anonym vor dem weiteren Umgang mit Wieck gewarnt. Zu Besuch beim »alten Schulmeister« war 1835 auch Frédéric Chopin, dessen Werke in Leipzig geschätzt wurden. Chopin war ein guter Kenner Bachs, den er allerdings – wie manch anderer Bach-»Nikodemus« der Zeit – kaum öffentlich, sondern nur im privaten Kreis und zur Konzertvorbereitung spielte.

Unser Weg führt nun zum Markt mit dem ehemaligen Königshaus, in dem der junge Wagner seinen autobiographischen Erinnerungen zufolge prägende Leseabenteuer in der Bibliothek seines Onkels erlebte. Mehr als eine Stippvisite lohnt auch hier das Alte Rathaus **6**, das einen eigenen Wagner-Raum besitzt, der u. a. eine Totenmaske des Meisters, ein Ölbild seines Mäzens Ludwig II. von Bayern sowie ein Bild seiner frühverstorbenen Sängerin-Schwester Rosalie beherbergt. Blickfang ist das von der Firma Bechstein verehrte Wagner Kompositionsklavier mit eingebauter Schreibauflage. Dass ein Tonsetzer allerdings überhaupt ein Instrument zum Komponieren benötige, hätte ein klassisch geschultes Genie wie Felix Mendelssohn vermutlich nachhaltig bestritten – womit wir bei dem ewigen Streit zwischen Handwerk und sinnlicher Überwältigung sind, der den oft übersehenen Kern der Abneigung der Leipziger musikalischen Schule gegenüber dem Neutöner Wagner darstellt. Kriegszerstörungen und das danach fehlende Bekenntnis zur historischen Bausubstanz lassen das Stadtviertel entlang von Katharinenstraße und Brühl heute in völlig veränderter Gestalt erscheinen. Während des 18. und 19. Jahrhunderts spielten sich jedoch gerade in dieser Gegend zahlreiche Konzertaktivitäten ab. Das 1693 auf Initiative des Dresdner Hofes gegründete erste Leipziger Opernhaus hatte seinen Sitz in einem Gebäude zwischen Brühl, Stadtmauer und städtischem Waisenhaus St. Georgen. Die an musikalischen Höhepunkten und begabten Musikern, allerdings auch an Händeln, Prozessen und Bankrotten reiche Geschichte dieser lange unterschätzen Institution wird gegenwärtig wieder stärker erforscht und gewürdigt. Immerhin handelte es sich um die nach Hamburg zweitälteste städtische und damit öffentlich zugängliche Oper in Deutschland.

Am Brühl liegen aber auch die Ursprünge des »Großen Concerts«, also des späteren Gewandhausorchesters. Das im März 1743 von »16. Personen sowohl Adel. als Bürgerlichen Standes« gegründete Institut musste sich zunächst im Wettstreit mehrerer Collegia musica behaupten, aus deren Personalbestand es teilweise hervorging. Nicht ganz zu Unrecht wurden

Der Brühl mit dem Gasthof »Drey Schwanen«. Aquarell, um 1820

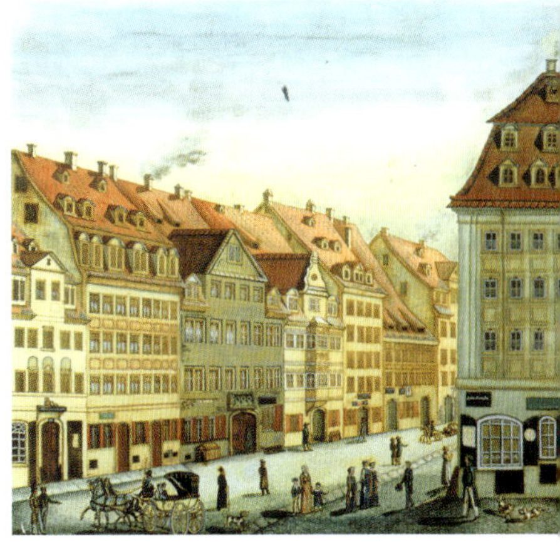

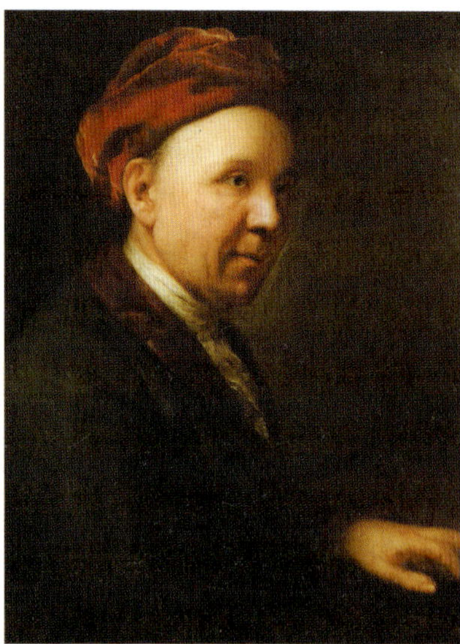

Johann Adam Hiller. Gemälde von A. Graff, 1774

deshalb im Jubiläumskonzert zur Einhundertjahrfeier am 9. März 1843 Bach und sein Schüler Doles ausdrücklich als Vorväter des »Großen Concertes« genannt. Wegen des großen Publikumszuspruchs wurde das zunächst in Privaträumen spielende Ensemble im November 1744 in den Saal des heute nicht mehr vorhandenen Gasthauses »Drey Schwanen« (Brühl 7) verlegt, wo die Konzerte bis 1778 stattfanden. Bereits in dieser frühen Zeit wurden wichtige Grundlagen für den späteren Erfolg der Institution gelegt: ein sich aus sich selbst ergänzendes Direktorium, das mittels Beiträgen eine regelmäßige Bezahlung der Musiker sicherstellte, die Einrichtung von Abonnementskonzerten, die zweiteilige Anlage dieser Konzerte und die Etablierung des Donnerstags als feststehendem Konzerttermin. Auch die akustischen Verhältnisse waren von Anfang an günstig, da der Saal in den »Drey Schwanen« mit einem klangverstärkenden hölzernen Orchesterpodium und einer ebenfalls hölzernen Galerie ausgestattet war. Nach einer schwierigen Übergangszeit gelang es 1781 unter tatkräftiger Mithilfe der Stadt und des energischen Musikdirektors Johann Adam Hiller, dem Ensemble zu einem erfolgreichen Neustart zu verhelfen – nun allerdings in einem zum Konzertsaal umgestalteten ehemaligen Tuchboden über dem städtischen Zeughaus am Gewandgässchen. Aus diesem Umzug ging schließlich der populäre Beiname »Gewandhausorchester« hervor, unter dem das »Große Concert« heute weltweite Bekanntheit genießt.

An der Ecke Brühl / Katharinenstraße steht eines der größten erhaltenen Barockhäuser Leipzigs, das so genannte Romanushaus **7**. Erbaut 1701 bis 1704 für den Leipziger Bürgermeister Franz Conrad Romanus, erlebte das Haus eine wechselvolle Geschichte. Romanus selbst musste den Prachtbau schon bald gegen ein zugiges Verlies auf dem Königstein eintauschen: Der illegalen Bereicherung aus dem Stadtsäckel angeklagt, ließen ihn August der Starke und sein Sohn jahrzehntelang in der Festung einkerkern. 1770 ging das Gebäude in den Besitz der Kaffeehaus-Dynastie Richter über, in deren Lokalitäten ebenfalls Aufführungen des von Gerlach geleiteten, ehedem »Bachischen« Collegium musicum stattfanden. Von der Familie Romanus und vom Romanushaus gibt es aber noch einen ganz direkten Bezug zu Bach. Romanus' Tochter Christiane Mariane, in zweiter Ehe verheiratete von Ziegler, eine begabte und später von der Universität Wittenberg sogar »gekrönte« Dichterin, veröffentlichte 1728 unter dem Titel »Versuch in gebundener Schreib-Art« eine Sammlung gereimter Evangeliendichtungen, von denen Bach 1724/25 immerhin neun vertont hatte. Innerhalb dieses Textbestandes finden sich neben zeittypischer Durchschnittspoesie auch sprachlich überaus gelungene Vorlagen, die Bach zu einigen seiner schönsten Arienschöpfungen inspirierten. Dazu gehören etwa das Sopransolo »Mein gläubiges Herze« aus der Pfingstkantate »Also hat Gott die Welt geliebt« (BWV 68) und die beiden Arien »Ach leite mich« und »Öffnet euch, ihr beiden Ohren« aus der Kantate »Er rufet seinen Scha-

LEIPZIGS MUSIKALISCHER GESCHMACK

Als Mendelssohn 1835 Gewandhauskapellmeister in Leipzig wurde, fand er ein gebildetes bürgerliches Publikum vor, das mit den musikalischen Werken der vorangegangenen 60 Jahre eng vertraut war. Leipzig war eine reine Bürgerstadt. Der Bürger pflegte die Bildung, Parks wurden angelegt, Bildersammlungen der Öffentlichkeit zugänglich gemacht und Orchester gegründet, um regelmäßige Abonnementskonzerte zu geben. Für den Bürger war das Instrumentalkonzert der ideale Kunstgenuss; hier waren Gefühl und Verstand gleichermaßen gefragt. Das Motto des Gewandhauses, der auf Seneca zurückgehende Spruch »Res severa verum gaudium«, spiegelt das wider. Eine vergleichbare Publikumsstruktur gab es zu dieser Zeit in keiner anderen Stadt in Deutschland. Kennzeichen dieser Gesellschaft war der gebildete Laie. Musikalische Kunst war nicht mehr nur ein oberflächliches Vergnügen, sondern mit Verstand, Geschäftssinn und Vernunft verbunden.

Diesem bürgerlichen Selbstverständnis war nicht nur Mendelssohn verpflichtet, es bildete auch den Nährboden für den ehemaligen Thomaner und studierten Theologen Friedrich Rochlitz und sein schriftstellerisches Wirken. In einer Stadt mit anderem Profil und einer anderen Gesellschaftsstruktur hätte sein Schaffen nicht solch eine breite Wirkung erzielen können. Als am 3. Oktober 1798 die erste Ausgabe der »Allgemeinen musikalischen Zeitung« (AmZ) erschien, eine Gründung des Leipziger Verlagshauses Breitkopf & Härtel, war Friedrich Rochlitz deren erster Redakteur. Die AmZ entwickelte sich zu einer bedeutenden Institution, die für die Ausbildung der klassischen Musikästhetik steht und damit die Musikgeschichtsschreibung nachhaltig beeinflusste. Die Zeitung wendete sich nicht nur an Fachkreise, sondern ausdrücklich an Liebhaber der Musik, musikalische Laien und Dilettanten, also an ein »gemischtes Publikum«. Sie wollte dem Leser in verständlicher Weise philosophische oder historische Gedanken über Musik in ausführlichen Abhandlungen näher bringen. Wenn musikalische Werke als »vortrefflich« angesehen wurden, also als mustergültig und damit als klassisch galten, sollte in den Besprechungen auch gezeigt werden, weshalb sie es sind. Dies leistete im Besonderen die musikalische Analyse, die so aufgebaut sein musste, dass sie nicht nur der Fachmann, sondern jeder Interessierte verstehen konnte. Letztlich wollte Rochlitz sich für die zeitgenössischen Komponisten Haydn, Mozart und Beethoven einsetzten und darüber hinaus auch für Bach, der von ihm in gleicher Weise bewertet wurde. Erklärtes Ziel der Zeitung war es, diese Musik zu etablieren. Dadurch, dass die AmZ die Musik der Wiener Klassiker immer wieder besprach und das Gewandhausorchester diese Werke häufig spielte, war in Leipzig ein Publikum vertreten, das mit der klassizistischen Musikauffassung Mendelssohns in idealer Weise korrespondierte.

Patrick Kast

fen mit Namen« (BWV 175). Auffällig ist in all diesen Fällen die besonders aparte Instrumentierung (Violoncello piccolo, drei Blockflöten, zwei Trompeten). Unter den namentlich bekannten Librettisten Bachs nimmt die Zieglerin, die als junge Witwe bis zu ihrem 1741 erfolg-

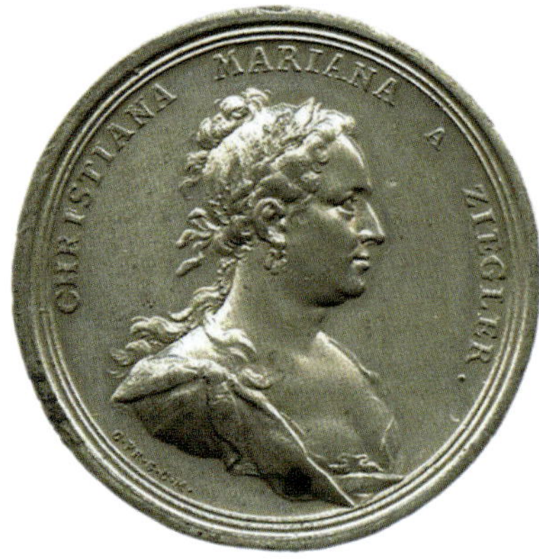

Christiane Mariane Ziegler.
Medaille aus der Werkstatt A. Vestners, 1733

ten Wegzug aus Leipzig erneut im Romanushaus lebte, als einzige Frau eine noch immer schwer erklärbare Sonderstellung ein.

Nur wenige Schritte sind es von hier bis zum Geburtshaus Richard Wagners **8** – oder besser: waren es, denn das nach dem Gasthof »Zum rothen und weißen Löwen« benannte Haus wurde wenige Jahre nach Wagners Tod abgerissen. Seit 1914 befinden sich auf dem Areal ununterbrochen Kaufhausbauten – nur eine schlichte Tafel erinnert heute hier an den weltberühmten Komponisten. Dabei verbrachte Wagner durchaus einen Teil seiner Jugendjahre in Leipzig. Zwar wurde die Familie nach dem frühen Tod des Vaters schon 1814 von einem Dresdner Freund aufgenommen, doch bereits wenige Jahre später gab die erneut verwitwete Mutter ihren Sohn in die zeitweise Obhut Leipziger Verwandter. Wagner erzählte noch in seinen Jahrzehnte später verfassten Lebenserinnerungen mit nostalgischer Begeisterung vom Studierstübchen seines Onkels Adolf und von den verwunschenen Prunkgemächern des alten Königshauses am Markt. Der junge Wilhelm Richard besuchte die Nikolai- und kurzzeitig auch die Thomasschule. Als Student der Musik an der Universität Leipzig formell eingeschrieben, nahm er aber nach eigener Aussage kaum an Kollegien teil. Seine Jugendjahre gleichen verblüffend denen des nur wenig älteren Schumann: zwischen Dichtkunst, Musik und lockerem Lebenswandel hin- und her gerissen, konnte er sich trotz des Unterrichts bei Thomaskantor Weinlig nur schwer für das Studium des musikalischen Handwerks erwärmen. Im Unterschied zu Schumann fand er jedoch als Sohn eines theaterbegeisterten Vaters und Bruder einer Opernsängerin mit dem Musiktheater schon früh seine lebenslange Passion und Berufung. Trotz erster Achtungserfolge im Gewandhaus blieb ihm allerdings die Leipziger Bühne verschlossen. Persönliche Verärgerung und Missgunst mögen einen guten Teil zu Wagners späteren Angriffen auf die Leipziger Musikgrößen, voran Mendelssohn, beigetragen haben.

Auch die große Freifläche des Richard-Wagner-Platzes neben dem Kaufhaus – als »Rannische Bastei« ehemals Teil der Stadtbefestigung – beherbergte seit 1766 einen bekannten Musentempel. Mit dem vom Kaufmann Johann Benedict Zehmisch vorfinanzierten Komödienhaus des Theaterdirektors Koch erhielt Leipzig in jenem Jahr ein ständiges Theater. Auch im Bühnenfach erwies sich der vielseitige Hiller als Mann der Stunde. Seine heiteren Opern und Einakter – oft nach Texten des Stötteritzer Dichters Christian Felix Weiße – erfreuten sich bei den Zeitgenossen größter Beliebtheit. Mit der zusätzlichen Übernahme des Thomaskantorats 1789 bewies Hiller, dass er trotz fortgeschrittenen Alters auch diese neue Herausforderung zu meistern verstand. Auch führte er im Kantorenamt wichtige Reformen wie die Abschaffung der lästigen barocken Schuluniform durch. Ganz nebenbei war er ein viel gelesener Musikschriftsteller. Für die Leipziger Musikgeschichte ist Hiller sicher die bedeutendste Persönlichkeit zwischen Bach und Mendelssohn.

Schräg gegenüber vom ehemaligen Wagnerhaus befand sich der »Große Blumenberg« **9**, im 19. Jahrhundert eines der vornehmsten Hotels der Stadt. Auch Mendelssohn legte bei seiner endgültigen Rückkehr nach Leipzig im Spätsommer 1845 größten Wert darauf, bis zur

Fertigstellung seiner neuen Wohnung im »Blumenberg« zu logieren.

Die praktischen und außermusikalischen Niederungen des Alltags waren Mendelssohns Sache nicht. Zu seinem Glück stand dafür jedoch mit Heinrich Conrad Schleinitz allzeit ein zuverlässiger Freund bereit. Ob es nun um die Anmietung einer größeren Wohnung, den Einbau neuer Öfen, den Transport von Klavieren, die Verlängerung seines Urlaubs oder die Voreinstudierung von Chorwerken ging, stets konnte Mendelssohn auf die Unterstützung Schleinitz' bauen, der in Küstners Haus in der nahe gelegenen Hainstraße wohnte. Durch eine günstige Eheschließung in die Lage versetzt, seinen ursprünglichen Anwaltsberuf aufgeben zu können, betätigte sich Schleinitz umso eifriger als graue Eminenz des Leipziger Konzertlebens. Bereits bei der Berufung Mendelssohns 1835 nach Leipzig spielte der junge Gewandhausdirektor eine treibende Rolle und in der Folgezeit bemühte sich Schleinitz nach Kräften, den befreundeten Musikdirektor in Leipzig zu halten. Nach Mendelssohns frühem Tod übernahm er die faktische Leitung des Konservatoriums. Sein Bestreben, die Tradition Mendelssohns unverändert zu bewahren, war allerdings mitverantwortlich für den zunehmenden Konservatismus im Leipziger Musikleben der 1850er- und 1860er-Jahre.

Unser Weg führt nun entlang des parkartigen Grüngürtels zum ehemaligen Matthäikirchhof **10**. Der stille Reiz dieses Ortes, wie ihn etwa Friedrich Schulze in seiner 1908 erschienenen Schrift »Alt Leipzig« beschrieb, erschließt sich dem heutigen Besucher nur noch schwer. Gegen die Zweckbauten des 20. Jahrhunderts – darunter die berüchtigte »Runde Ecke« der DDR-Staatssicherheit – kann sich das zum Gedenken an die Kirche errichtete schlichte Steinkreuz kaum behaupten. In den nächsten Jahren soll hier rund um die Außenstelle der Stasi-Unterlagenbehörde ein Campus für Freiheit und Menschenrechte entstehen, der das Areal neu beleben wird.

Einen echten Blickfang stellt hingegen das zum 200. Geburtstag des Gefeierten am 22. Mai 2013 enthüllte neue Wagner-Denkmal dar. Der eigens gegründete Wagner Denkmal Verein um den Musikwissenschaftler Markus Käbisch und den Anwalt Peter Gischke setzte sich dabei das Ziel, Max Klingers torsohaftes Denkmals-Projekt in zeitgemäßer Weise zu vollenden und dabei zugleich die Probleme und Missverständnisse der Rezeption Wagners in seiner Heimatstadt zu thematisieren. Mit dem Bildhauer Stephan Balkenhol konnte dafür ein namhafter Künstler gewonnen werden. Auf Klingers massiven Sockel, dessen nackte Frauengestalten fast überdeutlich auf die erotische Dimension des Wagner'schen Werks verweisen, setzte Balkenhol eine Statue des jungen Wagner in demonstrativ alltäglicher Pose, die überragt wird von einer meterhohen Silhouette. Dass Wagner damit gleichsam einen dunklen Schatten über die Stadt wirft und die Nachwirkung seines Werkes seine eher mediokre und umstrittene Person bei Weitem übersteigt, sind

Matthäikirche nach dem Umbau 1879/1880. Fotografie von H. Walter

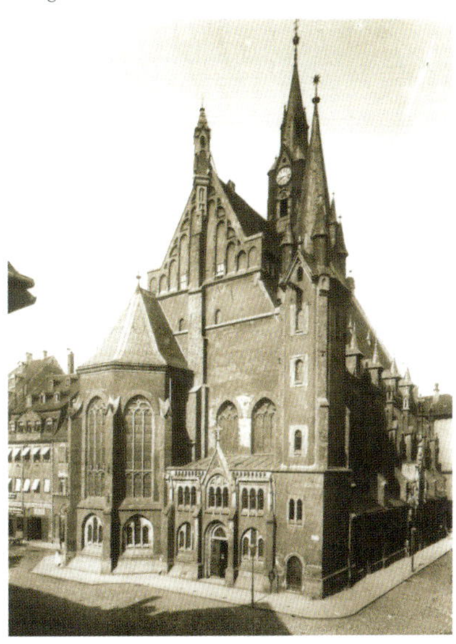

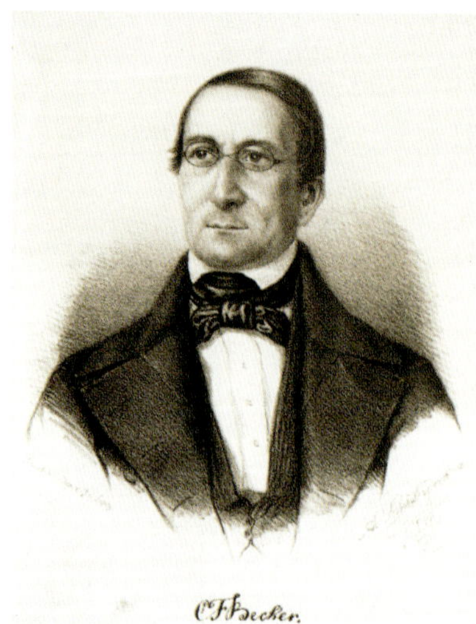

Carl Ferdinand Becker.
Lithografie von A. Schieferdecker, 1847

nur zwei der möglichen Assoziationen, die das Denkmal freizusetzen vermag.

Wie der Name »Barfußgässchen« noch deutlich erkennen lässt, gehen die Ursprünge der im Krieg zerstörten Matthäikirche auf das Leipziger Franziskanerkloster zurück. Das nach der Reformation zweckentfremdet genutzte Gebäude wurde Ende des 17. Jahrhunderts grundlegend erneuert und 1699 als »Neukirche« zu einer der vier Hauptkirchen Leipzigs. In der Rangordnung der Kantoreien des Thomanerchores, die auch ein Bach bei der Erfüllung seiner Kantoratspflichten einzuhalten hatte, stand die Neukirche nach St. Thomas und St. Nikolai und vor der kleinen Peterskirche zwar nur an dritter Stelle, dafür entfaltete sich an der Neukirche recht bald ein eigenständiges, stilistisch betont »modern« geprägtes musikalisches Leben. Unter umtriebigen Musikdirektoren wie Georg Philipp Telemann, Melchior Hoffmann und Georg Balthasar Schott lief die Neukirchen-Musik der offiziellen Stadtmusik unter Bachs Amtsvorgänger Johann Kuhnau zeitweise deutlich den Rang ab. Nicht zufällig fand die erste Aufführung einer oratorischen Passion in Leipzig nicht etwa in St. Thomas, sondern zu Karfreitag 1717 in der Neukirche statt. Talentierte Musiker wie Johann David Heinichen, Gottfried Heinrich Stölzel und Johann Friedrich Fasch konnten in dieser Atmosphäre wertvolle Erfahrungen sammeln. Die Verbindungen zur Leipziger Oper (bis 1720) und zu den studentischen Collegia musica waren dabei vor allem unter Bachs Schüler, dem Organisten der Neukirche Carl Gotthelf Gerlach, sehr eng.

Der als eigenständiger Platz heute verschwundene Matthäikirchhof war aber auch traditionelle Wohnstätte Leipziger Organisten und Kirchenmusiker. So wohnte hier Bachs Kollege, der Nikolai- und spätere Thomasorganist Johann Gottlieb Görner. Auch der Musikhistoriker, Sammler und Organist Carl Ferdinand Becker lebte während seiner gesamten aktiven Zeit im ererbten Haus am Matthäikirchhof 12. Beckers Bedeutung als Chronist und Kenner der älteren Musikgeschichte kann kaum überschätzt werden. Mit seiner reichhaltigen Bibliothek wurde er zu einer unentbehrlichen Auskunftsinstanz. Benötigte jemand Informationen über Orgelbau oder die Musik der alten Chinesen, fehlte es dem großen Friedrich Rochlitz mal wieder an der nötigen Detailkenntnis, musste kurzfristig eine Einführung in die Matthäuspassion geschrieben werden –

Exlibris der »Musikalischen Bibliothek« Beckers

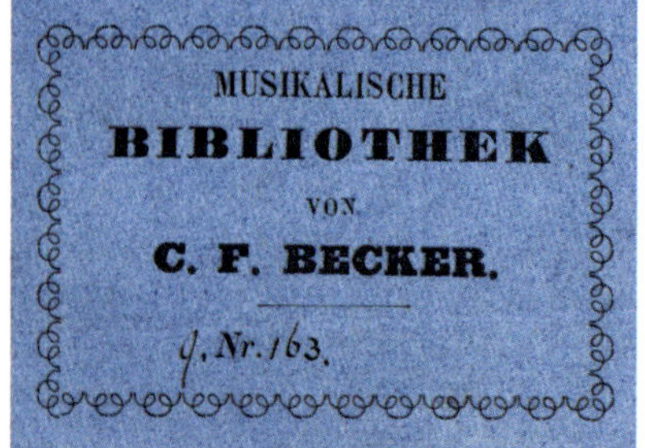

stets war Becker bereit, sein Wissen und seine Archivalien zur Verfügung zu stellen. Die spitze Bemerkung des Musikgelehrten Fetis, Becker besitze zwar alle möglichen alten Ausgaben, interessiere sich jedoch kaum für ihren Inhalt, muss deshalb trotz eines gewissen wahren Kerns mit Vorsicht genossen werden.

Auch als Organist der Petri- und Nikolaikirche und als Orgeldozent am Conservatorium der Musik leistete Becker Beträchtliches; dass er dabei neben eigenen Kompositionen entschieden die großen Orgelwerke Bachs bevorzugte, spricht für das hohe technische Niveau seines Spiels. Weniger Glück hatte Becker als einer der Gründungsväter und Mitherausgeber der Bach-Ausgabe. Nach heftigen Angriffen auf den von ihm verantworteten dritten Band zog er sich 1854 aus der Öffentlichkeit zurück, um mit den Worten Moritz Hauptmanns »in Plagwitz zu tusculieren«. Ein solches Tusculum sucht man im postindustriellen Plagwitz allerdings vergebens: Beckers einstmals idyllisches Vorstadtgrundstück in der Alten Str. 6 macht heute einen trostlosen und stark verwahrlosten Eindruck. Mit der ab 1856 schrittweise erfolgten Übereignung seiner Bibliothek legte Becker den Grundstock für die Sammlungen der Leipziger Musikbibliothek und machte damit trotz der dafür ausgehandelten Leibrente seiner Vaterstadt ein hochherziges Geschenk. Neben zahlreichen Choralbüchern, Handschriften und alten Drucken enthält die mit dem charakteristischen blauen Klebestempel versehene Sammlung auch mehrere handsignierte Widmungsexemplare Felix Mendelssohn Bartholdys und weiterer Musikerkollegen Beckers.

Entlang der Kleinen Fleischergasse und vorbei am »Coffe Baum« gelangen wir zur Klostergasse **11**. Als einstmals beherrschendes Gebäude wird das »Hotel de Saxe« (heutiges »Paulaner«-Gebäude) zwar mittlerweile von der riesenhaften Marktgalerie schier erdrückt; dennoch lohnt sich ein kurzer Blick in den Innenhof des barocken Stadtpalais unbedingt. Mit ein wenig Phantasie kann man sich hier in die Atmosphäre vornehmer Feste und Freiluftmusiken zurückversetzen – nicht zuletzt konzertierte »Donnerstags von 8. bis 10. Uhr im Schellhaferischen Hause auf der Closter Gaße« das mit dem »Bachischen« konkurrierende Collegium musicum des Organisten Görner.

Nach wenigen Schritten erreichen wir die Thomaskirche **12**, die wir in Richtung Promenadenring umrunden. Auch abseits des Gedenkens an Bach und Mendelssohn hält St. Thomas manche musikhistorische Entdeckung bereit – ganz unabhängig von der Frage, ob der Minnesänger Heinrich von Morungen tatsächlich im Thomasstift seine Tage beschloss. Eine Tafel nahe dem Westtor behauptet es zwar noch, die neuere Forschung setzt hingegen ein deutliches Fragezeichen. Keine Zweifel bestehen hinsichtlich der Verdienste Johann Adam Hillers; allerdings ist von seinem 1832 gesetzten Denkstein nur noch die Reliefplatte vorhanden und der Spaziergänger muss aufmerksam hinsehen, um die etwas versteckt an der Nordseite der Thomaskirche angebrachte Tafel nicht zu übersehen.

Heute dominiert die musikalische Riesenfigur Johann Sebastian Bachs das kulturelle Erbe der Thomaskirche fast völlig. Daneben wird man sich der ungemein produktiven und qualitativ herausragenden Kantorenreihe des 17. Jahrhunderts von Calvisius und Schein bis hin zu Knüpfer und Schelle immer mehr bewusst. Gemessen daran stehen die »Thomaskantoren nach Bach« noch immer im Schatten des massiven Stilwandels und der strukturellen Umbrüche im Jahrhundert nach Bachs Tod. Dass vor der Thomasschule eben zuerst ein Denkmal für Johann Adam Hiller stand und erst Jahre später ein solcher Stein für Bach überhaupt erwogen wurde, scheint uns heute Ausweis für die Geschichtsvergessenheit einer ganzen Epoche zu sein. Doch sind Vorsicht und historische Gerechtigkeit geboten. Zeugen doch die zu ihrer Zeit als musterhaft erachteten Kompositionen eines Hiller, eines Johann Gottfried Schicht, eines Carl Theodor Weinlig und eines Moritz Hauptmann durchaus von einer mehr als gediegenen Tonsprache. Vielmehr zei-

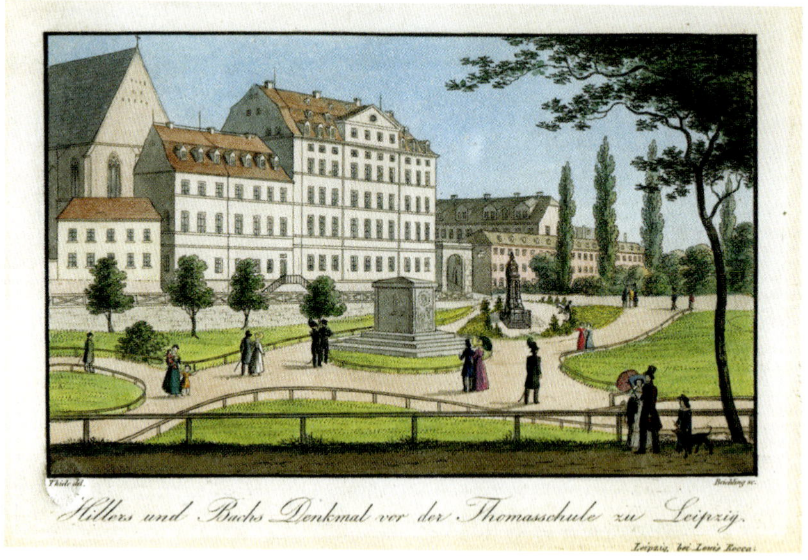

Thomasschule mit Hiller-Denkmal und altem Bach-Denkmal. Stich von Beichling nach A. Thiele

gen sie neben solider satztechnischer Durchbildung das erfolgreiche Bemühen, die vokale Kirchenmusik zu erhalten und aus dem Geist der Tradition heraus zu erneuern. Die früher gern kolportierte These vom völligen Vergessen der Musik Bachs nach 1750 und vom damit einhergehenden gänzlichen Verfall der Kirchenmusik ist heute nicht mehr haltbar. Zumindest die Motetten Bachs fanden im Kreis der Thomaner trotz mancher aufführungspraktischer Anpassungen bald wieder ein dauerhaftes Refugium; auch gelang es mit gewissen Schwankungen durchaus, das überregionale Ansehen des Chores und der Thomasschule zu erhalten. Für die konzertierende Kirchenmusik griff man allerdings nach 1800 mehr und mehr auf das »klassisch-katholische« Repertoire Mozarts, Haydns, Eyblers und Naumanns zurück. An Aufführungen der erzprotestantischen Kantaten oder Passionen Bachs war vor dem Mendelssohn'schen Durchbruch 1841 offenbar nicht zu denken, schon gar nicht im liturgischen Rahmen. Eingezwängt in ein altes Schulhaus und ein im Kern mittelalterliches Institut mit zahlreichen Traditionen, Regeln und Finanzierungsgebräuchen hatten es die Kantoren ersichtlich schwer, in der öffentlichen Wahrnehmung gegen die neuartigen Chorvereine mit ihren von Hunderten erwachsenen Sängern bestrittenen Massenaufführungen zu bestehen. Das Amt selbst erzog offenbar zu einem gewissen Konservatismus – hatte Moritz Hauptmann noch 1832 mit liebevollem Spott von seinem Vorgänger Weinlig als »dem guten Phlegmaticus« gesprochen, so verfiel er nach der Kantoratsübernahme bald selbst einer gewissen Behäbigkeit. Wo nicht, kam es – wie im Fall des dank seiner Bach-Aufführungen heute wieder aufmerksamer betrachteten August Eberhard Müller – über kurz oder lang zur Trennung.

Wir verlassen nun den Thomaskirchhof und biegen in die angrenzende Burgstraße ein. Im ersten Obergeschoss der Nr. 21, dem durch das Gasthaus »Thüringer Hof« **13** bekannt gewordenen Eckhaus Sporergässchen / Burgstraße, wohnten ab 1834 Robert Schumann und sein

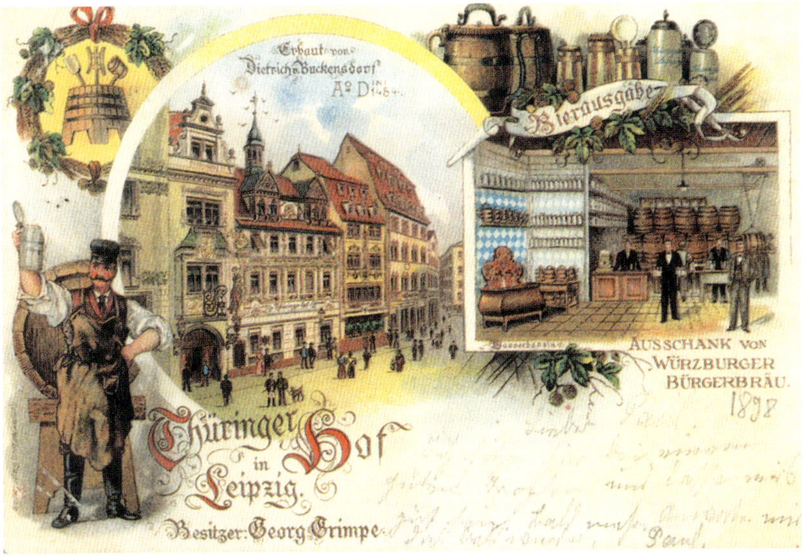

Thüringer Hof in Leipzig. Postkarte von L. Glaser, 1898

geistesverwandter Freund Louis Schuncke. Schuncke, der nicht nur Gründungsmitglied der »Neuen Zeitschrift für Musik«, sondern auch ein hochbegabter Pianist und als solcher Widmungsträger von Schumanns Toccata op. 7 war, starb allerdings bereits im Dezember des gleichen Jahres an Tuberkulose.

»Nie konnte der Tod eine Geniusfackel früher und schmerzlicher auslöschen als diese« – mit diesen Worten sprach Schumann den gemeinsamen Leipziger Freunden sicher aus dem Herzen.

Ludwig Schuncke auf dem Totenbett. Kohlezeichnung, 1834

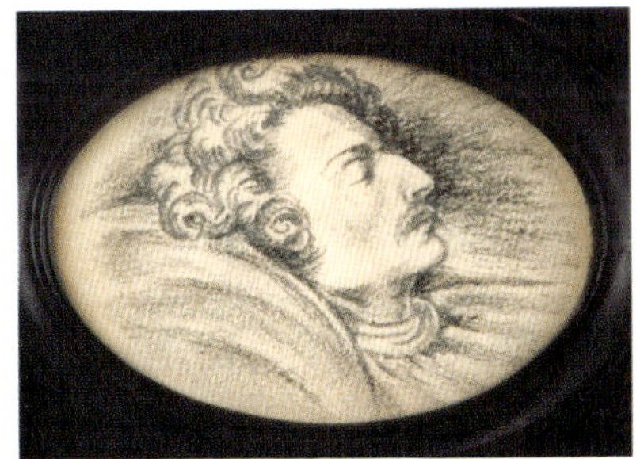

Wenige Meter sind es vom »Thüringer Hof« bis zum Burgplatz **14**, dessen schon zu Vorwendezeiten äußerst abweisende Fassadengestaltung durch die baulichen Aktivitäten der jüngeren Zeit nur bedingt gewonnen hat. Im Hauptberuf Oberpostsekretär und Steuereinnehmer, betätigte sich Christian Friedrich Henrici unter dem Pseudonym Picander als einer der erfolgreichsten und sprachmächtigsten Gelegenheitsdichter des Leipziger Spätbarock. Auch Bach vertraute regelmäßig auf die gewandte Feder Picanders. Zahlreiche Kantatenlibretti gehen auf ihn zurück und vor allem gelang es ihm immer wieder, vorhandenen Musikstücken neue und dennoch wohlklingende Texte zu unterlegen. Bachs zeitweise ausgiebig gehandhabtes Parodieverfahren wäre ohne die cleveren Zuarbeiten Picanders und weiterer Dichter dem Publikum wohl kaum zu vermitteln gewesen.

Beispiel für das Parodieverfahren in der Zusammenarbeit von Bach und Picander

Weltliche Huldigungskantate BWV 30a für Johann Christian Hennicke auf Wiederau (1737), Eingangschor

Angenehmes Wiederau,
Freue dich in deinen Auen!
Das Gedeihen legt itzund
Einen neuen, festen Grund
Wie ein Eden dich zu bauen.

Kirchenkantate zum Johannistag BWV 30 (1738?), Eingangschor

Freue dich, erlöste Schar,
Freue dich, in Sions Hütten!
Dein Gedeihen hat itzund
Einen rechten festen Grund,
Dich mit Wohl zu überschütten!

Überragt wird der Burgplatz vom Neuen Rathaus **15**, als Zentrum der aufstrebenden Handelsstadt in fast symbolträchtiger Weise errichtet auf den Grundmauern der 1897 bis 1905 geschleiften Pleißenburg. Die umliegenden Straßennamen Burgplatz, Markgrafenstraße und Schlossgasse verweisen noch heute darauf, dass die Pleißenburg jahrhundertelang der obrigkeitliche »Stachel im Fleisch« der stolzen Messestadt war. Erbaut im 13. Jahrhundert, diente das befestigte Areal in der Folgezeit als landesherrlicher Behördensitz und Kaserne. Der aufmerksame Beobachter kann die gezakkte Festungsgeometrie noch heute im Straßenverlauf erkennen. Weniger bekannt ist jedoch, dass die Pleißenburg auch eine Geschichte als Refugium des katholischen Glaubens in Leipzig hat. Die spektakuläre Konversion Augusts des Starken löste im Stammland der Reformation alles andere als Jubel aus und um des lieben Religionsfriedens willen erlaubte der König die katholische Religionsausübung zunächst nur auf sicherem landesherrlichen Terrain. Die 1710 errichtete Kapelle im Schloss Pleißenburg kann deshalb als eine der ältesten katholischen Kirchen in Sachsen gelten. Für die Betreuung der Garnison und die Religionsausübung während der Leipziger Besuche des Herrscherhauses waren zunächst böhmische Jesuiten zuständig. 1719 wurde – argwöhnisch beäugt von der renitenten lutherischen Stadtbevölkerung – ein Orgelpositiv angeschafft. Im Jahre 1845 hatten sich die Verhältnisse soweit normalisiert, dass auch außerhalb der Pleißenburg – allerdings noch immer in deren Rufweite – eine katholische Kirche geweiht werden konnte. Die Vielzahl zeitgenössischer Abbildungen legt jedoch die Vermutung nahe, dass dies noch immer als exotische Besonderheit empfunden wurde. An die im Krieg zerstörte Kirche erinnern heute ein Steinkreuz und ein Stück Wiese gegenüber dem Neuen Rathaus; der 2015 gegenüber am Martin-Luther-Ring errichtete, jedoch mit der unbedenklicheren Postadresse Nonnenmühlgasse firmierende Neubau der Katholischen Propstei präsentiert sich als auffällig kantige architektonische Geste in rot leuchtendem Porphyr.

Katholische Kirche mit West- und Rudolfstraße. Postkarte

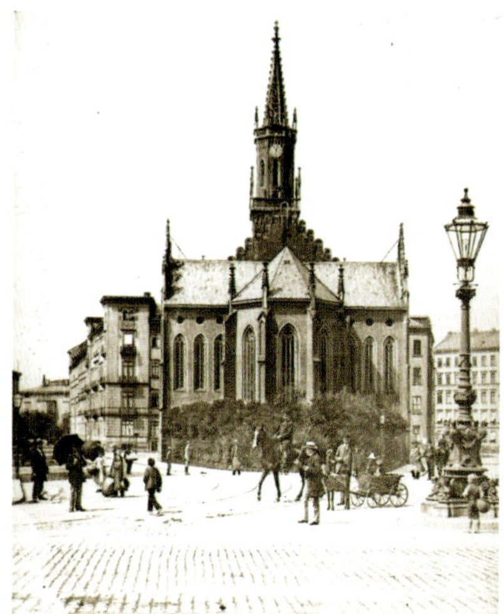

Noch ein weiteres, oft vergessenes Kapitel der Leipziger Geistesgeschichte gilt es hier anzusprechen: die Freimaurerei und ihre stark von Musikern, Künstlern und Honoratioren frequentierten drei Leipziger Logen »Balduin zur Linde«, »Apollo« und »Minerva zu den drei Palmen«. So hatte die »Minerva« ihren Sitz zunächst in der Ratsfreischulstraße, bevor sie sich zwischen Rathaus, Pleiße und Katholischer Kirche ein prachtvolles neues Gebäude errichtete, das ebenso wie die Kirche dem Bombenkrieg zum Opfer fiel. Musikmeister der Loge war zeitweise kein Geringerer als der Konzertmeister des Gewandhauses Ferdinand David. In ihren Räumen probte jahrzehntelang die Leipziger Singakademie.

Anhand eines besonderen Anlasses lässt sich diese enge Verflechtung verschiedenster Kulturträger besonders gut darstellen. Im Februar 1847 war mit Jakob Bernhard Limburger eine der Schlüsselfiguren des Leipziger Musiklebens gestorben. Er war nicht nur Gewandhausdirektor gewesen, sondern auch leitendes Mitglied der Leipziger Singakademie, Mitbegründer der exklusiven älteren Liedertafel – die auch Mendelssohn zu ihren Ehrenmitgliedern zählte – und darüber hinaus ein hochrangiger Freimaurer. Deshalb trafen am 7. März 1847 im Saal der Loge »Minerva« Sänger verschiedenster Vereine zusammen, um unter Leitung des späteren Thomaskantors Ernst Friedrich Richter eine musikalische Feierstunde auszugestalten, deren »historistisches« Programm als durchaus typisch für den Geschmack der Leipziger Kulturelite gelten kann. Dabei erklangen – begleitet von einer »Harmonika« – neben einem Passionschoral von Bach das »Ecce quomodo« von Jacobus Gallus sowie »Limburgers Lieblingsstellen« aus dem Requiem von Cherubini.

Unser Rundgang neigt sich dem Ende entgegen. Durch die Verlängerung der Markgrafenstraße gelangen wir abschließend zur Petersstraße und zum hier »Schillerhain« genannten Teilstück des Promenadenringes. An dieser Stelle befanden sich bis zum Jahre 1885 die alte Peterskirche **16** und das von Pöppelmann entworfene majestätische Peterstor. Die Peterskirche war sicherlich das Stiefkind der Leipziger Kirchenmusik: »In die Peters-Kirche kömmt der Ausschuß, nemlich die, so keine music verstehen, sondern nur nothdörfftig einen Choral singen können«, hatte Bach höchstselbst unmissverständlich festgelegt. Der nach dem Abriss auf dem Grundstück errichtete »italianisierende« Palazzo diente bis vor wenigen Jahren ununterbrochen als Bankgebäude und danach als Sitz der Musikschule »Johann Sebastian Bach«. Im Grunde gibt es hier kaum ein Gebäude, das nicht musikhistorische Erinnerungen weckt. Nur ein paar Schritte sind es von hier – vorbei am Areal des ehemaligen »Petersschießgrabens« mit seinen legendären Kommunalgardebällen – zur städtischen Musikbibliothek mit ihren reichen Leihbeständen und Zimelien. Und gleich dahinter befand sich mit dem »Römischen Haus« der luxuriöse Wohn- und Repräsentationssitz des Musikhauses Breitkopf & Härtel. So manche Geschichte bleibt noch zu erzählen …

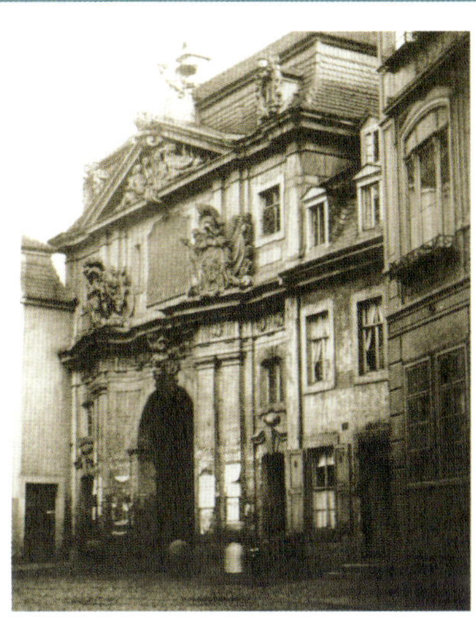

Peterstor von innen. Fotografie von B. Wehnert-Beckmann

Anselm Hartinger

SPAZIERGANG 5 VOM MUSIKVIERTEL BIS ZUM ROSENTAL

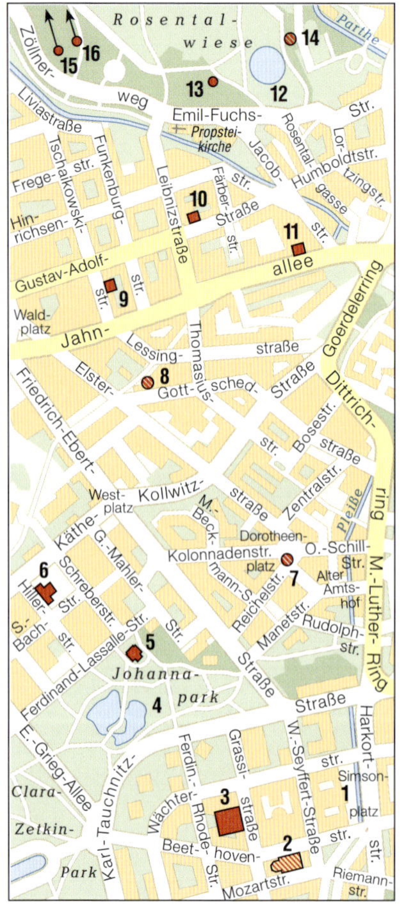

1. Simsonplatz
2. Ehem. Zweites Gewandhaus (1884)
3. Musikhochschule
4. Johannapark
5. Lutherkirche
6. Alumnat des Thomanerchores
7. Ehem. Apelscher Garten
8. Ehem. Gerhards Garten
9. Wohnhaus Georg Trexlers
10. Wohnhaus Gustav Mahlers
11. Wohnhaus Heinrich Marschners
12. Rosentalwiese
13. Zöllner-Denkmal
14. Ehem. Schweizerhäuschen und Bonorand
15. Gohliser Schlösschen
16. Schillerhaus

Es gibt wohl nur wenige Orte in Leipzig, an denen sich die einstige Bedeutung der Stadt, ihr Reichtum und das Selbstbewusstsein der Gründerjahre derart deutlich manifestieren wie im Musikviertel. Der den Jahrzehnten vor dem Ersten Weltkrieg so eigene Wunschtraum von stetiger kultureller Höherentwicklung und Erziehung, von wirtschaftlichem Wachstum und gesellschaftlicher Partizipation, von menschlicher Selbsterkenntnis und Selbstdisziplinierung, vom Miteinander von Staat, Kultur, Nation, Bürokratie und Wissenschaft – hier, vor den Toren der stürmisch wachsenden Stadt, wurde er großartig in Szene gesetzt. Nirgendwo sonst lässt sich die wirtschaftliche, soziale und administrative Basis der konservativen Hochkultur der Jahrhundertwende, des Zeitalters Nikischs, Klingers und Hugo Lichts so gut nachempfinden wie hier. Die für die spätromantische Musik so typische Massivität, Wucht, Größe, Erhabenheit und »unendliche« Ausdehnung, der schiere Gedanke, dass »Großes« auch »groß« gebaut, dargestellt und gespielt werden muss, ist uns Heutigen – gottlob! – so fremd geworden, dass es solcher steinernen Zeugnisse zu ihrem rechten Verständnis fast schon bedarf. Zwischen Konservatorium, Literaturinstitut, Kunsthochschule und Universitätsbibliothek kann der Spaziergänger trotz empfindlicher Kriegsverluste noch immer dieser besonderen Aura nachspüren. Selbst die angesagten Kneipen des Musikviertels betritt man richtig standesgemäß nur mit Instrument, Manuskript oder Zeichenmappe unterm Arm.

Unser Rundgang beginnt deshalb auf dem Simsonplatz direkt vor der Auffahrt zum Reichsgericht **1**. Der 1895 fertig gestellte Kuppelbau war Sitz der höchstinstanzlichen Gerichte des kaiserzeitlichen Reiches, der Weimarer Republik und des nationalsozialistischen Dritten Reiches. Als Ort spektakulärer Prozesse, aber auch staatlich verordneter Rechtsbeugungen bleibt er eine Sehenswürdigkeit von zwiespältiger Aussagekraft. Nach Jahren der Nutzung als Bilder- und Dimitroffmuseum beherbergt das Gebäude heute das Bundesverwaltungsgericht. Der imposante und weiträumige Kuppelsaal – bereits zu Museumszeiten Kulisse für spektakuläre Wandelkonzerte und Klanginstallationen – wird auch heute im Rahmen exklusiver Konzerte gelegentlich für das Publikum geöffnet.

Unser Weg führt nun entlang der wieder frei gelegten Pleiße zur Freifläche links vom ehemaligen Reichsgericht – mit Mendelssohn-Ufer und einer Büste des Meisters. Hier befand sich mit dem imposanten Bau des »zweiten« Gewandhauses **2** seit 1884 das Herzstück des Leipziger Musikviertels. Die Entscheidung, den mit einer unvergleichlichen Akustik ausgestatteten Tuchboden am Neumarkt aufzugeben, fiel dem Concertdirektorium keineswegs leicht. Doch setzte sich die Erkenntnis durch, dass der historische Saal nach einhundertjähriger Nutzung die stetig anwachsende Zahl an Spielern und Zuhörern nicht mehr aufnehmen und die gestiegenen Ansprüche an Feuersicherheit und Komfort nicht länger erfüllen konnte. Auch das gesellschaftliche Verständnis von Musik hatte sich unübersehbar gewandelt. Waren die Aufführungen unter Mendelssohn trotz aller Perfektion noch von einem unprätentiös-handwerklichen Musikverständnis und einer persönlichen Nähe zwischen Musikern und

Bundesverwaltungsgericht (ehem. Reichsgericht) in Leipzig

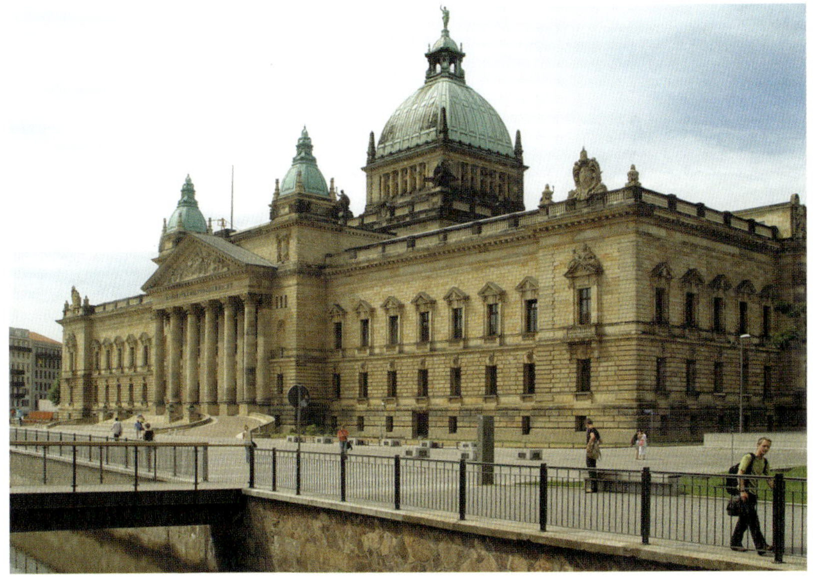

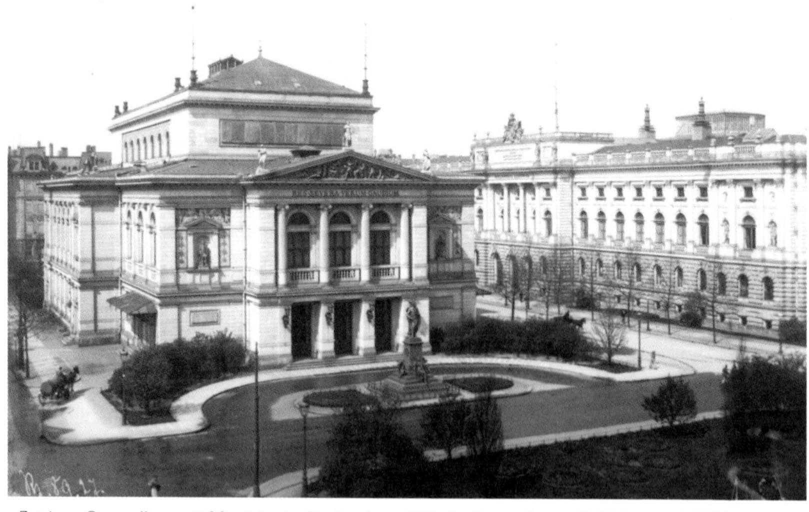

»Zweites« Gewandhaus mit Mendelssohn-Denkmal von W. Stein. Fotografie von H. Richter, nach 1892

Zuhörern geprägt gewesen, so hatte sich nun ein eher weihevoller Umgang mit dem klingenden Erbe musikalischer »Großmeister« herausgebildet. Folgerichtig trat an die Stelle des intimen und luftigen Vorgängerbaus ein von der mächtigen Walcker-Orgel überragter monumentaler Tempel der Tonkunst. Dieser neu errichtete Konzertsaal blieb dann bis zur Kriegsbeschädigung 1944 Heimstatt des von so bedeutenden Dirigenten wie Arthur Nikisch, Wilhelm Furtwängler, Bruno Walter und Hermann Abendroth geleiteten Leipziger Orchesters. Nach der Entscheidung der DDR gegen den an sich möglichen Wiederaufbau blieb der Platz jahrzehntelang wüst. Heute erhebt sich hier das Geisteswissenschaftliche Zentrum der Universität Leipzig, ein Neubau, der in der Nachbarschaft der aufwändig restaurierten Bibliotheca Albertina natürlich nur schwer bestehen kann. Auch für Nichtstudenten lohnt sich ein Blick in das majestätische Treppenhaus der Bibliothek übrigens allemal.

Konzert im Gewandhaussaal unter Carl Reinecke, 1891

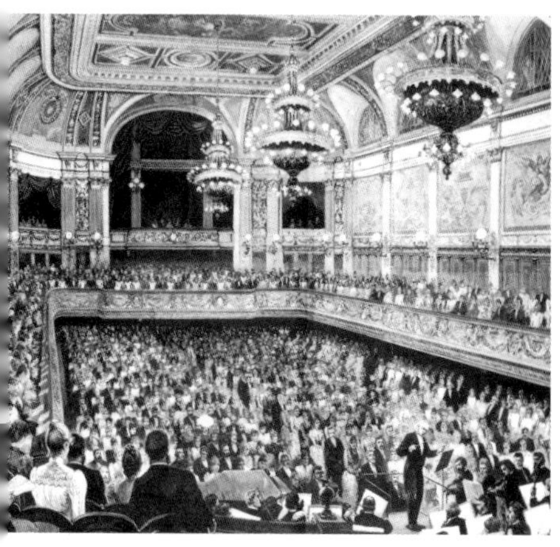

Beim Umrunden des Platzes ergibt sich die Gelegenheit, eines bedeutenden Leipziger Musikhistorikers zu gedenken. Schließlich befand sich an der Ecke Mozart- / Grassistraße die »Musikalienhandlung« von Alfred Dörffel. Dörffel, der in jungen Jahren selbst als Pianist im Gewandhaus aufgetreten war, erwarb sich als Sammler, Herausgeber und Verfasser eines Verzeichnisses der Instrumentalwerke Bachs bleibende Verdienste. Seine 1884 veröffentlichte »Geschichte der Gewandhaus-Concerte zu Leipzig« gilt nach wie vor als unverzichtbare Quelle für ein ganzes Jahrhundert Leipziger Musikgeschichte.

Nicht zufällig sind es von hier aus nur wenige Schritte zur Leipziger Musikhochschule **3** . Hatte sich bereits das 1843 gegründete »Conservatorium der Musik« im Hofgebäude des Alten Gewandhauses befunden, so wurde mit seinem Nachfolgebau 1887 bewusst wieder die räumliche und geistige Nähe zum Orchester gesucht. Sinnbild dieser traditionsreichen Verbindung war das vor dem Eingang zum Gewandhaus befindliche Mendelssohn-Denkmal, dessen von den Nationalsozialisten 1936 verfügter Abriss beide Institutionen nachhaltig beschädigte. Mit diesem Willkürakt gegen die Zentralfigur der Leipziger Musiktradition war selbst für den konservativen Oberbürgermeister Carl Goerdeler eine Grenze erreicht – er trat zurück und wurde später als Mitverschwörer des 20. Juli hingerichtet. Goerdelers Schicksal, die Vertreibung des Dirigenten Bruno Walter und die Niederreißung des Mendelssohn-Denkmals stehen stellvertretend für den Untergang des alten Leipzig und seiner bürgerlichen Kultur durch Geschichtsvergessenheit, Krieg und totalitäre Herrschaft. Nach der Westabwanderung wichtiger Verlage und Institutionen fehlt heute vielfach die ökonomische Ba-sis, um an frühere Blütezeiten anknüpfen zu können. Geblieben ist die Kultur- und Musikbegeisterung der Leipziger. Bachfest und Buchmesse leben heute wesentlich von diesem überaus menschlichen »Standortvorteil«.

Auch die Musikhochschule, die mit ihrem offiziellen Titel »Hochschule für Musik und Theater Felix Mendelssohn Bartholdy Leipzig« heute wieder demonstrativ an ihren Gründer und posthumen »Übervater« erinnert, versucht heute wieder an ihre im 19. Jahrhundert europaweit überragende Stellung anzuknüpfen. Durch die benachbarte Universitätsbibliothek, die Kunsthochschule und das Deutsche Literaturinstitut atmet das Viertel sehr viel studentisches Flair.

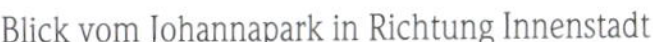

Blick vom Johannapark in Richtung Innenstadt

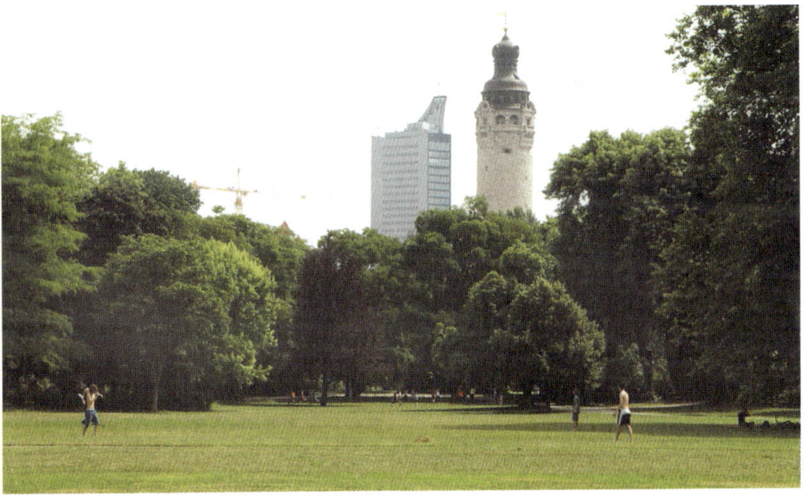

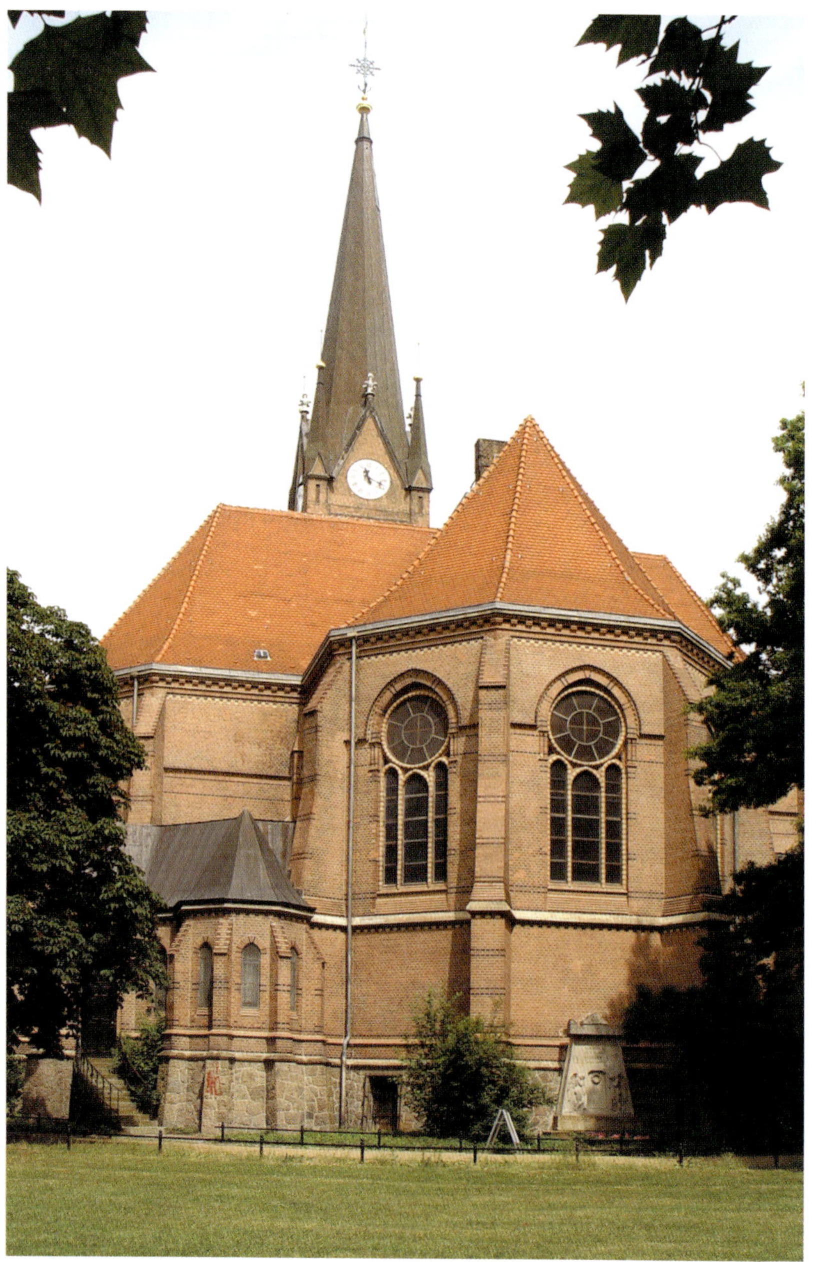

Lutherkirche im Johannapark

Vorbei an der Hochschule für Grafik und Buchkunst und der »Dichterschmiede« des Deutschen Literaturinstituts geht es nun in Richtung Johannapark **4**. Die zentrumsnah gelegene Grünanlage wird im Sommer von Studenten, Sportfreunden und abendlichen Grillgesellschaften beinahe überflutet. Nur den Wenigsten dürfte allerdings bewusst sein, dass es sich dabei um einen auf Pläne Peter Joseph Lennés zurückgehenden Landschaftspark handelt, den der Leipziger Bankier und Musikmäzen Seyfferth zum Gedenken an seine früh verstorbene Tochter Johanna Natalie anlegen ließ. Überragt wird der Park vom markanten Backsteinbau und Turm der Lutherkirche **5**. Nach dem Zusammenschluss mit St. Thomas beherbergt das noch jüngst aufwändig gesicherte Gotteshaus heute keine eigene Gemeinde mehr und wird nur noch für Proben und Konzerte genutzt. Ab 1941 wirkte hier mit Johannes Weyrauch einer der wichtigsten Leipziger Komponisten des 20. Jahrhunderts. Mit seinen Kantaten, Evangelienmotetten und Choralpartiten gehörte er zu den Erneuerern der evangelischen Kirchenmusik nach Krieg und Wiederkehr. Die in einem betont schlichten, aber sehr eindringlichen und vergeistigten Stil gehaltenen Kompositionen hinterlassen beim Hören bleibende Eindrücke. Neben seiner Tätigkeit als Kantor und Organist lehrte Weyrauch an der Leipziger Musikhochschule; noch heute sprechen ehemalige Schüler mit großer Achtung von dem energischen älteren Herrn mit der Baskenmütze.

Direkt hinter der Lutherkirche beginnt das so genannte Bachviertel, dessen Straßennamen eng mit der Leipziger Musikpflege des 19. Jahrhunderts verbunden sind. Moritz Hauptmann, Ferdinand David, Heinrich Marschner und Ignaz Moscheles finden sich hier neben Bach selbst mit seinem in der Romantik dominierenden zweiten Vornamen »Sebastian« verewigt. Einen gewissen Kontrapunkt setzt die entlang der Parkgrenze verlaufende längste Straße des Viertels. Einst nach dem Reichsgründer Bismarck benannt, trägt sie heute den Namen des

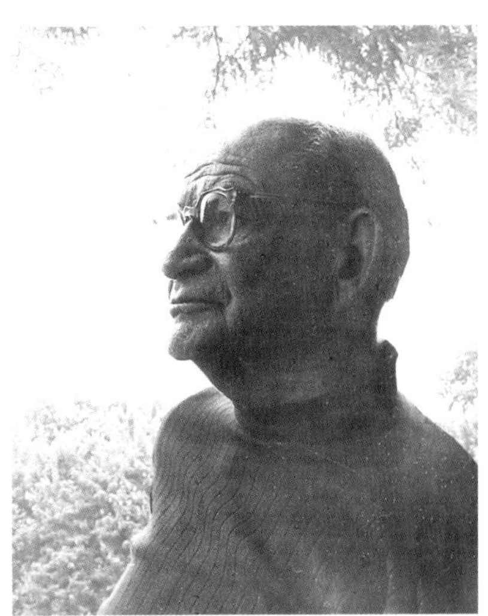

Johannes Weyrauch, 1973

frühsozialistischen Parteigründers Ferdinand Lassalle, der nebenbei wohl Agent der preußischen Polizei war und – wenig romantisch – an den Folgen eines Duells verstarb.

Einmal im Bachviertel angekommen, sollte man unbedingt einen Blick auf das von den Sängerknaben »Kasten« genannte Alumnat des Thomanerchores **6** werfen. Von der Kirche aus gelangt man über die Schreberstraße – vorbei am verwunschen wirkenden Gemeindehaus der Lutherkirche – in wenigen Minuten zur Hillerstraße, die vorwitzige Thomaner kurz nach Amtsantritt des jetzigen Kantors schon einmal in »Billerstraße« umgetauft hatten. Durch das umfassende Konzept eines der musischen Erziehung gewidmeten »Forum Thomanum« wird mittlerweile das gesamte Areal aus Schule, Kindergarten, Alumnat und Lutherkirche von der Präsenz des Chores geprägt, dessen bis auf das Jahr 1212 zurückgehende Tradition damit eine zukunftsweisende Neuausrichtung erfährt. Die Lebens- und Arbeitsbedingungen der Chorknaben und Lehrer haben sich seit der Bachzeit ohnehin deutlich zum Guten verändert, der Chor selbst ist auf nahezu die doppelte Größe

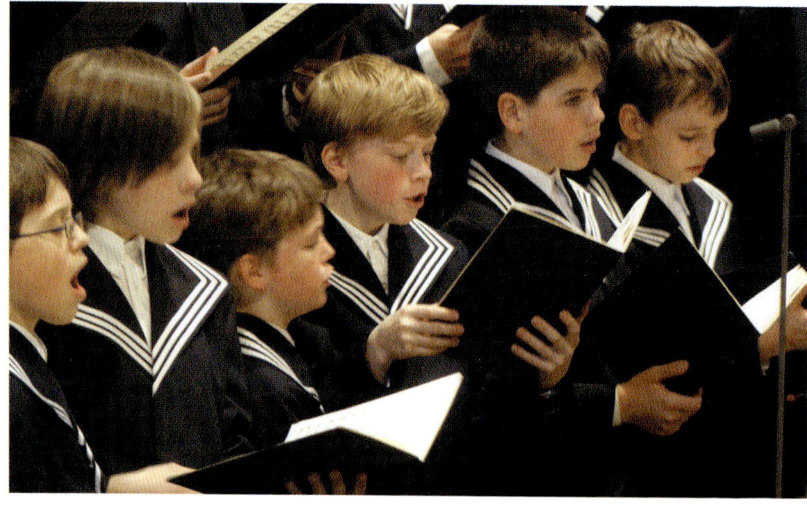

Tradition zur Eröffnung des Leipziger Bachfestes: die Auftritte des Thomanerchores

erweitert worden. Das zum Chorjubiläum 2012 umgebaute Alumnatsgebäude kann nun mehr als 100 junge Sänger aufnehmen. Geblieben ist die Tradition der verschiedenartigen Ämter und Dienste, mit deren Hilfe die Alumnen ihren Alltag weitgehend selbst verwalten. Und auch im Repertoire des Chores wird die ehrwürdige Reihe der eigenen Kantoren immer eine zentrale Rolle spielen. In Gestalt der Kantorenporträts schauen schließlich noch immer etliche Jahrhunderte von der Rückwand des Probensaales auf die Sänger und ihren Kantor herab. Die gegenüber der Bach-Zeit um mehrere Jahre nach vorn gerückte Mutation (im Volksmund: »Stimmbruch« genannt) fordert dabei insbesondere den ganz jungen Knaben eine rasche und zuverlässige Eingewöhnung ab. Und trotz mancher Erleichterungen stellt der Eintritt in den professionellen Chor noch immer eine weit reichende Entscheidung dar, die neben unschätzbaren musikalischen Prägungen auch den Verzicht auf manche Freiheiten mit sich bringt. Vielleicht wird auch deshalb der größte Teil des Geländes von einem Fußballfeld eingenommen …

Wieder an der Lutherkirche angelangt, führt unser Weg zurück durch den Johannapark in Richtung innere Westvorstadt, die wir nach Überquerung der Tauchnitzstraße durch die Reichelstraße betreten. Das heutige Stadtviertel wurde früher fast völlig von dem weitläufigen Areal von Apels Garten **7** eingenommen. Dieser zu Beginn des 18. Jahrhunderts nach allen Regeln barocker Gartenkunst auf Sumpf-

Der Eingang in Apels Garten. Kolorierter Kupferstich von C. E. Weise, gezeichnet von P. C. Geisler, Ende 18. Jahrhundert

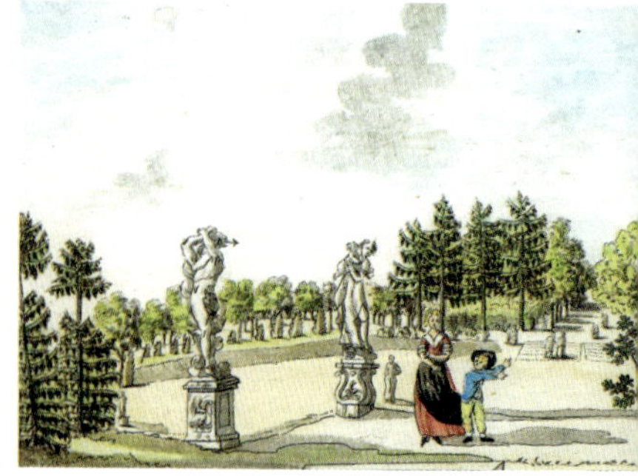

land angelegte Lustgarten war der wohl größte seiner Art in Leipzig. Als Stätte glänzender, von erlesener Musik umrahmter Festlichkeiten repräsentierte er den herrschaftlichen und kulturellen Anspruch der Leipziger Handelsbourgeoisie.

An die sukzessive Bebauung des Geländes unter der nachfolgenden Ägide der Familie Reichel erinnert heute noch die Reichelstraße. Zu den ersten Mietern gehörte auch Felix Mendelssohn Bartholdy, der zu Beginn seiner Leipziger Tätigkeit zunächst in Reichels Garten und später im nahe gelegenen Lurgensteins Garten wohnte.

Noch heute kann man Reste der historischen Gartengeometrie wahrnehmen: die eigenartige Form des Dorotheenplatzes erklärt sich aus seiner früheren Funktion als Schnittpunkt zweier rechtwinklig angelegter Gartenwege mit einer zentralen Ost-West-Achse. Auf dem Dorotheenplatz befinden sich darüber hinaus moderne Kopien zweier von Balthasar Permoser geschaffener Statuen, die einstmals zur Zierde von Apels Garten gehörten.

Entlang des ehemaligen Gartenweges (heutige Elsterstraße) gehen wir weiter in Richtung Waldstraßenviertel und gelangen nach der Querung der Käthe-Kollwitz-Straße und dem Passieren der ärgerlich unscheinbaren Mendelssohnstraße zur Ecke Gottsched-/Elsterstraße. Hier befand sich im Vormärz »Gerhards Garten« **8** mit seinem beliebten »Sommertheater«. Vor Beginn der Vorstellungen wurden regelmäßig Platzkonzerte mit gehobener Unterhaltungsmusik gegeben.

Auf dieses Genre hatten sich in Leipzig neben dem »Stadtmusikchor« zahlreiche professionelle Vereinigungen spezialisiert. Zu einem solchen Programm konnten neben der eigentlichen Tanzmusik Opernarien und Potpourris, Ouvertüren und sogar eigens bearbeitete Sinfonien gehören. Geschäftstüchtige Gastwirte

Sommertheater in Gerhards Garten. Kolorierter Holzstich, 1852

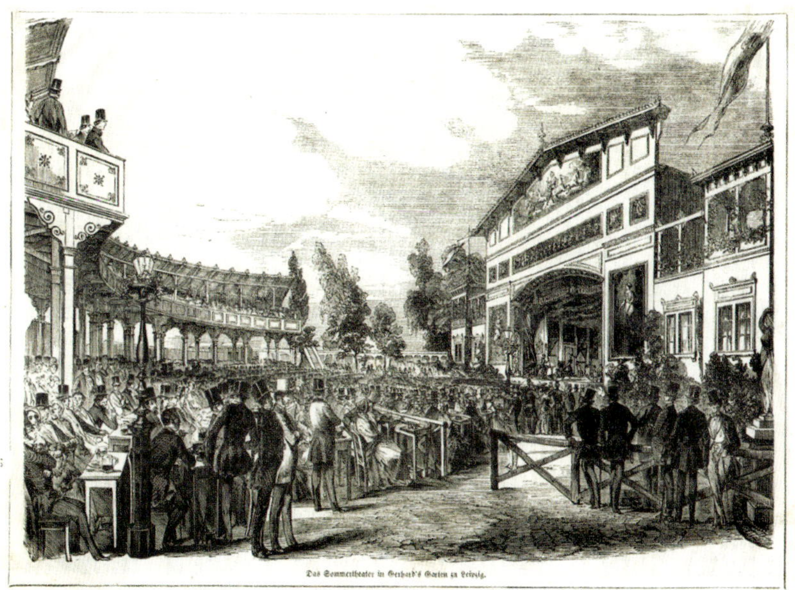
Das Sommertheater in Gerhard's Garten zu Leipzig.

> *Doch habe ich hier noch einer neuen Art von Gartenconcerten zu gedenken: es sind die, welche jeden Abend die Vorstellungen des Sommertheaters einleiten und als solche gewissermaassen als eine lange Ouvertüre zu betrachten sind … Das Theater ist in einem zierlichen und leichten Stile aufgebaut und nimmt sich niedlich aus inmitten der schönen Hekken und Bäume, durch die sich Gerhards Garten auszeichnet. Um die Ecken an der Seite der Bühne schlingen sich Epheugewinde, Blumen und Stauden umgränzen den Fuss des Theaters; die der Bühne gegenüber liegende Galerie glänzt in gleich lebendigem Schmucke und von der Decke herabhängende Blumenampeln geben dem Ganzen den Schmuck eines wohlgeordneten Damenzimmers. Die Plätze auf Gottes freiem Boden (sie kosten beiläufig gesagt 10, 7 1/2 und 5 Sgr.) sind wohlgeordnet; es stehen vor je zwei Stühlen ein Tischchen, ein nöthiges Möbel für die hier gesuchten Töpfchen mit Bier, es fehlen sogar nicht die Fussbänkchen für die so empfindlichen Füsschen der Damen.*
>
> Rheinische Musikzeitung, Juli 1853

waren in der Regel mit von der Partie – fast täglich wurde in Leipzig irgendwo zu »Tanzmusik, Kirchberger Lagerbier und Schweinsknöchelchen« eingeladen.

Das nahe der Kreuzung Elster- / Gottschedstraße befindliche Denkmal erinnert allerdings nicht an das populäre Sommertheater, sondern an das große Welttheater der Leipziger Völkerschlacht 1813. Nach der vorzeitigen Sprengung der einzigen Brücke ertranken viele Angehörige der geschlagenen französischen Armee im angrenzenden Elstermühlgraben – darunter auch der verwundete Marschall Fürst Poniatowski, dessen polnische Soldaten bis zuletzt auf Seiten Napoleons gekämpft hatten. Der Gartenbesitzer Wilhelm Christoph Leonhard Gerhard – trotz seiner künstlerischen Neigungen durch und durch Kaufmann – bezog das Denkmal und den Poniatowski-Kult jedenfalls in seine gewinnträchtige Restauration gleich mit ein. Im Volksmund hieß es deshalb anerkennend über ihn: »Gerhard ist einer der größten Chemiker unserer Zeit, er versteht es aus einem einfachen Sandstein Gold zu machen!«

Die angrenzende Gottschedstraße ist schon deshalb erwähnenswert, weil im Haus Nr. 4 zeitweilig Gustav Mahler wohnte. Da sie aber auch zu Leipzigs bevorzugten Kneipenvierteln gehört, bieten sich hier zahlreiche Möglichkeiten zur Einkehr und mehr oder minder hochgeistigen Stärkung. Dass der aufklärerische Musterdichter und Theaterreformer Gottsched über die Jahrhunderte zum Synonym für freudlose »Trockenheit« werden konnte, kann hier schon längst niemand mehr nachvollziehen. Wir empfehlen deshalb, den Spaziergang an dieser Stelle zu unterbrechen und nach einer Pause oder an einem anderen Tag mit Waldstraßenviertel und Rosental fortzusetzen.

Mit dem Übergang in das Waldstraßenviertel verändert sich die städtebauliche Topografie deutlich. An die Stelle der durchbrochenen Mischbebauung tritt ein geschlossenes Gründerzeitviertel von herrschaftlicher Ausstrahlung. Auch heute sind die oft riesigen Wohnungen sehr begehrt; es lohnt sich jedenfalls, zwischen Feuerbachstraße, Leibnizstraße und Thomasiusstraße auf Entdeckungsreise zu gehen. Gerade die Straßennamen dieses Viertels verraten dem aufmerksamen Spaziergänger so manches Detail der Leipziger Musikgeschichte. So ist die räumliche Nähe von Liviaplatz und Fregestraße mitnichten ein Zufall – vielmehr wird damit an die Freundin Mendelssohns und Schumanns, die ungekrönte Königin des Leipziger romantischen Liedgesanges Livia Gerhard erinnert, die nach ihrer Einheirat in eine Bankiers- und Juristenfamilie fortan den angesehenen Namen Frege führte. Im Fall der Funkenburgstraße ist der karnevalesk anmuten-

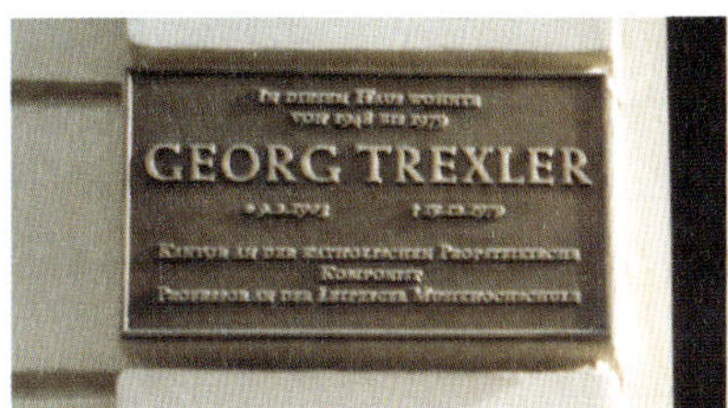

Gedenktafel am Wohnhaus Georg Trexlers

de Name gar das letzte Erinnerungsstück an zwei der beliebtesten Ausflugs- und Musiklokale des 19. Jahrhunderts. War die »Große Funkenburg« bereits seit Jahrzehnten verloren, so musste ihre 1810 errichtete »kleine« Schwester noch 2005 einem fragwürdigen Ausbauprojekt weichen.

Mit einer erst vor wenigen Jahren umbenannten Straße wird einer der wichtigsten Musikverleger und Förderer Leipzigs geehrt. Als Eigner des Verlagshauses C. F. Peters stiftete Geheimrat Henri Hinrichsen den wertvollen Archivbestand der verlagseigenen Musikbibliothek der Stadt. Dennoch wurde er wie so viele jüdische Leipziger Mitbürger des Waldstraßenviertels im Konzentrationslager ermordet; die in der Hinrichsenstrasse befindliche Ariowitsch-Stiftung knüpft mit dem Sitz der jüdischen Gemeinde und zahlreichen kulturellen Angeboten an die Tradition Jüdischen Lebens in Leipzig an. Der dort probende Synagogalchor gehört mit seiner hohen musikalischen Qualität und konzertmäßigen Ausrichtung zu den echten Besonderheiten der Leipziger Chorszene.

Ein Leipziger Komponist des 20. Jahrhunderts, der sich aus der Erfahrung von Krieg und Gefangenschaft heraus besonders intensiv mit den zerstörerischen Tendenzen seiner Zeit auseinandersetzte, war Georg Trexler. Er wohnte in der Tschaikowskystraße 10 **9**; eine Tafel erinnert dort an den langjährigen Kantor und Organisten der katholischen Probsteikirche Leipzig. Sein »allen Opfern ungerechter Gewalt« gewidmetes Chorwerk »Metanoeite« wurde am 13. März 1954 in Leipzig erstaufgeführt.

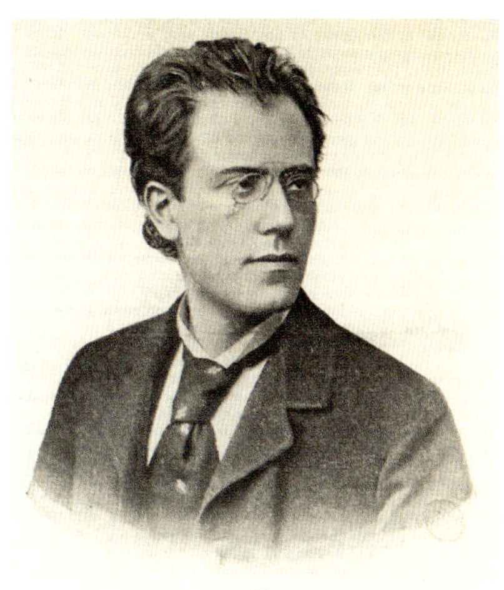

Gustav Mahler. Fotografie, um 1887

Folgt man der Gustav-Adolf-Straße in Richtung Innenstadt, so gelangt man nach etwa 300 Metern zu einer weiteren Gedenktafel: Im Haus Nr. 12 lebte und arbeitete 1887/88 Gustav Mahler **10**. Während eines von persönlichen Turbulenzen geprägten Aufenthaltes komponierte er hier Teile seiner Ersten Sinfonie. Unweit von hier, ganz in der Nähe des Traditionslokals »Goldene Laute«, wohnte mit Heinrich Marschner in der Jahnallee 8–10 **11**

> *Kürzlich wurde Marschner's »Vampyr« neu einstudirt gegeben, er zog ein zahlreiches Publikum herbei. Das Süjet ist doch grausig! Meiner Nachbarin zur Linken wurde übel und weh dabei zu Muthe, und meinem Nachbarn zur Linken kam der kalte Schweiß aus allen Poren als das bleiche Vampyrgespenst mit seiner ersten Beute, einer üppigen vollblütigen Janthe, hinter die Coulisse ging und sie aussog. Mir selber lief das Wasser im Munde zusammen …*
>
> Aus einer Zeitungsrezension 1850

GUSTAV MAHLER IN LEIPZIG

Schlimmes hatte man gehört vom harten Hund, der seine Untergebenen physisch und psychisch malträtiere: Stur und unerbittlich sei er, ein vom Ehrgeiz Getriebener, der sich meist wild gestikulierend in der Musik verzehre. Dass ein solcher Ruf einem erst Sechsundzwanzigjährigen vorauseilte, dafür hatte Gustav Mahler auf seinen bisherigen Kapellmeisterstationen selbst gesorgt. Nach Bad Hall, Laibach, Olmütz, Kassel und Prag war Leipzig nun die bereits fünfte Adresse in Mahlers sich kontinuierlich entwickelnder Karriere. Und noch etwas begleitete ihn überall hin: seine unglücklichen Liebesaffären. Immerhin hatte sich eine davon in Kassel in den »Liedern eines fahrenden Gesellen« musikalisch niedergeschlagen. Ohne diese Dinge überschätzen zu wollen, ist auch die in Leipzig komponierte 1. Sinfonie beeinflusst von Mahlers Libido.

Am 25. Juli 1886 kam Mahler von Iglau nach Leipzig. Bis zum Januar 1887 wohnte er zunächst in der Gottschedstraße 4II, dann bis Mitte Mai 1888 in der Gustav-Adolf-Str. 12. Doch nur widerwillig ging er in die Pleißestadt, denn bereits vor dem Antritt als Zweiter Kapellmeister am Leipziger Stadttheater hatte Mahler vergeblich versucht, seinen Vertrag wieder zu lösen, um am Deutschen Theater in Prag bleiben zu können. Leipzig war für Mahler »Ausland« und gefährlicher Boden zugleich, da er hier in Arthur Nikisch, seinem direkten Vorgesetzten, einen »eifersüchtigen und vielvermögenden Rivalen« vermutete. Der hiesige »Erste« am Theater war nur fünf Jahre älter als Mahler, nicht weniger ehrgeizig und ebenso wie er aus dem Wiener Konservatorium hervorgegangen und doch waren beide grundverschieden: Nikisch eher beherrscht, in der Zeichengebung sparsam; Mahler dagegen eher ein emphatisch-gestikulierender, immer unzufriedener Probierer. So begann die Leipziger Arbeit, wie sie unter diesen Umständen beginnen musste: mit Spannungen. Schon in der Antrittsvorstellung am 3. August 1886 wurde Mahler ausgebremst. Nicht den gewünschten »Tannhäuser«, von dem er sich versprach effektvoll auftrumpfen zu können, durfte er dirigieren, sondern als Neuling hatte er sich mit »Lohengrin« zufrieden zu geben. Immerhin konnte Mahler seine Wunschoper den Leipzigern nur 14 Tage später doch noch präsentieren. Doch das hiesige Feuilleton war durchaus nicht zimperlich mit Mahler. In seiner Eitelkeit gekränkt, schrieb er, »ein matter Finsterling« habe sich in sein »eigenes Lager« begeben, um ihm »von da aus in den Rücken zu fallen«. Jener »matte Finsterling« war ein gewisser M. Krause, der es im »Leipziger Tageblatt« gewagt hatte, Mahlers »auffälliges Markieren aller Einsätze« und die ungewöhnlich beschwingten Tempi zu kritisieren. Nur wenige Monate später, im November 1886, schien Mahlers Geduld am Ende. Die schwelende Rivalität mit Nikisch machte ihm zu schaffen. Lapidar sein Kommentar: »Mit seiner Person habe ich nie etwas zu tun; er ist kalt und verschlossen gegen mich – ob aus Eigenliebe oder aus Misstrauen – was weiß ich!« Wieder bat Mahler um Demission und wieder ohne Erfolg: Staegemann überredete ihn zum Bleiben. Dafür war sicher die gegenseitige Wertschätzung zwischen Staegemann und Mahler ausschlaggebend: »Der Direktor hat mich in seine Familie eingeführt, wo ich schon herrliche Stunden verlebt habe.« Nur eine Leipziger Familie hatte Mahlers Interesse noch stärker auf sich gezogen. Gelockt von Carl Maria von Webers Kompositionsfragment »Die drei Pintos«, hatte Mahler Eingang in das Haus des Hauptmanns Carl

GUSTAV MAHLER IN LEIPZIG

von Weber, des Enkels des Komponisten, gefunden. Dort hatte er sich jedoch nicht nur in die Partitur verliebt. Mindestens genau so interessant erschien ihm wohl die Ehefrau des Komponistenenkels, Marion von Weber. In seinen Briefen deutet Mahler die Geschichte allerdings nur sehr vage an: »Einen schönen Menschen habe ich doch, seitdem ich in Leipzig bin, gefunden – und, damit ich es gleich sage – einen von denen, durch welche man Dummheiten anstellt.« Geht man das Wagnis ein, Alma Mahlers Erinnerungen zu trauen – immerhin werden ihre Aussagen auch von Ethel Smyth, einer englischen Komponistin gedeckt – erfährt man die delikaten Details. Anekdoten einer Affäre, von der Carl von Weber wusste und sie tolerierte, wohl aus Angst, ein solcher Skandal könne ihn seine militärische Stellung kosten? Ob die emotionale Belastung für den betrogenen Ehegatten tatsächlich so groß war, dass er in eine Irrenanstalt eingeliefert werden musste, und ob Mahler tatsächlich mit seiner Geliebten durchbrennen wollte und vergeblich am Tag der Verabredung am Bahnhof auf sie wartete – wer weiß?

Sicher ist, dass die Aufführung der »Drei Pintos« am 20. Januar 1888 im Leipziger Stadttheater sehr erfolgreich war. Mahler hatte aus dem vorhandenen Material eine aufführungspraktische Fassung erstellt. Nur zu sieben von 17 Musiknummern gab es Entwürfe, von 1700 Takten waren lediglich 18 von Weber selbst instrumentiert. Bevor Mahler Leipzig wenig später verließ, vollendete er hier noch seine 1. Sinfonie. Im März 1888 nutzte er die zehn spielfreien Tage, die aufgrund des Todes von Kaiser Wilhelm I. angeordnet worden waren, für die Fertigstellung seiner Partitur. »Mit einem Schlag« waren in Mahler »alle Schleußen … geöffnet!« Später hat Mahler zugegeben, dass die 1. Sinfonie von einer leidenschaftlichen Liebe ausgelöst worden sei, doch er wollte betont wissen, »dass die Symphonie über die Liebesaffaire hinaus ansetzt, sie liegt ihr zugrunde – respektive sie ging im Empfindungsleben des Schaffenden voraus. Aber das äußere Erlebnis wurde zum Anlaß und nicht zum Inhalt des Werkes«.

Eines hatte Mahler jedoch in Leipzig nicht vermocht, nämlich Nikisch zu verdrängen und zum Weggang zu animieren. Nicht ohne das übliche, für Mahler typische Getöse fand sein Abgang vom Stadttheater statt. Die Affäre Goldberg, vermutlich von Mahler absichtlich provoziert, führte zum Ende seiner Leipziger Tätigkeit. Goldberg, Oberregisseur am Theater, soll Mahler vor versammeltem Personal angeschrien haben: »Sie haben heute zum letzten Mal dirigiert.« Mahler wollte diese Äußerung als Entlassung interpretieren, und diesmal entsprach Staegemann Mahlers Wunsch. Uns so war am 17. Mai 1888 das Kapitel Leipzig und Mahler beendet.

Alexander Hiller

ein heute vergessener, zu seiner Zeit jedoch bekannter und erfolgreicher Opernkomponist der Romantik. Marschner, nach Mendelssohns Worten ein »gemütlicher dicker Kapellmeister«, war von 1828 bis 1831 Musikdirektor am Stadttheater. Die Uraufführungen seines Musikdramas »Der Templer und die Jüdin« sowie seiner Schaueroper »Der Vampyr« (1828) zählten zu den großen Erfolgen der Leipziger Theatergeschichte des 19. Jahrhunderts.

An der Ecke Gustav-Adolf-/Jacobstraße treffen wir wieder auf den Elstermühlgraben, biegen nach wenigen Metern links in die Rosentalgasse ein und erblicken dahinter bereits die weiten Wiesen des Rosentals **12**.

Das Rosental! Verklärtes Arkadien der Leipziger Dichter, Zufluchtsort der Liebespaare und Hundehalter, für viele Leipziger ein Kindheitsparadies und wundervoller Platz inmitten der Stadt. Bereits August der Starke war von der damals noch gänzlich bewaldeten Flur so angetan, dass er sich zum Verdruss der Bürgerschaft dort ein Lustschloss bauen lassen wollte. Doch konnten die Leipziger – zu allen Zeiten empfindlich gegenüber Dresdner oder Berliner Sonderwünschen – den Schlossbau in letztendlich verhindern. Und noch immer würden die hiesigen Spaziergänger ihr Rosental und den herrlichen Blick auf die Stadt sicher um keinen Preis der Welt eintauschen wollen. Auch Mendelssohn träumte in seinem Berliner »Exil« vom Billardspiel im nahe gelegenen Gohlis und vom Lustwandeln mit Freunden im Rosental. Ob er dabei allerdings wirklich musikalische Vorträge hielt, wie sie sein vorgeblicher Gesprächspartner Johann Christian Lobe 1855 wiedergab, oder ob Lobe sich damit nicht nur interessant machen wollte, sei dahingestellt.

In einem kleinen Wäldchen links vom Rosentalteich steht das oft übersehene Denkmal für Carl Friedrich Zöllner (1800 – 1860) **13**, einen der führenden Gesangspädagogen Leipzigs und Komponisten zahlreicher Stücke vor allem für Männerchor. Einem breiteren Publikum bekannt ist er heute nur noch durch seine volkstümliche Variante des Liedes »Das Wandern ist des Müllers Lust«. Der Legende nach soll das Stück in feuchtfröhlicher Runde im Gasthaus »Zills Tunnel« entstanden sein, was zumindest die unerträglich vielen »ha-s« (»Das Wa-ha-ha-ha-ha-ha-han-dern«) erklären würde. Blattsicherheit und Trinkfestigkeit gehörten zumal in den Männerchören bereits damals untrennbar zusammen. Über die großen Leipziger Chorleiter der Romantik wie etwa den legendären Tenor und »Pauliner«-Dirigenten Hermann Langer gibt es mindestens so viele Kneip- wie Musiziergeschichten. Auf seinem Denkmal allerdings schaut Zöllner überaus väterlich und seriös drein, nur die putzigen Sängerfiguren mit ihren Notenblättern verleihen dem Ganzen einen etwas kitschigen Zug. Im wahren Leben hätte Zöllner seinen Choristen sicher eine auswendige Vortragsweise abverlangt …

Das musikalische Vereins- und Chorwesen nahm in der ersten Hälfte des 19. Jahrhunderts auch in Leipzig einen mächtigen Aufschwung. Allenthalben gründeten sich Chorvereine mit so klangvollen Namen wie »Orpheus«, »Arion«, »Lyra«, »Paulus« und »Singakademie«. Ohne die begeisterte Mitwirkung »kunstsinniger Dilettanten« wären die chorsinfonischen Aufführungen Mendelssohns niemals zustande gekommen. Die heute als selbstverständlich erachtete Tradition nicht-liturgischer und von Laien getragener Oratorienaufführungen geht bis in diese Zeit zurück. Für diesen Aufschwung der Chorvereine lassen sich musiksoziologische

Denkmal für Carl Friedrich Zöllner, 1868

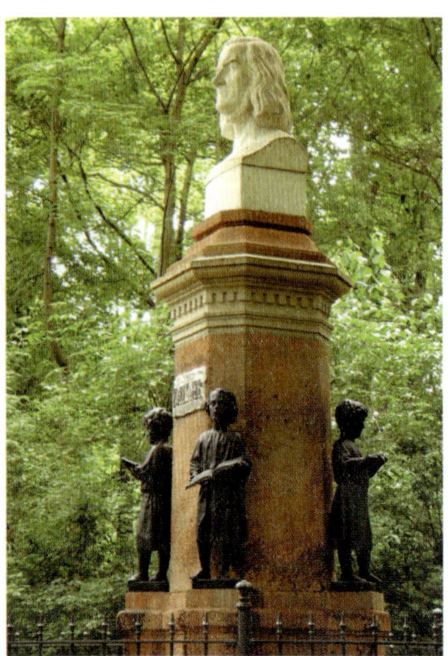

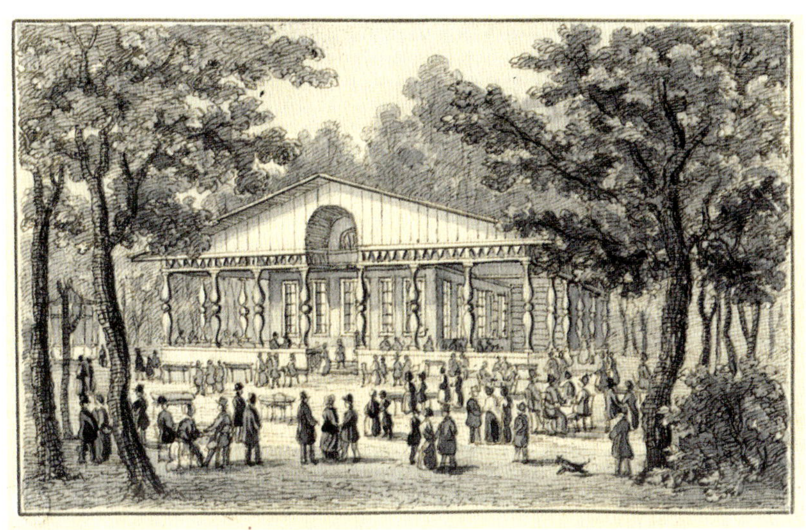

Schweizerhäuschen im Rosenthal. Kolorierte Zeichnung, 1843

und gesellschaftliche Gründe heranziehen: Zum einen boten sie den durch die zunehmende Professionalisierung der Orchester mehr und mehr an den Rand gedrängten Laienmusikern ein neues Betätigungsfeld. Zum anderen eröffneten die neuartigen Vereine erstmals auch Frauen die Möglichkeit zur Mitwirkung am Konzertleben – eine Entwicklung, die sich besonders gut an der Person Susette Hauptmanns, der Frau des Thomaskantors Moritz Hauptmann, darstellen lässt. War es für Bachs Frau Anna Magdalena – immerhin eine renommierte Berufssängerin – noch ganz undenkbar gewesen, in der Leipziger Kirchenmusik mitzuwirken, so übernahm die Altistin Susette Hauptmann nicht nur mehrfach Solopartien in den Aufführungen ihres Mannes, nein, sie engagierte sich darüber hinaus auch als Leitungsmitglied der Leipziger Singakademie.

Zurück auf der großen Wiese wenden wir uns nach rechts in Richtung des weitläufigen Zoogeländes. Hier bietet sich die Gelegenheit, an historischer Stätte zu rasten und einzukehren: An der Stelle der heutigen Zoogaststätte befand sich im frühen 19. Jahrhundert Kintschys Schweizerhäuschen **14**, eines der beliebtesten Ausflugslokale der Stadt. Sowohl die im Bergbauernstil gehaltene und nur im Sommer geöffnete Restauration als auch die nahe gelegene Konditorei Bonorand waren darüber hinaus für ihre Platzkonzerte berühmt. Auf alten Abbildungen kann man die aufspielende Kapelle noch deutlich erkennen und wer ganz genau hinsieht, entdeckt vielleicht sogar irgendwo in der Menschenmenge die Schumanns – Stammgäste waren sie jedenfalls allemal.

Gestärkt und ausgeruht geht es auf die letzte Etappe unseres Rundgangs. Nach dem Überqueren der großen Wiese öffnen sich im hinteren bewaldeten Teil des Rosentals mehrere Schneisen. Eine dieser Blickachsen, nicht zufällig »Herrenallee« genannt, führt geradewegs zu einem Gutsgebäude mit Turm, dem Gohliser Schlösschen **15**. Beim Nähertreten entpuppt sich dieses als wahres Kleinod, erbaut in einem angedeuteten Rokokostil mit deutlich bürgerlichem Einschlag. Errichtet 1754 bis 1756 für den Leipziger Kaufmann Johann Caspar Richter,

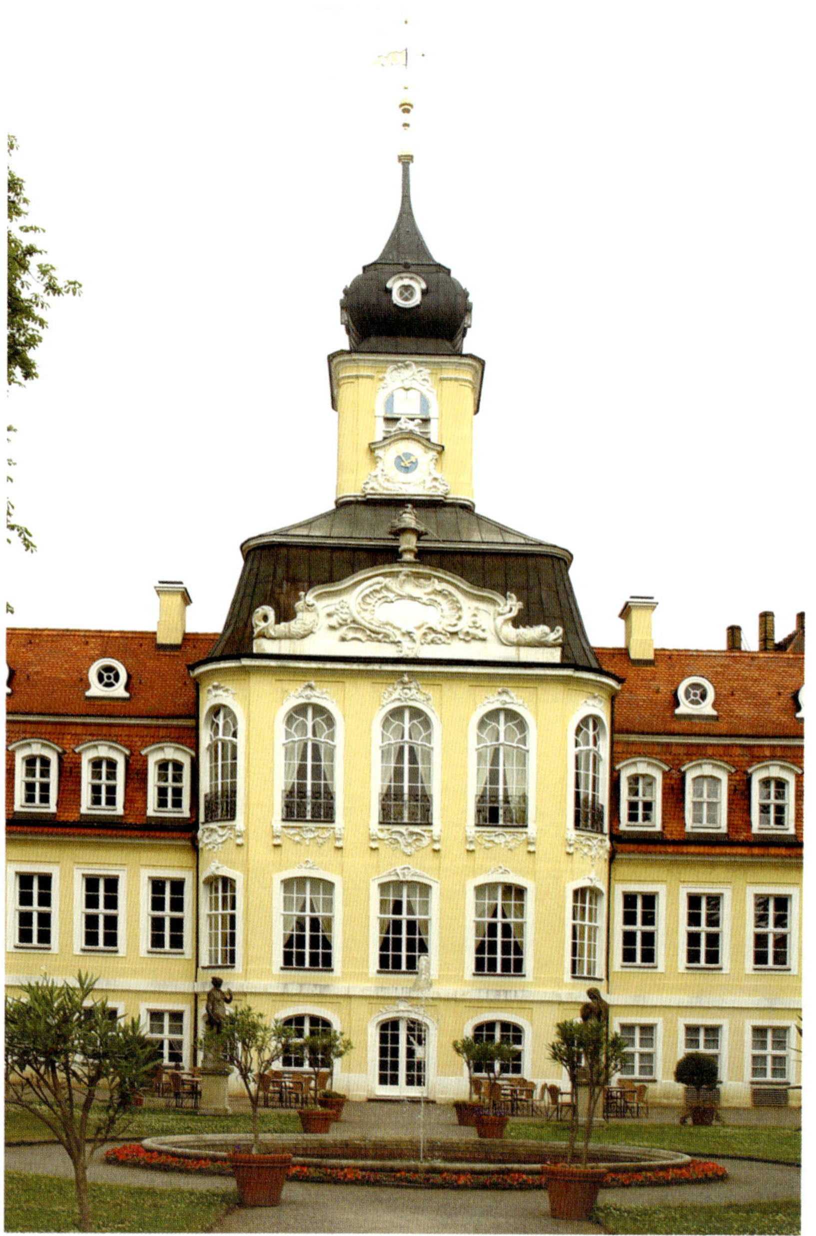

Gohliser Schlösschen

trafen sich im schmucken »Musenhof am Rosental« aufgeklärte Bürger, Künstler und Universitätsgelehrte. Nach zahlreichen Besitzerwechseln war das Haus zwischen 1950 und 1985 Sitz des Bach-Archivs Leipzig. Nach längerem Dornröschenschlaf wird das Haus gegenwärtig vom Freundeskreis Gohliser Schlösschen e.V. getragen und als gehobene Lokalität für Bürger- und Studentenkonzerte sowie gastronomische Anlässe genutzt. Besonders sehenswert sind der Festsaal mit seinem von Adam Friedrich Oeser geschaffenen Deckengemälde und der reizenden spätbarocken Kabinettorgel sowie der zum Garten hin geöffnete Steinsaal.

Die rückwärtige Front des Schlösschens führt auf die nach dem bekannten Historiker Johann Gottlob Mencke benannte Menckestraße. Hier, zwischen Rosental, Friedenskirche, Gosenschänke und Schillerweg ist die lauschige Atmosphäre des dörflichen Gohlis noch präsent. Nur eine Straßenbiegung entfernt liegt das Leipziger »Schillerhaus«, die älteste Literaturgedenkstätte Deutschlands **16**. Dank der Einladung Christian Gottfried Körners und des Verlegers Göschen konnte sich Schiller an diesem idyllischen Sommersitz von Anfang Mai bis September 1785 erholen. Dass er dabei neben der Arbeit am »Don Carlos« auch die erste Fassung der berühmten »Ode an die Freude« konzipierte, kann man sich lebhaft vorstellen. Weniger bekannt ist, dass es neben der berühmt gewordenen Version Beethovens noch zahlreiche weitere Vertonungen des Gedichtes gibt, die das Schillerhaus sammelt und künftig auch zu Gehör bringen wird. Das reizende Haus mit seinem lauschigen Garten wird gegenwärtig behutsam in ein nahbares Literaturmuseum verwandelt, das zugleich Anlaufpunkt für die Gohliser Familien wie Veranstaltungsort für Lesungen, Sommertheater und Musikanlässe sein soll. Zudem hegt ein ehrenamtlicher Winzer die hauseigenen Schiller-Trauben.

Zunächst schien das im Jahre 1841 mit einer Ehrenpforte versehene Haus allerdings eher Unglück zu bringen. Bereits Christian Gottfried Körners Sohn Theodor nahm sich den Schiller'schen Rigorismus so sehr zu Herzen, dass er neben der »Leier« auch das Schwert ergriff und als »Lützower Jäger« und Sänger des Freiheitskampfes gegen Napoleon 1813 im Gefecht fiel. Auch der Gründer des Leipziger Schillervereins, der Theatersekretär und Radikaldemokrat Robert Blum, fand bereits in jungen Jahren einen gewaltsamen Tod. Nach der Rückeroberung des aufständischen Wien durch die kaiserlichen Truppen wurde er im November 1848 standrechtlich erschossen – trotz seiner Immunität als Abgeordneter der Frankfurter Nationalversammlung. Auch Richard Wagners Karriere nahm durch seine Verwicklung in die Dresdner Maikämpfe 1849 eine jähe Wendung. Steckbrieflich gesucht, musste der gewesene Hofkapellmeister für mehrere Jahre in die Schweiz emigrieren. Gottlob mangelte es Wagner auch dort nicht an wohlhabenden Gönnern mit attraktiven Frauen …

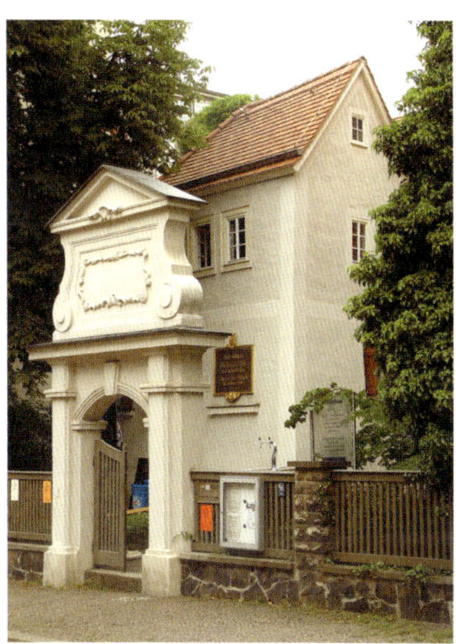

Schillerhaus in Leipzig-Gohlis

Aber das ist schon eine andere Geschichte.

Anselm Hartinger

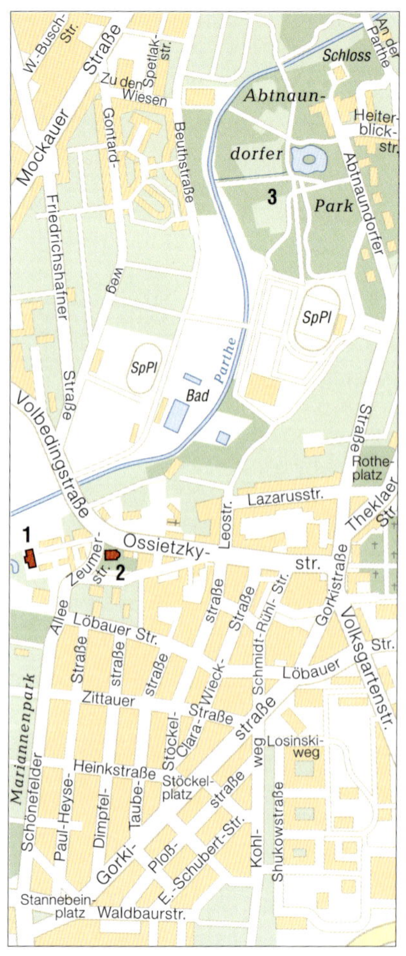

1 Schloss Schönefeld
2 Gedächtniskirche Schönefeld
3 Abtnaundorfer Park

Die in der Zeit der Romantik stets verspürte enge Bindung an die Natur äußerte sich u. a. in der Gewohnheit zu ausgedehnten Spaziergängen. Orte, die gern aufgesucht wurden, waren die Kaffeegärten im Rosental und der Kuchengarten – auch weil es dort üblich war, Musiker auftreten zu lassen. Dörfer mit Parkanlagen waren beliebte Spaziergangsziele.

Im Jahr 1270 wurde das Dorf erstmals als »Schonenuelt« erwähnt. Da die Parthe ausgedehnte Sumpfgebiete bildete, waren günstige Verkehrswege nicht anzulegen. An der Wassermühle gab es die einzige Parthefurt. Das Gebiet war 1404 bis 1754 im Besitz der Familie Thümmel. Rittergut und Schloss **1** wurden errichtet. Dieser Spaziergang von Schönefeld – heute Teil Leipzigs, wo die Traukirche von Clara Wieck und Robert Schumann zu besuchen ist, kann am Stannebeinplatz beginnen und geht dann in Richtung Mariannenpark. Die noch heute existierende Lindenallee wurde 1621 angelegt.

No. 60. / Auswärtig / 13. – Tag der Trauung. Zwölfter September / Sonnabend vor Dom: XIII. p. Tr. / früh 10 Uhr. – Ort der Trauung. Allhier / Mit Dimissoriale von Leipzig … Art der Trauung. Mit Orgelspiel ohne Gesang … Name des Bräutigams. Dr. Robert Schumann / musikal. Komponist und Einwohner in Leipzig, jüngster ehel. hinterl. Sohn von Hr. August Schumann, ehem. Buchhändler in Zwickau. – Name der Braut. Jgfr. Clara Josephine Wieck / älteste Tochter 1ster Ehe von Herrn Friedrich Wieck, Instrumentenhändler in Leipzig – Kaiserl. Königl. Kammervirtuosin.

Eintragung ins Trauregister
der Kirchgemeinde Schönefeld

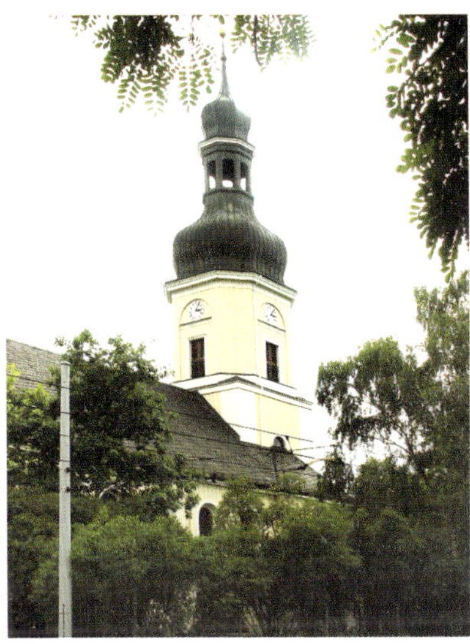

Gedächtniskirche Schönefeld

Die Allee führt am Park vorbei. So gelangt man vor der Einmündung in die Ossietzkystraße zum Schloss und zur klassizistischen Gedächtniskirche Leipzig-Schönefeld **2**. Die Bezeichnung Gedächtniskirche bezieht sich auf den Wiederaufbau 1820 nach der Völkerschlacht, welche das Dorf Schönefeld verwüstete.

Das Äußere der Kirche lässt nicht den klassizistischen Raum im Inneren vermuten. Zu finden sind sogar bildgewordene Erinnerungen an ein besonderes Ereignis: Am 12. September 1840 wurden Clara Wieck und Robert Schumann in dieser Kirche getraut. Robert Schumanns ehemaliger Mitschüler aus Zwickau Carl August Wildenhahn war Pfarrer in dieser Gemeinde.

Clara vermerkte im Tagebuch: »D. 12. Was soll ich über diesen Tag sagen! – Um 10 Uhr ging die Trauung vor sich in Schönefeld, ein Choral begann, dann sprach der Prediger (ein Jugendfreund Roberts) Wildenhahn eine kurze, einfache, aber von Herzen zu Herzen gehende Rede. Mein ganzes Innere war von Dank erfüllt zu Dem, der uns doch endlich über so viele Felsen und Klippen einander zugeführt; mein inbrünstiges Gebet war, dass es Ihm gefallen möchte, mir meinen Robert recht lange, lange Jahre zu erhalten – ach! Der Gedanke, ich möchte ihn einmal verlieren, wenn der über mich kömmt, dann verwirren sich gleich alle meine Sinne – der Himmel schütze mich vor solchem Unglück, ich trüge es nicht.«

Claras Mutter war aus Berlin zur Hochzeit gekommen. Auch die Freundinnen Emilie und Elise List (Töchter des Nationalökonomen Friedrich List, mit denen Clara ein Leben lang befreundet blieb. Schumanns Kinder erhielten entsprechende Namen: Elise und Emil) und andere Freunde, die das Paar in der Zeit des Rechtsstreites mit Friedrich Wieck begleiteten, waren Gäste.

Clara beendete ihr Mädchentagebuch mit folgender Eintragung: »Nichts störte uns an diesem Tag, und so sei er denn auch in diesem Buche als einer der schönsten und wichtigsten meines Lebens aufgezeichnet. Eine Periode meines Lebens ist nun beschlossen; erfuhr ich gleich viel Trübes in meinen jungen Jahren schon, so doch auch manches Freudige, das ich nie vergessen will. Jetzt geht ein neues Leben an, ein schönes Leben, das Leben in dem, den man über Alles und sich selbst liebt, aber schwere Pflichten ruhen auch auf mir, und der Himmel verleihe mir Kraft, sie getreulich wie ein gutes Weib zu erfüllen – er hat mir immer beigestanden, und wird es auch ferner tun. Ich hatte immer einen großen Glauben an Gott und werde ihn ewig in mir erhalten.«

Nicht weit entfernt von Schönefeld ist der Park von Abtnaundorf **3**. Die enge Freundschaft der Schumanns mit Livia Frege war Anlass, häufig in Abtnaundorf zu Besuch zu sein. In der Nähe des Parkteiches verweist eine Tafel darauf, dass Robert und Clara Schumann sowie Richard Wagner dort zu Gast waren. Was Richard Wagner betrifft, so ist dieser Hinweis wohl eher erstaunlich. »Im Haus der Familie Frege wurde Musik und Geselligkeit gepflegt. Doch streng verpönt blieben die musikalischen Werke der so genannten Neudeutschen Schule,

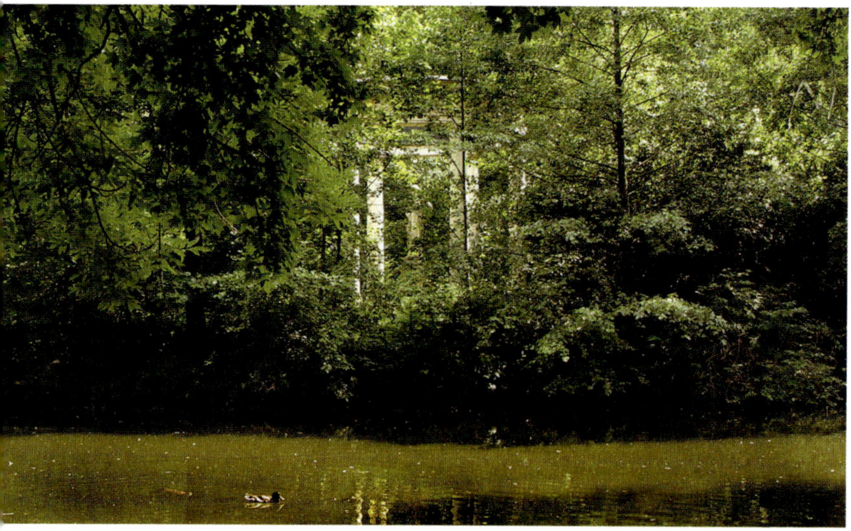

Abtnaundorfer Park

die Mendelssohns Idealen einer formvollendeten Klassizität nicht entsprachen, etwa Kompositionen von Richard Wagner oder Franz Liszt. Der junge Wagnerianer Hans von Bülow, ein Neffe Livia Freges, spottete schon 1848 über den anspruchsvollen, allmählich etwas verstaubten Geschmack seiner Tante: ›Livia findet die Sachen schlecht und verrückt, Woldemar fährt in der Regel zum Zimmer hinaus.‹«

Livia Virginia Gerhard (1818–1891) kam aus Gera nach Leipzig. Sie trat zum ersten Mal am 9. Juli 1832 als Sängerin anlässlich einer »Musikalischen Akademie«, die von Clara Wieck veranstaltet wurde, im Gewandhaus auf. Mit Schumanns und Mendelssohn war Livia Frege in Freundschaft eng verbunden.

»Die herrliche Frau Frege« nannte sie der Dichter Hans Christian Andersen. Ihm hatte sie während seines Besuches in der Inselstraße bei Clara und Robert Schumann im Jahre 1841 die Schumann'schen »Andersen-Lieder« op. 40 vorgetragen. Sie sang die Partie der Peri anlässlich der Uraufführung des Oratoriums »Das Paradies und die Peri«, das Robert Schumann in der Inselstraße komponierte. Sie ist Widmungsträgerin der Schumannlieder op. 36 und 142 und der Lieder op. 23 von Clara Schumann. Auch dies ist Ausdruck enger Freundschaft und Wertschätzung. Mit ihrem herrlichen Sopran war sie eine bekannte Sängerin, die nach ihrer

Livia Gerhard und Minna Piehl-Flache als »Romeo und Julia«. Lithografie, um 1830

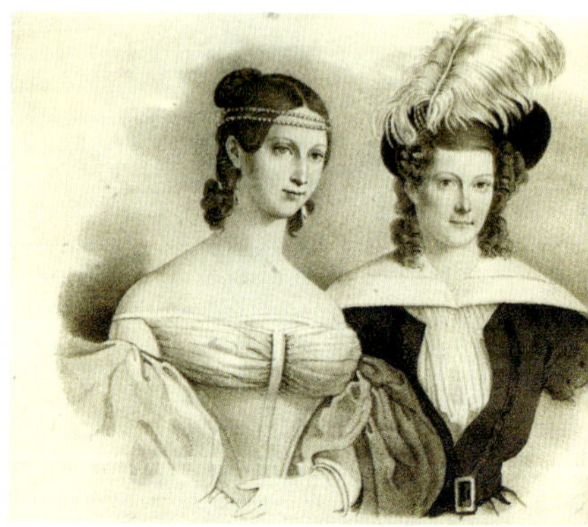

Hochzeit als »Leipziger Hauptdilettantin« – wie es Mendelssohn, der sie sehr schätzte, bezeichnete – in Erscheinung trat. Livia Gerhard heiratete 1836 den Juristen und Universitätsprofessor Dr. Woldemar Frege. Sie wohnten in der Bahnhofstraße, dem heutigen Georgiring. Das Haus Katharinenstraße 11 ist seit 1782 im Besitz der Freges. Der ursprüngliche Firmensitz Grimmaische Straße wurde dorthin verlegt.

Christian Gottlob Frege (1715 – 1781) war aus Lampertswalde (zwischen Oschatz und Dahlen gelegen) zugewandert. Die Familie Frege ist in ihrer Bedeutung für Leipzig der Familie Rothschild in Frankfurt am Main vergleichbar. Nach der Lehre begann Frege in einem Hinterhof mit dem Handel von Früchten. Ausschlaggebend für die weitere Entwicklung war sicher das Geldwechsel-Geschäft, das er betrieb. In Leipzig befand sich durch die Messe zahlreiches Fremdgeld im Umlauf, so dass dieses Geschäft sinnvoll war. Fachkenntnis und Vertauenswürdigkeit bildeten wesentliche Voraussetzungen, die Frege mitbrachte. Den Aufstieg des Hauses Frege bewirkte die geschickte Kombination von Großhandel, Betrieb von Manufakturen, Bergbau, Immobilienhandel, Güterhandel und Bankhaus. Etwa 1800 etablierte sich die Firma in Europa und der Durchbruch für Handelskontakte nach Amerika glückte. Land wurde gekauft – auch Abtnaundorf. Rittergut und Seidenmanufaktur entstanden dort. Abtnaundorf wurde der Sommersitz. Die Familie Frege prägte in vielfältiger Weise den industriellen Aufschwung Mitte des 19. Jahrhunderts. Freges haben auch als Ratsherren und in enger Verbindung zum Hof und der Regierung in Dresden die Geschicke der Stadt Leipzig befördert.

1753 trat Frege der Vertrauten Gesellschaft bei. Sie pflegte Bürgersinn in Zeiten der Not. Die Pestseuche wurde Anlass für die Gründung. Untereinander waren sich die 16 oder 17 Personen der Vertrauten Rechenschaft über ihre Hilfen schuldig; die Öffentlichkeit erfuhr über diese Nächstenhilfe und Armenfürsorge wenig. In den Häusern der Mitglieder der Vertrauten Gesellschaft wurden Kunst, Literatur,

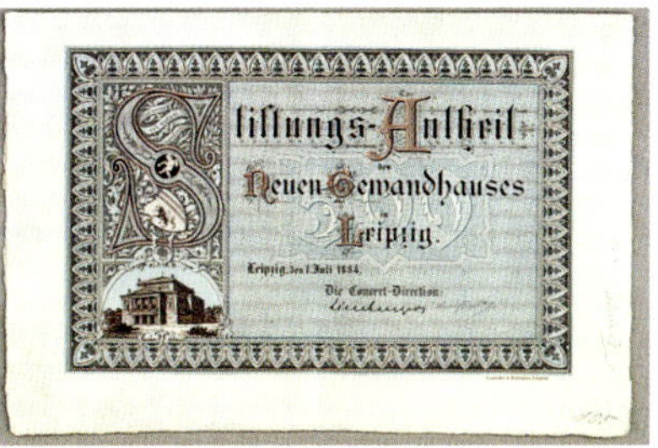

»Stiftungs-Antheil des Neuen Gewandhauses in Leipzig«. Wertpapierdruck, Leipzig 1884

Musik ständig gepflegt. Sie traten als Kunstsammler, Stifter, Mäzene in Erscheinung. Seit Ende des 18. Jahrhunderts sind sie eng mit der Gewandhausstiftung verbunden.

Schon vor der Heirat unternahm Schumann häufig Wanderungen nach Zweinaundorf. »In Gedanken bei Jean Paul, nachdenklich bezüglich Kontrapunkt; allein, um sich zu sammeln« – so widerspiegeln Tagebucheintragungen Schumanns Verweilen in Zweinaundorf. Im Brief an seine Mutter vom 13. Juni 1828 schrieb er: »In einem benachbarten Dorfe Zweinaundorf, in der schönsten Umgebung um ganz Leipzig, bin ich oft ganze Tage allein gewesen und habe gearbeitet, gedichtet usw.« Das frisch vermählte Paar verbrachte auch den Tag der Hochzeit mit seinen Gästen in Zweinaundorf. Mendelssohn hatte mit Voigts in Zweinaundorf »gelustwandelt und viel Spaß getrieben«. Der heutige Gast hat diese Möglichkeit ebenfalls.

Petra Dießner

Wegbeschreibung:
Gorkistraße, Abtnaundorfer Straße mit dem Auto, Straßenbahn Linie 1 (Richtung Mockau, Haltestelle Ossietzky- / Gorkistraße, weiter zu Fuß wie Autoweg)
Zweinaundorf – mit dem Auto bzw. Bus bis Gottschalkstraße (Ökologisches Gut / Kirche) Mölkau

DAS BOSEHAUS

In Vorbereitung des 300. Geburtstages von Johann Sebastian Bach erfuhr das Bosehaus am Thomaskirchhof in den Jahren 1982 bis 1984 eine umfängliche denkmalpflegerische Wiederherstellung. Zielsetzung dieser Maßnahme war die Wiedergewinnung einer Hausanlage, die den typischen Leipziger Kaufmannshof der Barockzeit vertritt. Im Jahre 1711, zwölf Jahre vor Bachs Eintreffen in Leipzig, hatte der angesehene Handelsherr Georg Heinrich Bose (1682–1732) unter Einbeziehung eines bereits existierenden Gebäudes den aufwändigen Neubau in unmittelbarer Nachbarschaft zur Thomasschule errichten lassen. Als verantwortlichen Baumeister beauftragte er den Leipziger Maurermeister Nicolaus Rempe. Ihm gelang es, von der 1586 entstandenen Vorgängerhausanlage Außenmauerwerk, Teile vom verzierten Rundbogenportal und von Fenstergewänden aus Rochlitzer Porphyrtuff in das neue Vorderhaus einzubeziehen, während er die damit verbundenen drei Hofgebäude ganz neu aufführte.

Bei der denkmalpflegerischen Wiederherstellung des äußeren Erscheinungsbildes musste berücksichtigt werden, dass das Gebäude seit Mitte des 19. Jahrhunderts entscheidende Veränderungen erfahren hatte. Bereits 1859 war die Hauptfassade zum Thomaskirchhof um ein Geschoss erhöht worden. Vergeblich bemühten sich Bauarchäologen und Restauratoren am Vorderhaus um Nachweise zu Putz, Dekorationssystem und Farbe aus der Erbauungszeit, so dass die Kenntnisse zum Erscheinungsbild der Fassade besonders für die Phase, in der das Gebäude Bachs tägliche Umgebung wesentlich mit geprägt hatte, sehr eingeschränkt blieben. Aufgrund der mangelnden Befunde wurde die architektonische Gliederung der Hauptfront nach Analogiebeispielen und der ältesten erhaltenen Fassadenzeichnung von 1859 entwickelt. Für die farbige Fassung wurden die Nachweise zum barocken Anstrich auf den Hoffassaden zu Grunde gelegt. Im Ergebnis war ein Fassadenbild entstanden, dass vor allem im dritten Obergeschoss und in der Dachausbildung den Umbau aus der Mitte des 19. Jahrhunderts bewahrte, in den Etagen darunter aber den barocken Charakter des Hauses vermittelte. Die Fensteröffnungen erhielten ihr bauzeitliches Maß zurück, der charakteristische Holzkastenerker wurde durch eine Kopie ergänzt und das originale Haustor wieder eingesetzt.

Besondere Aufmerksamkeit galt der Wiederherstellung des Hofquerflügels, in dessen »dritten Geschosse ein geräumiger hoher sauber verzierter Sommer Saal befindlich« war (Baubesichtigungsbericht 1711). Der historische Gebäudecharakter war durch nachträgliche Anbauten und innere Veränderungen gestört, der aus den zeitgenössischen Beschreibungen bekannte Sommersaal nicht mehr vorhanden. Zur Wiedergewinnung der barocken Raumstruktur wurde deshalb ein Rückbau unumgänglich. Die Ergebnisse bauarchäologischer Voruntersuchungen ermöglichten die Rekonstruktion von Grundrisssituation und Raumbildung, ließen aber die Zeugnisse zur barocken Architekturausstattung noch weitestgehend unberücksichtigt. Deshalb war nach Abschluss der Gebäudesanierung 1985 zunächst ein Saal entstanden, der nur als das Ergebnis einer freien gestalterischen Neufassung bewertet werden konnte. 2002 widmete sich das Bach-Archiv Leipzig noch einmal diesem Thema und beauftragte die Wiederherstellung des barocken Raumcharakters und seiner Ausstattung – jetzt aber unter Berücksichtigung der überlieferten Nachrichten in den archivalischen Quellen und der restauratorischen Untersuchungsergebnisse.

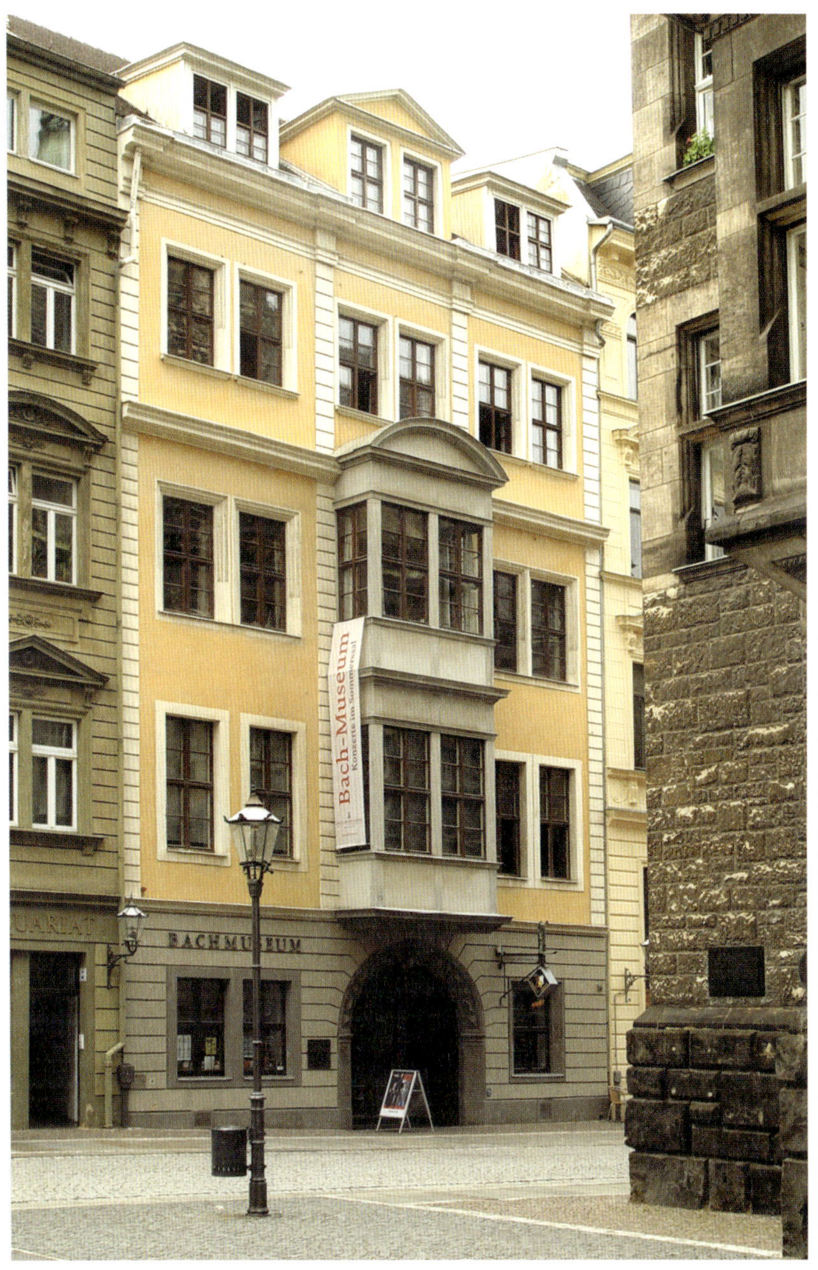

Bosehaus (mit Bach-Archiv und Bach-Museum)

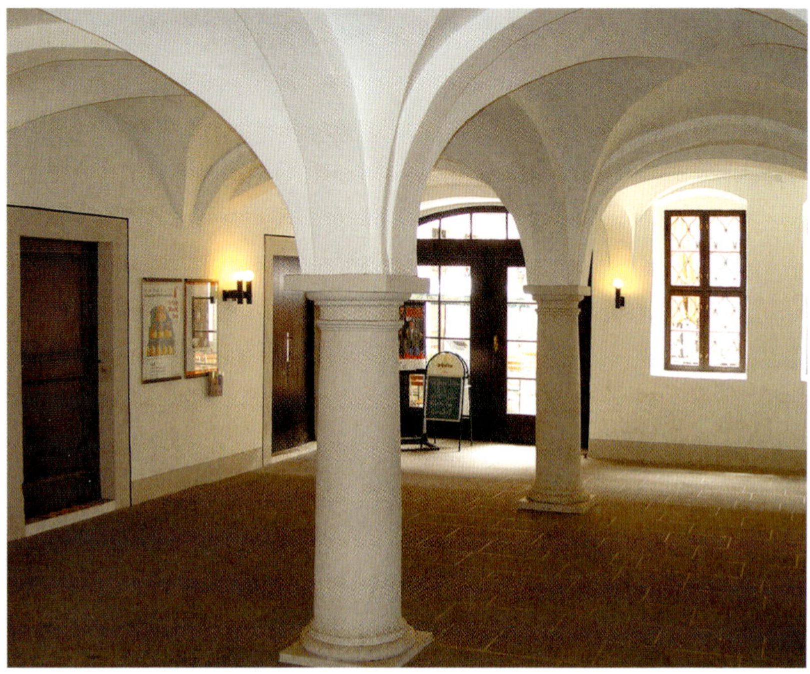

Bosehaus. Eingangshalle

Ein Taxationsbericht von 1731 beschreibt »... im obern Stockwerck aber einen wohlausgezierten Saal im Lichten 19 1/4 Elle lang, 10 1/4 Elle weit, an denen Seitenwänden mit 4 eingemauerten großen Spiegeln und hat dieser Saal eine reale höhe, dessen Decke obenher ausgeschaalet und mit artiger Einfassung von Stoccaturarbeit, auch einen gemahlten ovalen deckenstücke, so obendrüber mit angemachten Rollen an Leinen aufgezogen werden kann, da so dann sich eine Gallerie mit einem saubern Ballustradengeländer praesentiert, welche Gallerie zwar unterm Dache, jedoch aber als ein besonders Zimmer ausgeschaalet und tapezirt ist, ... was dessen Lußtgarten und kostbaren Saal betrifft man in hiesiger Stadt seinesgleichen bey keinem Wohnhause findet, und solches diesem Haußе eine nicht geringe Zierde und Annehmlichkeit machet ...« Es hatte sich herausgestellt, dass die erwähnte Galerie zur akustischen Ertüchtigung vollflächig mit Holz ausgeschalt worden war und als eine Schallkammer funktionierte. Die Bretter waren im unteren Teil mit einem illusionistisch gemalten Paneel dekoriert, die Deckenschrägen darüber mit Leinwand bespannt und monochrom gemalt. In diesem »besonderen Zimmer« wurde ungestört musiziert, während der Hausherr im darunter gelegenen Saale Feste veranstaltete. Beide Räume waren durch eine ovale Öffnung in der Decke des Saales miteinander verbunden, die durch ein beweglich montiertes Deckengemälde verschlossen werden konnte. So wurde ein ungewöhnliches Klangerlebnis erreicht, bei dem die Musik gewissermaßen wie aus himmlischen Sphären in das Saalgeschoss zu gelangen schien.

Von der originalen Architekturausstattung des Emporengeschosses waren dekorativ be-

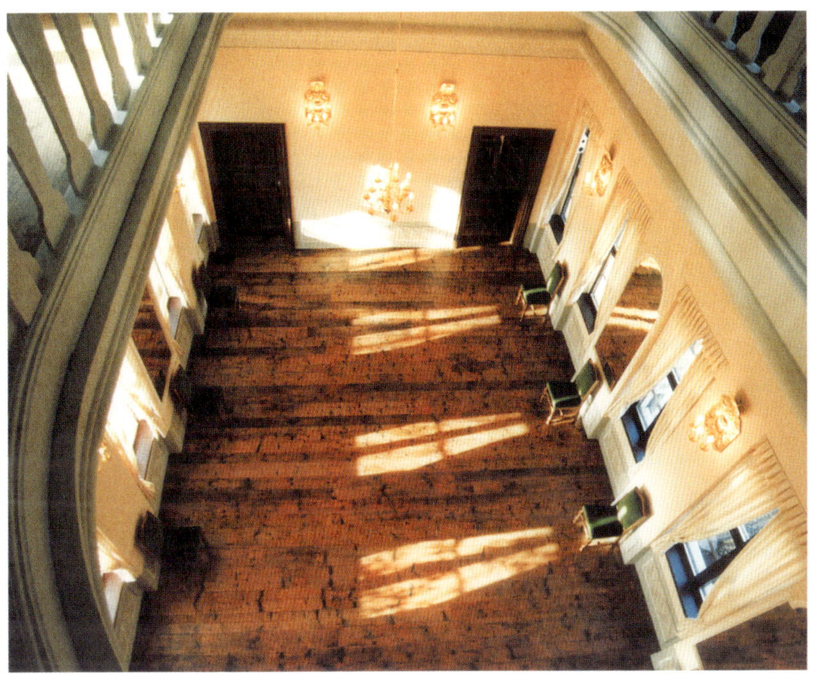

Sommersaal im Bosehaus. Blick vom Galeriegeschoss durch die Schallöffnung

malte Bretter der Holzverschalung und Gewebereste der Bespannung bereits 1984 sichergestellt worden. Auch blieben Teile des einstigen Holzdockengeländers an der Galerieöffnung erhalten, die bei späteren Veränderungen im Dachgeschoss als Baumaterial Verwendung gefunden hatten. Denn vermutlich schon 1745, als der angesehene Leipziger Kauf- und Handelsherr Johann Zacharias Richter, ein Schwiegersohn des längst verstorbenen Bauherrn, hier sein »Mahlerey-Cabinett« mit einer beachtlichen Anzahl von Gemälden, Zeichnungen und Kupferstichen ausstellte, erfuhr der Saal eine völlig neue Gestaltung. Diese bürgerliche Kunstsammlung hatte schon bei den Zeitgenossen Bewunderung erregt als eine, die »schöner ist, als viele deutsche Fürsten eine besitzen ...«. Dass die Sammlung weit über Leipzig hinaus bekannt war, beweisen die Eintragungen von internationalen Gästen und herausragenden Vertretern aus dem Kunst- und Geistesleben in das damals ausgelegte Gästebuch. Zu ihnen gehörte auch der junge Goethe während seiner Leipziger Studentenzeit. Es ist davon auszugehen, dass Richter zum Zwecke der Präsentation dieser Sammlung im Bosehaus die Schallkammer im Sommersaal schließen ließ.

Erst mehr als 250 Jahre später ist es gelungen, Zweck und Besonderheit dieser barocken Raumschöpfung wieder zu erleben. Auch wenn die unbekannte Motivik des Deckenbildes durch einen in barocker Manier gemalten Wolkenhimmel ersetzt wurde und die Galerie heute per Knopfdruck geöffnet wird, erwartet den Besucher ein ungewohntes Klangerlebnis und darüber hinaus gewinnt er Einblick in ein bürgerliches Interieur der Bachzeit in Leipzig.

DIE STERBEWOHNUNG FELIX MENDELSSOHN BARTHOLDYS IN LEIPZIG

In dem prächtigen, eben erst neu entstandenen Wohnmietshaus in der Königstraße, der heutigen Goldschmidtstraße in Leipzig verbrachte Felix Mendelssohn Bartholdy von 1845 bis 1847 seine beiden letzten Lebensjahre. Nachdem es der Internationalen Mendelssohn-Stiftung e. V. 1993 gelungen war, Grundstück und Wohnhaus käuflich zu erwerben, stand sie vor einer schwierigen Aufgabe. Denn die mangelhafte Baupflege, besonders in den letzten Jahrzehnten des 20. Jahrhunderts, hatte zu einem Gebäudezustand geführt, der die umfassende Sanierung des gesamten Komplexes unerlässlich machte. Das Haus sollte in seinem äußeren Erscheinungsbild der Erbauungszeit 1844/45 angenähert und die innere Einteilung und spätklassizistische Ausstattung gewahrt werden. Im Mittelpunkt der Bemühungen stand die Wiederherstellung der einstigen Wohnung der Mendelssohns in der Beletage. Laut historischer Bauakte zählte der aus zwei Teilen bestehende Gebäudekomplex zur Erstbebauung der Straße, die im Rahmen der Stadterweiterung nach Osten gegründet worden war. Hier sollte sich schon bald einer der schönsten Stadtteile entwickeln. Der als Bauherr und Ausführender in einer Person fungierende Maurermeister Johann Heinrich Walther aus Leipzig hatte 1844 den Antrag zur Errichtung eines Vordergebäudes mit »thurmartigen Aufbau« gestellt. Innerhalb nur eines Jahres war ein Häuserkomplex entstanden, der den Typ spätklassizistischer Wohnhausarchitektur mit italienischen Neorenaissanceformen in Leipzig repräsentierte.

Die Sanierung des Außenbaukörpers in den Jahren 1996/97 umfasste im Wesentlichen Putzüberarbeitung, Reparatur von Bauteilen und Ergänzungen von Schmuckformen. Im Inneren hatte die einstige Wohnung Mendelssohns in der ersten Etage innerhalb der 150 Jahre nach seinem Tode massive Eingriffe in den Originalbestand erfahren. Mit einem Besitzerwechsel waren 1884 bauliche Veränderungen verbunden, die dem neuen Architekturgeschmack in neobarocken Formen huldigten. Reich verzierte Stuckdecken und Parkettböden

Mendelssohn-Haus Leipzig. Grundriss der Mendelssohn-Wohnung im ersten Obergeschoss

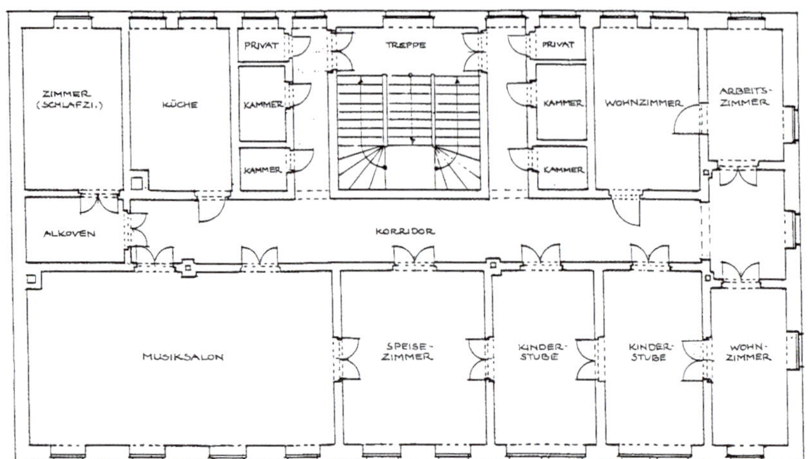

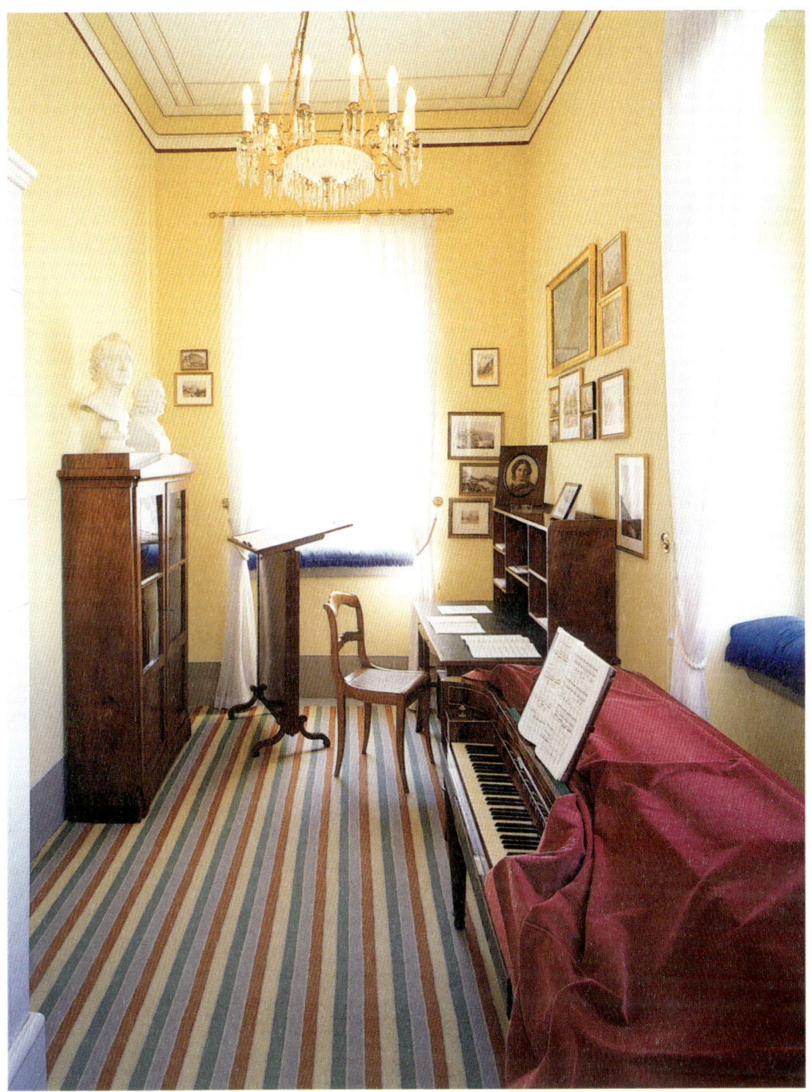

Mendelssohn-Haus Leipzig. Arbeitszimmer Felix Mendelssohn Bartholdys

wurden über die eher von Schlichtheit geprägte Spätbiedermeierausstattung der Mendelssohnzeit gelegt, nach 1900 wurde auch die bis dahin gewahrte Grundrissstruktur völlig verändert.

Über die Einrichtung der Wohnung sind nur wenige Nachrichten aus dem Schriftverkehr Mendelssohns bekannt. Als er im August 1845 in die Beletage des Neubaus in der damaligen

Königstraße 3 einzog, zählten zur Familie vier Kinder im Alter von sieben, fünf, vier und zwei Jahren. Die Geburt des fünften Kindes stand unmittelbar bevor. Er hatte eine gefällige, angenehme Wohnung gemietet, die weit über den Durchschnitt bürgerlichen Wohnens hinausging. Sie beinhaltete alles, was zu einer komfortablen Wohnung dieser Zeit gehörte. Der sanitäre Standard entsprach dem vornehmer Häuser. Die Räumlichkeiten erfüllten die Bedürfnisse des bürgerlichen Familien- und Gesellschaftslebens in diesem betont häuslichen Zeitalter. Zur Wohnung zählten insgesamt acht Zimmer, Küche, Wirtschaftsräume, Dienstbotenkämmerchen und zwei Privets (Privats = Toiletten). Zur straßenseitig angelegten Zimmerflucht gehörte ein vierachsiger Gesellschaftssaal, der nach zeitgemäßen Normativen in der Art eines Vestibüls für die Wohnräume angelegt war. Dort spielte sich das gesellschaftliche Leben der Mendelssohns ab, wurden Gäste empfangen, Feste gefeiert und vor allem musiziert.

Am Ende eines 23 Meter langen Korridors befand sich unmittelbar neben dem Saal der als Alkoven bezeichnete fensterlose Schlafraum. Am anderen Ende des Flures hatte Mendelssohn in dem nur knapp 12,5 Quadratmeter großen Eckraum sein Arbeitszimmer eingerichtet. Obwohl die Originalarchitektur in diesem Bereich 1996 als völlig gestört vorgefunden wurde, ergab sich die Lage des Raumes eindeutig aus einer Darstellung, die der fünfzehnjährige Felix Moscheles, Sohn des mit dem Hausherrn befreundeten Musikers Ignaz Moscheles, 1847 in Aquarelltechnik gemalt hatte. In der Manier der zeitgemäßen Interieurporträts erfasste er akribisch unmittelbar nach Mendelssohns Tod die Einrichtung dieses Zimmers in allen Details. Moscheles beschrieb das Zimmer später in seinen Erinnerungen »wie der Meister es verlassen hatte: rechts das kleine, altertümliche Klavier, an dem er so viele seiner großen Werke komponiert hatte; nahe dem Fenster das Schreibpult, an dem er zu stehen pflegte; an den Wänden seine eignen Aquarelle – Schweizer Landschaften und andere; links die Porträtbüste von Goethe und Bach auf dem Bücherschrank, der seine wertvolle musikalische Bibliothek enthielt«. Diese 1995 erstmalig veröffentlichte Darstellung zeigt eine schlichte und zweckmäßige Einrichtung ohne überflüssige Bequemlichkeit oder Luxus.

Die Ergebnisse der Bauforschung gestatteten es, den bauzeitlichen Grundriss und die Raumbildung der Wohnung Mendelssohns wiederherzustellen. Die Architekturausstattung und Dekorationsmalereien wurden sichtbar gemacht und darüber hinaus die gesamte Treppenhausanlage mit ihrer originären Ausmalung restauriert. Als charakteristisch ergaben sich die schlichten Zimmerdecken mit flachen Stuckkehlen sowie die mit Eichenfriesen gegliederten Dielenböden aus Nadelholz. Wandflächen und Decken waren ausnahmslos mit Anstrichen in Knochenleimtechnik direkt auf den glatten Kalkputz dekoriert. Es stellte sich heraus, dass die Ausmalung in Mendelssohns Wohnung nicht etwa das Ergebnis seines persönlichen Geschmacks gewesen ist, sondern der Bauherr vor dem Erstbezug 1844 alle Geschosswohnungen beinahe identisch gestalten ließ. Das heißt, Koloristik und Gliederungen wiederholten sich fast deckungsgleich in den übereinander liegenden Etagen.

Für die Einrichtung von Wohnzimmer, Arbeitszimmer und Kabinett der Mendelssohns standen originale Sachzeugen aus dem Nachlass der Familie als Dauerleihgabe des Stadtgeschichtlichen Museums Leipzig zur Verfügung. Dazu gehören Möbel, Bilder und Kleinplastiken, die vermutlich im Logis in der Königstraße zuletzt Aufstellung gefunden hatten. Fenstervorhänge und Rollos aus weißem Baumwollmousseline, Beleuchtung und Stühle wurden nach den Quellen und erhaltenen Sachzeugen ergänzt. Mit der Restaurierung des Saales ist es gelungen, eines der bedeutendsten Musikzimmer des Spätbiedermeier in Leipzig zu bewahren und hier die Tradition der musikalischen Soireen und Sonntagsmusiken fortzusetzen, wie sie schon im Elternhaus Felix Mendelssohn Bartholdys in Berlin gepflegt wurden.

DAS SCHUMANN-HAUS

Das Haus in der Inselstraße 18 zählt ebenso wie der Gebäudekomplex mit Mendelssohns Sterbewohnung zu den Ergebnissen eines im Jahre 1836 in Leipzig zum Zwecke der Stadterweiterung nach Osten einsetzenden Bauschaffens. Der Baugrund befand sich in der zwei Jahre zuvor entstandenen so genannten Friedrichstadt. Das Wachstum in diesem neuen Stadtteil war eng verbunden mit der Entwicklung des Buchgewerbes, so dass neben prächtigen Mietshäusern und Werkstätten vor allem Verlage und Buchdruckereien entstanden. 1839 erhielt die Inselstraße ihren Namen. Sie sollte sich in der Folgezeit gewissermaßen zur Hauptachse dieses auch als Graphisches Viertel bezeichneten Stadtteils entwickeln. Zu ihren markanten Bauschöpfungen gehörte das prächtige Wohnhaus, in das unmittelbar nach seiner Fertigstellung Clara und Robert Schumann am Tag ihrer Eheschließung 1840 einzogen und in dem sie bis 1844 wohnten. Das dreistöckige Wohnmietshaus wurde im August 1838 nach Entwurf des Baugrundeigentümers und Maurermeisters Friedrich August Scheidel begonnen. Das ursprünglich frei stehende Gebäude zeichnet sich bis heute durch seine markante Fassadengestaltung in klassizistischen Stilformen aus. Der horizontal lagernde Baukörper wird durch einen Mittelrisalit betont, der das Haus in der zentralen Erdgeschossachse über eine großzügige Durchfahrt öffnet. Mit sechs korinthischen Pilastern in Kolossalordnung erhält der fünfachsige Risalit seine vertikale Betonung, die ursprünglich in einem Belvedere auf dem Flachdach des Gebälks ihren Abschluss fand.

Den Rücklagen zwischen den Kapitellen sind szenische Reliefplatten vorgeblendet, deren Darstellungen ich erst jetzt identifizieren konnte. Die Motive sind nach den Friesen des antiken griechischen Bildhauers Phidias am Parthenontempel in Athen aus dem 5. Jahrhundert v. Chr. gestaltet. Die rechte Platte zeigt eine Figurengruppe mit dem sitzenden Göttervater Zeus und der sich ihm entschleiernd zuwendenden Hera, eine Geste, die den Augenblick ihrer heiligen Hochzeit darstellt. Begleitet werden sie im Hintergrund von einer als Nike (griechische Göttin, die den Sieg verkörpert) gedeuteten Figur. Das Motiv wurde dem linken Teil der Göttergruppe des Parthenonfrieses nachgestellt. Ungewollt lässt sich aus der göttlichen Hochzeitsszene eine symbolische Bedeutung zu den Schumanns ableiten, die als neu vermähltes Paar das Haus bezogen. Wie bei den Göttergruppen am Parthenonfries posieren Zeus und Hera würdevoll in Erwartung des herannahenden Panathenäenzuges (Prozession mit Opfertieren zum Hauptfest der Stadt Athen). Entsprechend wurden auch für die Darstellungen auf den nach links folgenden Reliefplatten Einzelszenen zur Prozession gewählt.

Die Originalfriese waren im 19. Jahrhundert bereits nicht mehr an ihrem Originalstandort. Sie befinden sich heute in Museen oder sind teilweise ganz verloren. Den am Bau des Schumann-Hauses beteiligten Handwerkern und Künstlern aber standen die Motive in den zeitgemäßen Vorlagenbüchern zur beliebigen Verwendung am Bauwerk zur Verfügung.

Parthenonfries, linker Teil der Göttergruppe mit Hochzeitsszene von Zeus und Hera. Nach einer Zeichnung von J. Carrey, 1674

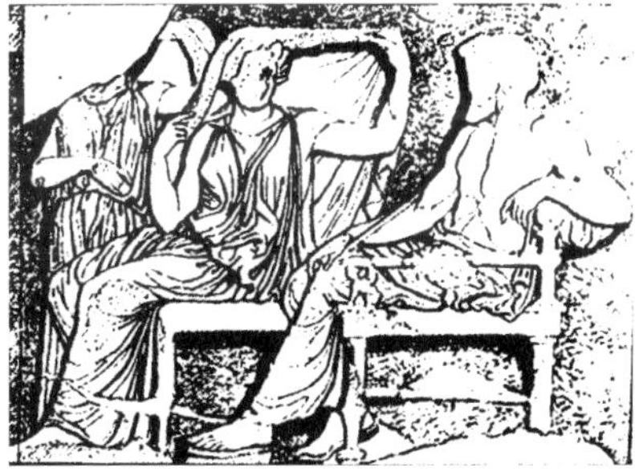

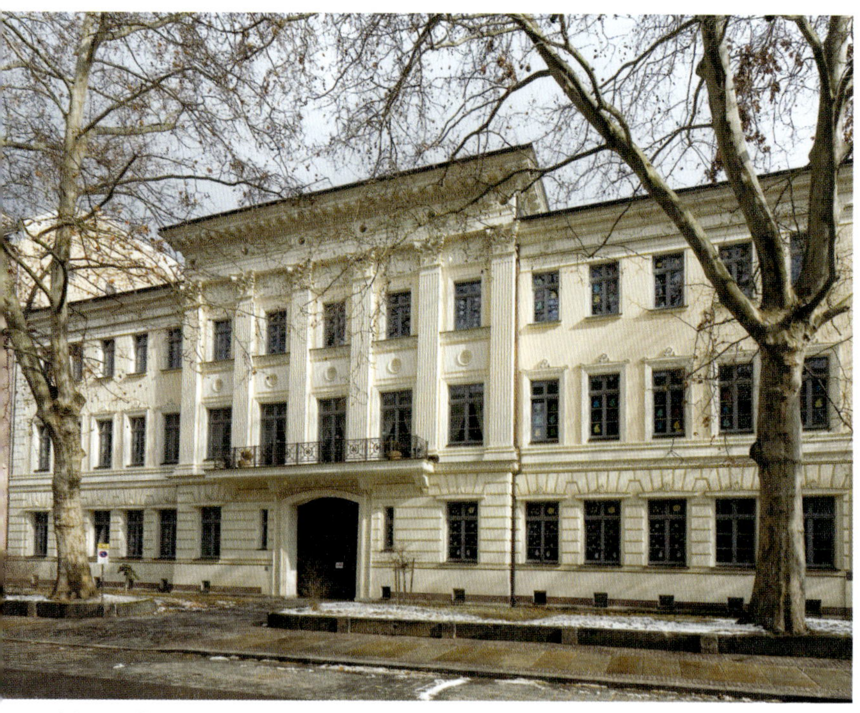

Schumann-Haus in der Inselstraße 18

Der Außenbaukörper hatte bis zum Beginn erster Sanierungsmaßnahmen im Jahre 1995 kaum Veränderungen erfahren. Trotz mangelnder Baupflege war die weitestgehende Übereinstimmung des Erscheinungsbildes der Hauptfassade mit der originalen Bauzeichnung noch immer gut erkennbar. Die erforderlichen Baumaßnahmen beschränkten sich deshalb hauptsächlich auf die Sicherung des Bestandes. Die Dacheindeckung erfolgte entsprechend der Bauzeit mit Schiefer; Putz und klassizistische Farbfassung der Fassade wurden nach Befunden erneuert. Das zweiflügelige Tor in der Durchfahrt hatte die über hundertfünfzigjährige Geschichte des Hauses gut überstanden und konnte nach seiner Restaurierung am alten Standort wieder eingesetzt werden. Während dieser Maßnahmen wurde im Gebäudeinneren bereits mit entkernenden Maßnahmen begonnen. Vor allem dem Wirken des Robert-und-Clara-Schumann-Verein-Leipzig-Inselstraße 18 e. V., der im Jahr des Sanierungsbeginns 1995 gegründet worden war, ist es zu verdanken, dass trotz divergierender Nutzungsintensionen der Genius loci nicht in Vergessenheit geriet. 1999 wechselte der Bauträger. Der neue Eigentümer verfolgte mit der Einrichtung einer freien Grund- und Musikschule unter dem Namen »Clara Schumann« ein völlig anderes Nutzungskonzept für das Haus, das sich mit dem Erhalt und der öffentlichen Präsentation der wichtigsten Zimmer aus der Schumann-Zeit verbinden ließ.

Durch die Bauforschung wurde festgestellt, dass nutzungsbedingte Überformungen zu entscheidenden Veränderungen von Grundrissstrukturen und Raumbildungen in den Etagen

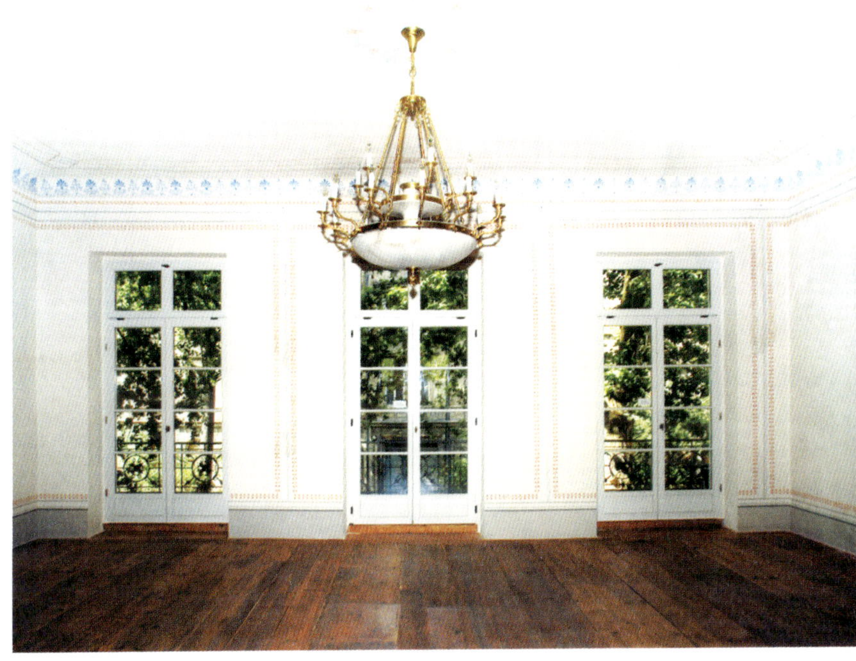

Schumann-Haus Leipzig, historischer Saal in der ersten Etage

geführt hatten. Die originalen Grundrisse von Erdgeschoss und erster Etage zeigen, dass die Wohnungen nach den modernen Regeln komfortablen Wohnens angelegt waren. Die drei Etagen verfügten über je zwei Wohnungen. In den beiden Obergeschossen gehörte zur jeweils linken ein geräumiger Gesellschaftssaal, der sich in der Beletage zur Hauptfassade mit einem prächtigen Balkon öffnete. Die restauratorischen Untersuchungen ergaben für die Dekorationssysteme Befunde, die denen im vier Jahre später erbauten Mendelssohn-Haus vergleichbar sind. Im Unterschied dazu aber hatte hier jede Wohnung noch ihre individuelle Gestaltung erfahren. Auf plastischen Schmuck mit Stuck war nach zeitgenössischer Mode verzichtet worden, die Räume wurden mit antikisierenden Dekorationen in Leimfarben-Technik ausgemalt. Ein großer Fundus an bauzeitlichen Türen mit ihren Beschlägen und Schlössern aus Messing gehörte zum erhaltenen Bestand ebenso wie die Dielenbretter aus Nadelholz. Unerwartet hatte im Saal der ersten Etage unter dicken Schichten von Papiertapeten sogar die originäre Erstausmalung beinahe vollständig überdauert. Nach ihrer kompletten Freilegung gelang der Erhalt durch aufwändige Konservierungs- und Restaurierungsmaßnahmen an Putz und Malschicht.

Seit 2001 ist ein Teil der beiden Wohnungen in der Hauptetage mit dem Biedermeiersaal für die Öffentlichkeit als Museum und Konzertsaal zugänglich. Vier Jahre später konnte belegt werden, dass Clara und Robert Schumann das »Logis Erste Etage rechts« bewohnten.

Sabine Schneider

SERVICE

Bach-Museum Leipzig
Thomaskirchhof 15/16
Geöffnet: Di bis So 10–18 Uhr
Tel.: 0341/91 37-202
www.bachmuseumleipzig.de

Mendelssohn-Haus
Goldschmidtstr. 12
Geöffnet: täglich 10–18 Uhr
Regelmäßig Konzerte im Musiksalon, So 11 Uhr
Tel.: 0341 / 9 62 88 20
www.mendelssohn-stiftung.de

Schumann-Haus
Inselstr. 18
Geöffnet: Mo bis Fr 14–18 Uhr, Sa/So 10–18 Uhr
Regelmäßig Konzerte, Sa 18 Uhr
Tel.: 0341/3939620
www.schumannhaus.de

Museum für Musikinstrumente der Universität Leipzig
Grassimuseum am Johannisplatz 5–11
Geöffnet: Di bis So 10–18 Uhr
Tel.: 0341/97 30 75 0
mfm.uni-leipzig.de/

Grieg-Begegnungsstätte Leipzig e.V.
Talstraße 10
Geöffnet: Fr 14–17 Uhr, Sa 10–14 Uhr
Tel.: 03 41/9 93 96 61
www.edvard-grieg.de

Leipziger Notenspur-Initiative
Tel.: 03 41/9 73 37 41
www.notenspur-leipzig.de

Thomaskirche
Thomaskirchhof 18
Besichtigungen täglich 9–18 Uhr
(außerhalb des Gottesdienstes)
Motette: Fr 18 Uhr und Sa 15 Uhr
Tel.: 0341/ 22 22 40
www.thomaskirche.org

Nikolaikirche
Nikolaikirchhof 3
Besichtigungen täglich 10–18 Uhr
(außerhalb der Gottesdienste)
Tel.: 0341 / 1 24 53 80
www.nikolaikirche.de

Stadtgeschichtliches Museum Leipzig
– Altes Rathaus & Böttchergäßchen 3
Geöffnet: Di bis So 10–18 Uhr
Tel.: 0341/ 9 65 13 38
www.stadtmuseum.leipzig.de

– *Museum Zum Arabischen Coffe Baum*
Kleine Fleischergasse 4
Geöffnet: tgl. 11–19 Uhr (aufgrund von Sanierungsarbeiten voraussichtlich bis 2021 geschlossen)

– *Schillerhaus*
Menckestr. 42
April–Oktober: Di bis So 10–17 Uhr
November–März: Mi bis So 11–16 Uhr
Tel.: 0341 / 5 64 96 01
www.leipzig-gohlis.de/schillerhaus

Hochschule für Musik und Theater »Felix Mendelssohn Bartholdy« Leipzig
Grassistr. 8
Tel.: 0341/ 98 44 211
www.hmt-leipzig.de

Thomanerchor Leipzig
Hillerstr. 8
Tel.: 0341/9844222
www.thomanerchor.de

Leipziger Stadtbibliothek-Musikbibliothek
Wilhelm-Leuschner-Platz 10/11
Geöffnet: Mo, Di, Do, Fr 10–19 Uhr,
Mi 13–19 Uhr, Sa 10–14 Uhr
Tel.: 0341/1235341
www.stadtbibliothek.leipzig.de

Gewandhaus zu Leipzig
Augustusplatz 8
Kassenöffnungszeiten:
Mo bis Fr 10–18 Uhr, Sa 10–14 Uhr
Tel.: 0341/1270280
www.gewandhaus.de

Oper Leipzig
Augustusplatz 12
Kassenöffnungszeiten:
Mo bis Sa 10–19 Uhr
Tel.: 0341/1261261
www.oper-leipzig.de

WEITERFÜHRENDE LITERATUR (AUSWAHL)

Quellensammlungen

Anna Magdalena Bach. Ein Leben in Dokumenten und Bildern, hrsg. von Maria Hübner. Leipzig 2004.

Die Briefentwürfe des Johann Elias Bach. Leipziger Beiträge zur Bach-Forschung 3, hrsg. von Evelyn Odrich und Peter Wollny. 2. erw. Auflage, Hildesheim 2005.

Felix Mendelssohn Bartholdy, Sämtliche Briefe in 12 Bänden. Auf Basis der von Rudolf Elvers angelegten Sammlung herausgegeben von Helmut Loos und Wilhelm Seidel, Kassel-Basel et al., 2008/17.

Felix Mendelssohn Bartholdy. Briefe aus Leipziger Archiven, hrsg. von Hans-Joachim Rothe und Reinhard Szeskus. Leipzig 1972.

Johann Sebastian Bach, Leben und Werk in Dokumenten, hrsg. von Hans-Joachim Schulze. Leipzig 1975.

Robert Schumann. Gesammelte Schriften über Musik und Musiker, 2 Bde., Reprint der Erstausgabe. Leipzig 1854, hrsg. von Gerd Nauhaus. Leipzig 1985.

Robert Schumann. Tagebücher, Bd. I – IV, hrsg. von Gerd Nauhaus. Leipzig 1971 – 1987.

Biographien

Borchard, Beatrix: Robert Schumann und Clara Wieck. Bedingungen künstlerischer Arbeit in der 1. Hälfte des 19. Jahrhunderts, 2. Auflage Kassel 1992.

Edler, Arnfried: Robert Schumann und seine Zeit. Laaber 2003.

Frauen um Felix Mendelssohn Bartholdy in Texten und Bildern, vorgestellt von Brigitte Richter. Frankfurt a. M., Leipzig 1997; Neuausg. Leipzig 2014.

Reich, Nancy B.: Clara Schumann. Romantik als Schicksal. Reinbek bei Hamburg 1993.

Todd, R. Larry: Felix Mendelssohn Bartholdy. Sein Leben – seine Musik. Stuttgart 2008.

Wolff, Christoph: Johann Sebastian Bach. Frankfurt a. M. 2000.

Kultur- und Musikgeschichte Leipzigs

600 Jahre Musik an der Universität Leipzig, hrsg. von Eszter Fontana u. a. Halle 2010.

thema. M19: Der wahre Bach. Das Porträt im Alten Rathaus, Stadtgeschichtliches Museum Leipzig, Leipzig 2018.

thema. M16: Wagner Lust & Last, Stadtgeschichtliches Museum Leipzig, Leipzig 2013.

Cottin, Markus et. al.: Leipziger Denkmale, hrsg. vom Leipziger Geschichtsverein. Beucha 1998.

Dörffel, Alfred: Geschichte der Gewandhausconcerte zu Leipzig vom 25. November 1781 bis 25. November 1881. Leipzig, 1884. Reprint, Leipzig 1980.

Ein Denkstein für den alten Prachtkerl. Felix Mendelssohn Bartholdy und das alte Bach-Denkmal in Leipzig, hrsg. von Peter Wollny. Leipzig 2004.

Forner, Johannes: 150 Jahre Musikhochschule 1843 – 1993. Hochschule für Musik und Theater Felix Mendelssohn Bartholdy Leipzig. Festschrift. Leipzig 1993.

Geistliche Musik und Chortradition im 18. und 19. Jahrhundert. Institutionen, Klangideale und Repertoires im Umbruch (Beiträge zur Geschichte der Bach-Rezeption, 6), hrsg. von Anselm Hartinger, Peter Wollny und Christoph Wolff, Wiesbaden 2018.

Hartinger, Anselm: Vergnügte Pleißenstadt. Bach in Leipzig. Berlin 2010.

Hartinger, Anselm: Alte Neuigkeiten. Bachaufführungen und Leipziger Musikleben im Zeitalter Mendelssohns, Schumanns und Hauptmanns 1829 – 1852. Wiesbaden 2014.

Hiller, Johann Adam: Mein Leben. Autobiographie, Briefe und Nekrologe, hrsg. und komm. von Mark Lehmstedt. Leipzig 2004.

Hocquél, Wolfgang: Leipzig. Architektur von der Romanik bis zur Gegenwart. 2. erw. Auflage, Leipzig 2004.

Jung, Hans Rainer: Das Gewandhausorchester. Seine Mitglieder und seine Geschichte seit 1743. Mit Beiträgen zur Kultur- und Zeitgeschichte von Claudius Böhm. Leipzig 2006.

Köhler, Hans Joachim: Alltag und Kunst. Das Domizil der Schumanns in der Leipziger Inselstraße. Altenburg 2004.

Lexikon Leipziger Straßennamen, hrsg. vom Stadtarchiv Leipzig 1995.

Maul, Michael: »Dero berühmpter Chor«. Die Leipziger Thomasschule und ihre Kantoren 1212–1804. Leipzig 2012.

Müller, Ernst: Die Häusernamen von Alt-Leipzig. Leipzig 1931.

Richter, Alfred: Aus Leipzigs musikalischer Glanzzeit. Erinnerungen eines Musikers, hrsg. von Doris Mundus. Leipzig 2004.

Rosenmüller, Annegret: Carl Ferdinand Becker (1804 – 1877). Studien zu Leben und Werk, in: Musikstadt Leipzig–Studien und Dokumente, hrsg von Thomas Schinköth, Bd. 4. Hamburg 2000.

Schulze, Hans-Joachim: Ey! Wie schmeckt der Coffee süße. Johann Sebastian Bachs Kaffee-Kantate. Leipzig 2005.

Wustmann, Rudolf; Schering, Arnold: Musikgeschichte Leipzigs. 3 Bde. Leipzig 1909, 1926 und 1941 (Reprint Leipzig 1974).

PERSONENREGISTER

Kursive Ziffern verweisen auf Seiten mit Abbildungen.

ORTSREGISTER

Kursive Ziffern verweisen auf Seiten mit Abbildungen.

BILDNACHWEIS

Bach-Archiv Leipzig Klappe innen, S. 9, 12, 14, 15, 16, 18, 19 oben, 20 (Foto: Matthias Knoch), 25 (Foto: Langematz), 27, 28 (Foto: Langematz), 30, 42, 47 (Foto: Matthias Knoch)
Bildarchiv Preußischer Kulturbesitz/Staatsbibliothek zu Berlin S. 33, 36 oben, 53
The Bodleian Library, University of Oxford S. 76 oben
Edition Peters GmbH S. 19 unten, 84 oben
Roland Findeisen S. 13, 26, 51, 55 unten, 56, 66, 67, 75, 78, 91, 93, 94, 102, 104, 105, 107, 108 oben, 111, 112
Martina Heuer S. 99 links
Kunstbesitz der Universität Leipzig S. 80
Gert Mothes S. 31, 39, 96 oben
Library of Congress, ML30.8b.M46 op. 85, no. 3 1836 Cover (o.l.)
Dr. Wolfgang Orf S. 95
Porzellan-Manufaktur Meissen S. 60 unten
Privatbesitz, Copyright Sotheby's Holdings, London S. 35
Marvin Radke Cover (u.l.)
Robert-und-Clara-Schumann-Verein Leipzig S. 73 (Foto: © Christian Kern), 118, 119 (Fotos: Helga Schulze-Brinkop)
Robert-Schumann-Haus Zwickau S. 55, 57, 62 oben, 60 oben, 71
Christiane Schmidt S. 41
Dr. Schneider & Küster, Büro für Denkmalpflege Cover-Rückseite, 2.v.u., S. 52, 112, 113, 114, 115, 117
Schuncke-Archiv e.V. Baden-Baden S. 87 unten
E.A. Seemann Henschel Verlag S. 87 oben
Stadtarchiv Leipzig S. 38 (Foto: Matthias Knoch)
Stadt Leipzig, Stadtbibliothek Leipzig, Musikbibliothek S. 84 unten
Stadtgeschichtliches Museum Leipzig Cover o.r., Titelei, S. 10, 11, 24 oben, 24 unten, 29, 36 unten, 37, 43, 46, 47, 48, 50, 62 unten, 63, 65, 76 unten, 77, 79, 82, 83, 86 (Foto: Matthias Knoch), 88, 89, 92 oben, 92 unten, 96 unten, 99 rechts, 103, 108 unten, 109
Die Vertrauten (Porträtband Nr. 1, 1680–1730) S. 17 (Foto: Christoph Sandig)
Berthold Werner Cover (Rückseite, u.)

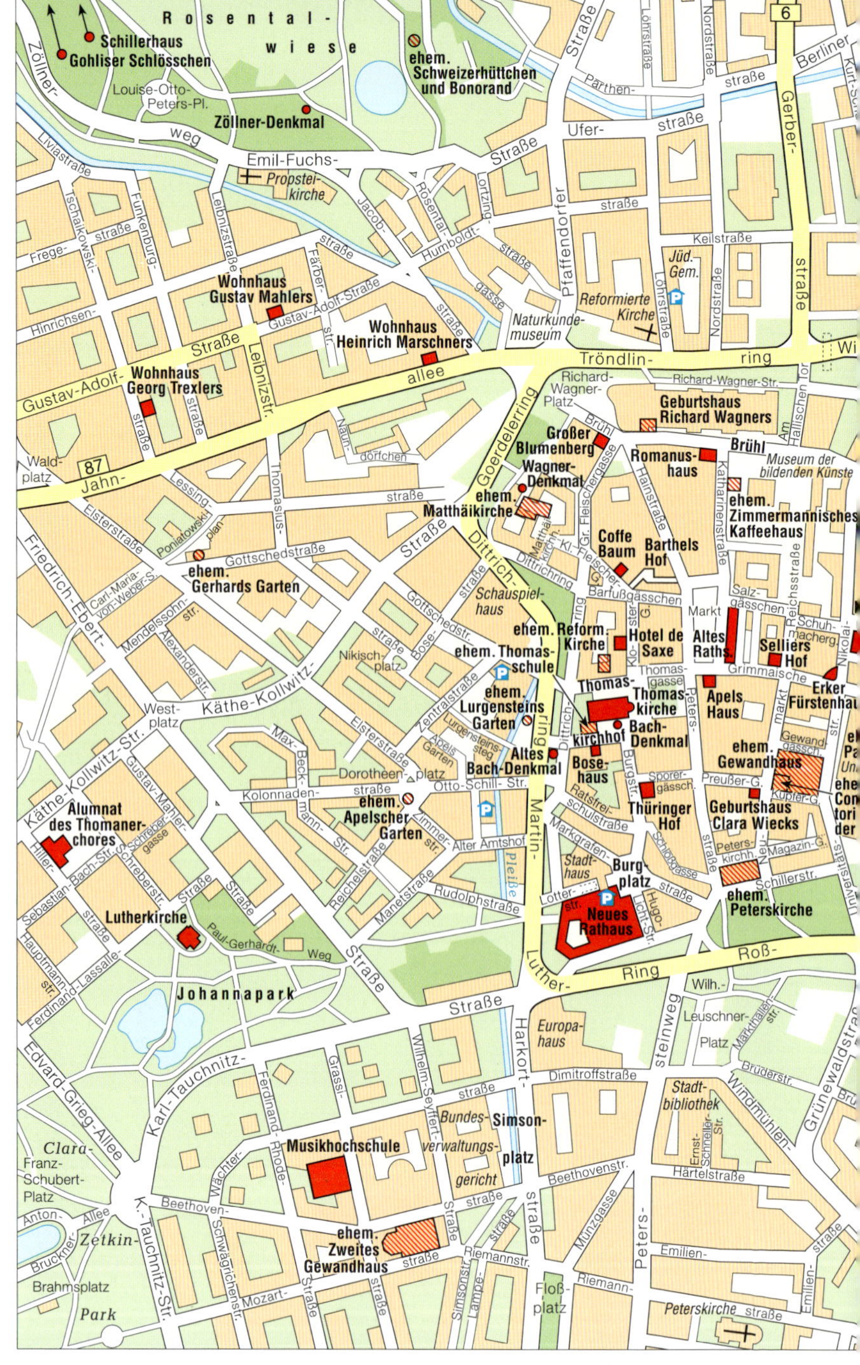
Rosental-
wiese
Schillerhaus
Gohliser Schlösschen
ehem.
Schweizerhüttchen
und Bonorand
Louise-Otto-
Peters-Pl.
Zöllner-Denkmal
Zöllner-
weg
Emil-Fuchs-
Straße
Propstei-
kirche
Parthen-
Ufer-
straße
Berliner
straße
6
Gerber-
straße
Löhrstraße
Nordstraße
Liviastraße
Tschaikowski-
Funkenburg-
Frege-
straße
Leibnizstraße
Färber-
str.
Jacob-
Rosental-
gasse
Humboldt-
straße
Lortzing-
straße
Pfaffendorfer
Keilstraße
Jüd.
Gem.
Reformierte
Kirche
Naturkunde-
museum
Nordstraße
Hinrichsen-
Wohnhaus
Gustav Mahlers
Gustav-Adolf-Straße
Wohnhaus
Heinrich Marschners
Tröndlin-
ring
Gustav-Adolf-
Straße
Leibnizstr.
Wohnhaus
Georg Trexlers
allee
Richard-
Wagner-
Platz
Richard-Wagner-Str.
Geburtshaus
Richard Wagners
Am Hallischen Tor
Goerdelerring
Großer
Blumenberg
Brühl
Romanus-
haus
Museum der
bildenden Künste
Wagner-
Denkmal
ehem.
Matthäikirche
Naun-
dörfchen
Wald-
platz
87
Jahn-
Lessing-
straße
Thomasius-
Elsterstraße
Poniatowski-
plan
Gottschedstraße
ehem.
Gerhards Garten
Hainstraße
Katharinenstraße
ehem.
Zimmermannisches
Kaffeehaus
Gr. Fleischergasse
Kl. Fleischer-
Coffe
Baum
Barthels
Hof
Dittrich-
Dittrichring
Schauspiel-
haus
Barfußgässchen
Reichsstraße
Salz-
gässchen
Markt
Friedrich-Ebert-
Carl-Maria-
von-Weber-S.
Mendelssohn-
str.
Alexanderstr.
Gottschedstr.
Bose-
straße
Nikisch-
platz
ehem. Reform.
Kirche
Hotel de
Saxe
Altes
Raths.
Schuh-
macherg.
Selliers
Hof
Nikolai-
ehem. Thomas-
schule
Thomas-
gasse
Grimmaische
Erker
Fürstenhau
Käthe-Kollwitz-
West-
platz
Zentralstraße
ehem.
Lurgensteins
Garten
Thomas-
Thomas-
kirche
Apels
Haus
Max-
Beck-
mann-
Str.
Elsterstraße
Apels
Garten
Lurgensteins-
steg
kirchhof
Bach-
Denkmal
Altes
Bach-Denkmal
Bose-
haus
Gewand-
gassch.
ehem.
Gewandhaus
Käthe-Kollwitz-Str.
Gustav-Mahler-
Dorotheen-
platz
Kolonnaden-
straße
Otto-Schill- Str.
Sporer-
gässch.
Preußer-G.
Kupfer-G.
Alumnat
des Thomaner-
chores
Schreber-
gasse
ehem.
Apelscher
Garten
Zimmer-
str.
Martin-
Ratsfrei-
schulstraße
Thüringer
Hof
Geburtshaus
Clara Wiecks
Alter Amtshof
Markgrafen-
Burgstr.
Petersstr.
Hillerstr.
Sebastian-Bach-Str.
Schreberstr.
Straße
Reichelstraße
Pleiße
Stadt-
haus
Burg-
platz
Schloßgasse
Peters-
kirchh.
Neumarkt
Magazin-G.
Universitätsstr.
Straße
Manetstraße
Rudolphstraße
Lotter-
str.
Neues
Rathaus
Hugo-
Licht-Str.
Schillerstr.
ehem.
Peterskirche
Hauptmann-
str.
Lutherkirche
Paul-Gerhardt-
Weg
Ferdinand-Lassalle-
Roß-
Ring
Luther-
Wilh.-
Johannapark
Straße
Leuschner-
Platz
Markthallen-
str.
Europa-
haus
steinweg
Harkort-
Edvard-Grieg-Allee
Karl-Tauchnitz-
Grassi-
Wilhelm-Seyffert-
Dimitroffstraße
Brüderstr.
Grünewaldstraße
Ferdinand-Rhode-
straße
Stadt-
bibliothek
Windmühlen-
Ernst-
Schneller-
Str.
Clara-
Franz-
Schubert-
Platz
Musikhochschule
Bundes-
verwaltungs-
gericht
Simson-
platz
Wächter-
Beethovenstr.
Härtelstraße
Beethoven-
straße
Münzgasse
Anton-
Allee
K.-Tauchnitz-Str.
Schwägrichenstr.
ehem.
Zweites
Gewandhaus
Straße
straße
Riemannstr.
Peters-
Emilien-
Bruckner-
Zetkin-
straße
Brahmsplatz
Mozart-
Simsonstr.
Lampe-
straße
Floß-
platz
Riemann-
Peterskirche
straße
Emilien-
straße
Park